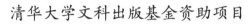

清华大学文科出版基金资助项目

唐代荥陽鄭氏家族

——世系与婚姻关系考

谢思炜
王　昕　著
燕雪平

上海古籍出版社

图书在版编目(CIP)数据

唐代荥阳郑氏家族：世系与婚姻关系考 / 谢思炜，王昕，燕雪平著. —上海：上海古籍出版社，2019.8
ISBN 978-7-5325-9307-1

Ⅰ.①唐… Ⅱ.①谢… ②王… ③燕… Ⅲ.①氏族谱系－研究－荥阳－唐代②婚姻制度－研究－荥阳－唐代
Ⅳ.①K820.9②D691.91

中国版本图书馆 CIP 数据核字(2019)第 171961 号

题　签：俞　宁

唐代荥阳郑氏家族
——世系与婚姻关系考

谢思炜　王　昕　燕雪平　著

上海古籍出版社出版发行

(上海瑞金二路 272 号　邮政编码 200020)

(1) 网址：www.guji.com.cn
(2) E-mail：guji1@guji.com.cn
(3) 易文网网址：www.ewen.co

常熟人民印刷有限公司印刷

开本 890×1240　1/32　印张 10.375　插页 5　字数 250,000
2019 年 8 月第 1 版　2019 年 8 月第 1 次印刷
印数：1—2,100
ISBN 978-7-5325-9307-1

K·2684　定价：58.00 元

如有质量问题，请与承印公司联系

目　录

引　论

　　本书的任务是勾稽唐代荥阳郑氏家族的世系，并考察该家族的婚姻关系，当然也需要追溯这一家族在唐前的历史。荥阳郑氏是被称为"四姓"的山东士族之一。但有关这一家族的世系材料，在只有四库辑本的唐林宝所作《元和姓纂》一书以及《新唐书·宰相世系表》中，却颇多缺失。《姓纂》载：

　　　　曾孙略，前赵侍中，生豁、楚。楚生温，燕太子詹事，生三子：晔、恬、兰。晔号北祖，恬号中祖，兰号南祖。晔七子：白麟、小白、叔夜、洞林、归藏、连山、幼麟，因号七房郑氏。

以下内容全部缺载。岑仲勉《四校记》据《金石录》补一条："小白名茂，生胤伯，大鸿胪卿。"[①]

---

① 林宝撰、岑仲勉校记：《元和姓纂》（附四校记）卷九"四十五劲"，北京：中华书局1994年，第1347—1349页。

《新唐书·宰相世系表》（以下简称《新表》）所载世系与《姓纂》有出入：以小白为七子之父，多出一代，又以胤伯为六子之一。此外南祖名简，又载郑温尚有一子郑涛，居陇西。① 岑校据《魏书·郑羲传》，认为《新表》南祖名"简"是，但以小白为七子之父等均误。《新表》载有胤伯以下十二世世系，计926人；简以下十三世世系，计260人。《新表》元和以前史料率采自《姓纂》，②因此据《新表》可以补出胤伯、简以下世系。《新表》所缺的郑氏其他房支，《姓纂》原书是否缺载不明。

二十世纪以来，学者利用新见墓志等材料对《姓纂》和《新表》进行校勘补葺，收获颇丰。其中赵超《新唐书宰相世系表集校》郑氏部分，引用碑志材料等30馀件加以校勘补正。但限于体例，该书对《新表》原缺的郑氏其他房支未予涉及。此外，学者还利用碑志材料尝试复原了郑氏其他房支的部分世系。③

综合以上研究成果，本书的调查范围为郑温之后各房支，由于中祖郑恬、陇西郑涛之后不显，所以主要为北祖郑晔、南祖郑简二房。在此范围内，本书共辑得与郑氏人物有关的碑志材料365件。此外，还利用其他各种史料，包括《旧唐书》本传9篇，《新唐书》本传13篇，另合传中4人（《孝友传》郑潜曜、《儒学传》郑钦说、

---

① 《新唐书》卷七五上，北京：中华书局1975年，第3258—3354页。
② 参见岑仲勉《元和姓纂四校记再序》，《元和姓纂》（附四校记），第62—92页。
③ 刘顺安、欧阳春《从郑虔撰文墓志探郑氏家族根源》探讨对象为南祖郑简族支，《史学月刊》1994年第6期。谢思炜《元稹母系家族考——兼及崔莺莺之父》补出郑羲房远思一支，即元稹母家，《文献》2008年第3期。邢学敏《隋唐时期的荥阳郑羲房》，《唐史论丛》第11辑，西安：三秦出版社2009年，第389—401页，以及《隋唐时期荥阳郑氏家族洞林房考述》，《中国历史社会评论》第12卷，天津：天津古籍出版社2011年，第120—126页，也考察了郑羲房、洞林房的部分情况。邢学敏《北魏书法家郑道昭家族研究》还调查了北朝郑氏家族的世系和婚姻情况，成都：电子科技大学出版社2014年。其他相关研究有：张卫东《唐代荥阳郑氏的人仕途径》，《史学月刊》2004年第10期等。

《文艺传》郑世翼和郑虔）；此外还有（部分与新旧《唐书》重合）《唐才子传》52 人，《全唐文》小传 63 人，《全唐诗》小传 42 人，《唐御史台精舍题名考》20 人，《唐尚书省郎官石柱题名考》95 人。在充分利用这些材料的基础上，本书力求能够在较大范围内恢复以上荣阳郑氏各房支的世系。

在处理以上材料时，本书将可确定的同一房支人物编入同一世系表。不能确知其房支，但有两篇以上碑志或其他材料可证实为同一家族的，亦编为一表。仅有单篇墓志而不能确认其房支的，则列入存目。根据调查，唐代郑氏家族虽多以荣阳为郡望，但因战乱、仕宦等原因，也多有迁居、落籍他乡的。因此，在考察各房支世系时，也需要说明该房支的地理分布和变迁。

在调查世系的基础上，本书还要进一步考察荣阳郑氏家族的婚姻关系。唐代士人的出身和社会关系是由三方面来定位的：家世、婚姻、交游。其中家世本身又包括父系、母系双方。在旧门阀制度下，婚姻是门第的直接体现。在门阀仍极受推崇的唐代，如学者所概括的："盖唐代社会承南北朝之旧俗，通以二事评量人品之高下。此二事，一曰婚，二曰宦。凡婚而不娶名家女，与仕而不由清望官，俱为社会所不齿。"① 一个士人的社会身份和名望，不仅与他的父系家族有关，而且与他的母系家族、尤其与他的婚姻对象及其家族有关。这部分关系的重要性远胜于其他师友、同僚等交游关系。然而，传统的谱牒氏族之学，包括《姓纂》、《新表》等文献，都只记录男性世系，既不包含家族中的女性，也不记录婚姻情况。家族的这一部分材料分散载于史传、碑志等文献，极不完整。由于上世

---

① 陈寅恪：《元白诗笺证稿》第四章附《读莺莺传》，上海：古典文学出版社 1958 年，第 112 页。

纪唐代墓志大量出现，我们才得以见到有关家庭关系另一半的母系及妻族的大批原始资料，也才有可能在世系考察的同时对人物婚姻关系进行比较全面的调查。

包括荣阳郑氏在内的"四姓"家族，以婚姻为纽带，在北朝至唐代的历史上曾经煊赫一时。据《资治通鉴》齐明帝建武三年（北魏孝文帝太和二十年，公元 496 年）正月纪事：

> 魏主雅重门族，以范阳卢敏、清河崔宗伯、荣阳郑羲、太原王琼四姓，衣冠所推，咸纳其女以充后宫。陇西李冲以才识见任，当朝贵重，所结姻娅，莫非清望；帝亦以其女为夫人。……时赵郡诸李，人物尤多，各盛家风，故世之言高华者，以五姓为首。①

到唐初，据《贞观政要》卷七"礼乐"载：

> 贞观六年，太宗谓尚书左仆射房玄龄曰："比有山东崔、卢、李、郑四姓，虽累叶陵迟，犹恃其旧地，好自矜大，称为士大夫。"②

又李肇《唐国史补》卷上载：

> 四姓惟郑氏不离荣阳，有"冈头卢、泽底李，土门崔家为鼎甲"。太原王氏，四姓得之为美，故呼为"钑镂王家"，喻银

---

① 《资治通鉴》卷一四〇，北京：中华书局 2011 年，第 4472—4473 页。
② 吴兢：《贞观政要》，上海：上海古籍出版社 1978 年，第 226 页。

质而金饰也。①

可见"四姓"之说，一为崔、卢、郑、王，一为崔、卢、李、郑，后说至少到唐初已取代前说。但无论前说后说，都可以同时将另一姓包括进去，因此又有"五姓"之称。②此外，博陵崔氏和赵郡李氏至少在唐前也已被纳入其中，"五姓"中的崔氏和李氏于是分为两望。③唐高宗时下禁婚诏，就包括了这七家。《唐会要》卷八三"嫁娶"载：

> （显庆）四年十月十五日诏：后魏陇西李宝，太原王琼，荥阳郑温，范阳卢子选、卢浑、卢辅，清河崔宗伯、元孙，凡七姓十一家，不得自为婚姻。④

于是又有"七姓"之说。

有关"四姓"的来历，另有一种说法，见于唐德宗时柳芳所著《氏族论》，载于《新唐书·儒学传》柳芳条下：

---

① 李肇：《唐国史补》（与《因话录》合刊），上海：上海古籍出版社1979年，第21页。标点有改动，其中二句当为谣谚（前后疑有脱误）。《元和郡县图志》卷一七恒州："获鹿县井陉口，今名土门口。皇唐贵族有土门崔家，为天下甲族，今土门诸崔是也。"可见"土门崔家"为当时习称。
② 《资治通鉴》建武三年胡三省注："卢、崔、郑、王并李，为五姓。"陈爽认为，王氏在北魏后期和北齐时期官位不显，影响到门第的升降，所以到唐初被摒弃于"四姓"之外。见《世家大族与北朝政治》，北京：中国社会科学出版社1998年，第125—126页。
③ 《魏书》卷二一《高阳王雍传》："元妃卢氏薨后，更纳博陵崔显妹，甚有色宠，欲以为妃。世宗初以崔氏世号'东崔'，地寒望劣，难之，久乃听许。"北京：中华书局1974年，第557页。《北齐书》卷二三《崔㥄传》："㥄每以籍地自矜，谓卢元明曰：'天下盛门，唯我与尔，博崔、赵李，何事者哉！'崔暹闻而衔之。"北京：中华书局1972年，第334页。可见在北魏后期，博陵崔氏和赵郡李氏还被排斥在"盛门"之外，但已努力接近"四姓"，提升其地位。
④ 《唐会要》卷八三，北京：中华书局1955年，第1528页。《新唐书·高俭传》作"七姓十家"，另列入"前燕博陵崔懿，晋赵郡李楷"。《资治通鉴》卷二〇〇所记略同。据陈寅恪考证，"卢子选"当从《新唐书》作"卢子迁"。

> 郡姓者，以中国士人差第阀阅为之。制：凡三世有三公者曰"膏粱"，有令、仆者曰"华腴"，尚书、领、护而上者为"甲姓"，九卿若方伯者为"乙姓"，散骑常侍、太中大夫者为"丙姓"，吏部正员郎为"丁姓"。凡得入者，谓之"四姓"。……今流俗独以崔、卢、李、郑四姓，加太原王氏，号五姓，盖不经也。①

柳芳还列举了历代有关"右姓"的规定，太和所规定的"郡四姓"属于其中之一。对于以上两说，学界有过很多讨论，观点尚有分歧。根据以上史料可以确认的是，"四姓"地位的确立是在北魏太和中。时孝文帝推行太和改制，其中一项重要内容即是"定四海士族"，②鲜卑贵族"其穆、陆、贺、刘、楼、于、嵇、尉八姓……勿充猥官，一同四姓"。③这项改革的目的是将鲜卑贵族和汉族高门纳入同一门阀体制，从而缓解代、汉上层的矛盾冲突。这一新的门阀体制，成为巩固北魏鲜卑政权的重要保障。"代人请胄，先无姓族"，④在定姓族高低时是以魏初"皇始已来"官爵尊卑为准。汉人原有自己的门第传统，即魏晋"旧族"。学者认为，汉族门阀中甲乙丙丁四姓等第也是依先世官爵评定，实际上同样是以北魏本朝官爵为标准，魏晋旧门只作为参考，与南朝门阀体制以魏晋高门为主不同。⑤

---

① 《新唐书》卷一九九，第5678页。标点从唐长孺所断。
② 《魏书》卷六三《宋弁传》，第1415页。
③ 《魏书》卷一一三《官氏志》太和十九年诏，第3014页。《魏书·官氏志》只载有评定鲜卑姓族的诏书，唐长孺据柳芳《氏族志》等史料推断，同时亦在汉姓中评定姓族，柳芳所谓"四姓"即本太和十八年"定四海士族"之规定。见《论北魏孝文帝定姓族》，收入唐长孺：《魏晋南北朝史论拾遗》，北京：中华书局1983年，第79—91页。
④ 《魏书》卷一一三《官氏志》太和十九年诏，第3014页。
⑤ 见唐长孺：《论北魏孝文帝定姓族》。另参见唐长孺：《魏晋南北朝隋唐史三论》，武汉：武汉大学出版社1993年，第170页。

　　孝文帝在改制过程中，还主动采取了一项与定姓族互为表里的重要措施，即选择汉族高门中的"四姓"作为通婚对象，"咸纳其女以充后宫"。同时，孝文帝亦为诸弟娉"四姓"女为妃，①并下诏禁止"皇族贵戚及士民之家，不惟氏族，下与非类婚偶"。②根据《资治通鉴》纪事，四家正因为获得了鲜卑皇室后族的地位，所以才得以并称"四姓"，占据了北方汉人的最高门第。由此可见，婚姻是太和改制中使代人等级与汉人门第实现连接的重要手段，当然也是门第等级的直接体现。尽管在皇室以外代、汉通婚未必普遍，但这种做法对确认汉人中第一流高门的地位却起到了决定作用。

　　至于为什么是崔、卢、郑、王四姓得膺此选，除了魏晋旧族、本朝官爵等因素外，则与备受孝文帝宠遇、"帝亦以其女为夫人"的陇西李冲有关。李冲之族原为西凉李暠之后，不属于魏晋旧门，自李冲之父李宝才东迁入魏，在门第上原本逊于"四姓"。李冲为提高其门望，利用结亲等手段努力交接、笼络旧族。"所结姻娅，莫非清望"，其主要对象就是崔、卢、郑、王四家。李冲在定姓族过程中"多所参预，颇抑宋氏"。③作为回报，崔、卢、郑、王四氏因此得以占据高位，成为"衣冠所推"、皇室垂眷的后族。陇西李氏也一跃成为"当世盛门"，④"四姓"于是顺理成章地扩展为"五姓"。这"五姓"自此获得与鲜卑"勋臣八姓"相同的与皇室联姻的特权，女子被纳为后妃、王妃，子弟亦尚鲜卑公主。其家族成员则仕途优显，政治地位进一步上升。

---

① 亦见《资治通鉴》卷一四〇建武三年纪事。孝文帝纳四姓女约在太和十六年前后，为诸弟纳女还要早于此。参见陈爽：《世家大族与北朝政治》，第54—57页。
② 《魏书》卷七《高祖纪》，第145页。
③ 《魏书》卷六三《宋弁传》，第1415页。
④ 《魏书》卷三九《李宝传》，第898页。参见唐长孺：《论北魏孝文帝定姓族》；陈爽：《世家大族与北朝政治》，第65—68页。

在此过程中，荥阳郑氏的地位变化尤其富于戏剧性。这个家族虽然在东汉时就出过郑众等名臣，并且是雄踞乡里的地方大族，但在郑羲之前，该族在北魏朝中并无显宦。郑羲为中山王傅，历年不转，因请假归，"李冲贵宠，与羲姻好，乃就家徵为中书令"，[①] 就此实现华丽转身。也有研究指出，荥阳郑氏具有深厚的地方势力，除借助与李冲的姻亲关系外，其地位变化与北魏中期政治军事重心的南移这一深层背景有关。[②]

此后，历经北魏后期的大动乱和政权分裂、宇文泰取代西魏、北周灭齐等一系列变故，北魏门阀体制不复存在。远离代土的鲜卑宗室、贵族迅速没落，新的北镇武川系军事贵族兴起，并吸附拉拢关陇豪族为其所用。宇文泰推行复古改制，旨在打破原有门阀体制，尤其在选官中取消门阀特权，实现"选无清浊"，更预示门阀制度趋于消灭。[③] 隋、唐两代统治者均出自宇文泰入关后形成的关陇贵族集团，学者并将自宇文泰至唐初、该集团主导政坛所施行的举措称之为"关中本位政策"。[④] 山东人士在北周灭齐，及随后发生的尉迟迥举兵反杨事件中，接连遭受严重打击，也因此对关陇形成敌视。[⑤] 隋朝统治者对山东士族尤其是山东高门防范、疑忌的态度，则一直延续到唐初。所以唐太宗每言及崔、卢、李、

---

① 《魏书》卷五六《郑羲传》，第 1238 页。
② 陈爽：《世家大族与北朝政治》，第 142 页。
③ 杜佑：《通典》卷一四《选举》，北京：中华书局 1988 年，第 342 页。参见唐长孺：《魏晋南北朝隋唐史三论》，第 177—178 页。
④ 陈寅恪：《唐代政治史述论稿》，北京：三联书店 1956 年，第 15 页。毛汉光赞同这一理论并加以拓展。见所著《中国中古政治史论》第一篇《绪论：中古核心区核心集团之转移——陈寅恪先生"关陇"理论之拓展》，上海：上海书店出版社 2002 年，第 1—28 页。黄永年不同意陈氏观点，认为关陇集团入隋后开始解体。见所著《六至九世纪中国政治史》，上海：上海书店出版社 2004 年，第 57 页。
⑤ 参见黄永年：《六至九世纪中国政治史》第二章《关陇集团始末》之"山东文人敌视关陇"，第 47—50 页。

郑四姓，意有不平，并对七姓十家实行打压。①

　　然而，值得玩味的是，虽经统治者一再打压，且四姓家族自北朝末至唐初确实官宦地位不高，"世代衰微，全无冠盖"，② 但其最高门阀的地位并未因此动摇。贞观年间，太宗命高士廉主修《氏族志》，初以崔民幹为第一等，太宗颇不满，下令重修，乃降为第三。③ 贞观十六年下诏禁卖婚，④ 即针对四姓。至高宗显庆四年（659）下禁婚令，禁止七姓十家自为婚姻。⑤ 然而，禁婚令的颁布

---

① 参见陈寅恪：《记唐代之李武韦杨婚姻集团》，收入《金明馆丛稿初编》，上海：上海古籍出版社1980年，第237—263页；唐长孺：《魏晋南北朝隋唐史三论》，第376页。
② 《旧唐书》卷六五《高士廉传》太宗曰，北京：中华书局1975年，第2443页。汪篯《唐太宗之拔擢山东微族与各集团人士之并进》统计太宗一朝任用宰相28人，高祖旧相以外22人，山东人11人，占了一半，但多属于隋末趁乱而起的山东豪强。清河房玄龄、渤海高季辅虽属高门，但不能与四姓相比。魏徵自称巨鹿魏氏，有可能是依托。只有崔仁师属博陵安平房，但不预于七姓十家，也可能是依托。见唐长孺等编：《汪篯隋唐史论稿》，北京：中国社会科学出版社1981年，第132—146页。
③ 《资治通鉴》卷一九五贞观十二年正月。《贞观政要》卷七礼乐、《新唐书·高俭传》作崔幹，避太宗讳除民字。唐长孺分析，崔民幹虽降为第三等，但第一、二等为皇族外戚，所以仍是事实上的第一等。民幹出博陵挺支，自其祖父崔猷已跻身关中军事勋贵集团核心，既保持山东第一流高门的声望，又早依附于武川系军事集团，所以高列上等。见《魏晋南北朝隋唐史三论》，第379—380页。
④ 《唐会要》卷八三，第1528页。
⑤ 《全唐文》卷三一八李华《唐赠太子少师崔公（景晊）神道碑》："夫人荥阳郑氏……神龙中，申明旧诏，著之甲令，以五姓婚媾，冠冕天下，物恶大盛，禁相为姻。陇西李宝之六子，太原王琼之四子，荥阳郑温之三子，范阳卢子迁之四子，卢辅之六子，公之八代祖元孙之二子，博陵崔懿之八子，赵郡李楷之四子，士望四十四人之后，同降明诏。斯可谓美宗族人物而表冠冕矣。"北京：中华书局1983年，第3230页。学者据此认为，中宗神龙中再次下诏重申这一禁令。参见毛汉光：《中古大族著房婚姻之研究——北魏高祖至神龙年间五姓著房之婚姻关系》，《中研院历史语言研究所集刊》56本4分（1985年），第693—696页。按，李华此文所述与《新唐书》、《资治通鉴》所载显庆四年诏内容完全一致，而所谓"神龙诏"则无其他文献佐证。文中虽称"申明旧诏"，但所指是否为显庆诏并不明确。据调查，神龙后并无再次禁婚的迹象。事隔四十馀年，中间又发生了武周夺政，唐皇室对山东士族的忌恨已大为减弱，没有理由重申这一禁令。此文作于天宝十二载（753），又在其后四十馀年。作者手头很可能并无官方文献，而只是凭记忆引述，颇疑所谓"神龙中"系误记，实即指显庆诏。

不过证明了两点:一是四姓一直固守高门自婚的传统,借以崇其门第;二是当时求婚四姓风气之盛。① 在这种情况下,禁婚令只实行了很短一段时间,很快便流为空文,反而被禁婚家用以自炫,借此进一步抬高其身价:"其后天下衰宗落谱,昭穆所不齿者,皆称'禁昏家',益自贵,凡男女皆潜相聘娶,天子不能禁,世以为弊云。"②

如何解释这个在当时就令唐太宗十分困惑,感叹"我不解人间何为重之"的现象?③ 又如何解释这种风气在唐代一直延续,④ 甚至在唐小说中"娶清河崔氏女"也成为套语,"四姓"头上的光环一直到唐末五代社会大动乱,门第摧毁之际才完全褪去?⑤ 学者指

---

① 《新唐书》卷九五《高俭传》:"初,太宗尝以山东士人尚阀阅,后虽衰,子孙犹负世望,嫁娶必多取赀,故人谓之卖昏。……帝曰:'……今谋士劳臣以忠孝学艺从我定天下者,何容纳货旧门,向声背实,买昏为荣耶?'"又:"高宗时……李义府为子求昏不得,始奏禁焉。"第3841—3842页。毛汉光认为,中宗神龙中再下禁婚令,是因显庆诏令未得到认真执行,唐统治者采取此政治手段,希望打破两个婚姻集团之间的隔阂,通过与山东五姓通婚提高宗室功臣的社会地位,而非五姓所愿。见《中古大族著房婚姻之研究——北魏高祖至神龙年间五姓著房之婚姻关系》。李志生认为,已知关中旧族与山东禁婚家的通婚中,没有单纯以攀附门望为出发点的,均是出于利益或政治需求而结合。见《唐代关中旧士族高门通婚取向考析》,《北大史学》第7期,北京:北京大学出版社2000年,第165—179页。
② 《新唐书》卷九五《高俭传》,第3842页。
③ 吴兢:《贞观政要》卷七,第226页。
④ 陈寅恪认为,出身于西陇胡汉集团之唐皇室,与山东士族之以礼法为门风者大有不同,自觉相形见绌,益动企羡攀仰之念。《唐代政治史述论稿》,第77页。汪籛认为,李唐皇室的祖先是没有文化的胡人或胡化的汉人,不被文化显族所重视,不免有自卑心理,"在'自以为贵'的自骄和'并不算清'的自卑两种矛盾心理冲突之下,太宗对于山东人着实并没有好感。"见《汪籛隋唐史论稿》,第152—153页。前田爱子认为,五姓婚姻所连结成的政治势力对当时拥有较大诤谏和司法权力的御史台形成支持,并勇敢对抗武周政治势力,因而在武周朝以后得到李唐王朝的保护。见《唐代山东五姓婚姻与其政治影响力》,《唐史论丛》第14辑,西安:三秦出版社2012年,第242—271页。但这一观点与她所采纳的神龙中再下禁婚令的说法实际上是矛盾的。
⑤ 参见孙国栋:《唐宋之际社会门第之消融》,收入《唐宋史论丛》,上海:上海古籍出版社2010年,第271—352页。

出，与南方士族不同，北朝士族大多具有深厚的宗族乡里基础，即使任职中央也始终拥有地方实力，但在隋末纷起于山东河北的地方反叛武装中，却鲜见原来的著姓高门，说明他们在本乡已失去组织武装的能力。① 士族一旦脱离乡里，就更加依附于中央政权。② 因此，到唐代"四姓"在这方面并不具有任何特殊性。如果他们真的具有某种特殊社会势力，对中央政权形成某种潜在威胁，一定会遭到统治者的无情打压和钳制。此外，在教育和文化方面，北方原以儒学著称，"横经著录，不可胜数"。③ 这些大家族自然享有较多的优质教育资源，也出过崔浩、崔光、崔亮、卢辩、卢诞、卢光等大儒。相比于鲜卑贵族和关陇军事贵族，自然可以"儒素德业"许之。④ 但如果与其他山东士族乃至同样有深厚文化传统的关中士族和江南士族相比，则很难说这几个家族一定具有特殊优势。特别是在唐实行科举制之后，山东士族也唯有科第出身一条上升通道，"草泽望之起家，簪绂望之继世。孤寒失之，其族馁矣；世禄失之，其族绝矣"。⑤ 史料中亦不乏记载，山东大姓中的没落房支无以维持门户，只能靠卖婚作为换取财货的手段。⑥

除了以上这些因素外，这些著姓大族还可以拿来吹嘘的就只有

① 唐长孺：《魏晋南北朝隋唐史三论》，第373—375页。
② 毛汉光：《从士族籍贯迁移看唐代士族之中央化》统计清河崔氏等十姓十三家著房支归葬地，大多数在中唐以前已迁到河南、京兆等地。收入《中国中古社会史论》，上海：上海书店出版社2002年，第234—333页。
③ 《魏书》卷八四《儒林传》序，第1842页。
④ 《魏书》卷四七《卢玄传》史臣曰："为世盛门，声高冠带，盖德业儒素有过人者。"第1064页。参陈寅恪：《唐代政治史述论稿》，第79页。
⑤ 《唐摭言》卷九，上海：上海古籍出版社1978年，第97页。
⑥ 李商隐《别令狐拾遗书》："今山东大姓……至其羔雁在门，有不问贤不肖健病，而但论其财货，恣求取为事。"《全唐文》卷七七六，第8092页。《旧五代史》卷七三《李专美传》："为四望族，皆不以才行相尚，不以轩冕为贵，虽布衣徒步，视公卿蔑如也。男女婚嫁，不杂他姓，欲聘其族，厚赠金帛始许焉。"北京：中华书局1976年，第1230页。

所谓"礼法门风"了。如《魏书》记载"（卢）渊与仆射李冲特相友善，冲重渊门风，而渊祇冲才官，故结为婚姻"。① 碑志中也经常可见这类自我标榜："闺庭雍整，造腹敛嶷，树言树行，有礼有法。"② "海内言族□推婚姻，举门风，论人物者，号三宗为鼎甲。"③ 然而，正像统治者和贵族集团从来都以礼法为标榜，但从来都不乏残忍凶险的权争恶斗乃至种种秽闻丑行，这些泛泛称誉并不代表这些家族的人物真的能够做到立身端正，治家谨严，其门风相比于其他家族也未必有多少可称道之处。碑志中的谀墓文辞本来就不足凭信。对照史料所载，卢玄后人"道将卒后，家风衰损，子孙多非法，帷薄混秽，为论者所鄙"，④ 卢正通"妻郑氏，与正通弟正思淫乱"，卢元明"次妻郑氏，与元明兄子士启淫污，元明不能离绝"。⑤ 其家学衰微，后代被指斥为"俱不读书"。⑥

至于荥阳郑氏家族，在北魏后期"闺门秽乱，声满天下"。郑严祖与同宗从姊通奸被劾，"人士咸耻之，而严祖聊无愧色"。⑦ 郑氏门风败坏，被认为可能由于与鲜卑皇室通婚，使其家风礼制受到冲击。例如郑幼儒"好学修谨，时望甚优，丞相、高阳王雍以女妻之……妻淫荡凶悖，肆行无礼。子敬道、敬德，亦并不才"。⑧ 郑氏

---

① 《魏书》卷四七《卢玄传》，第 1050 页。
② 《魏故员外散骑常侍清河崔府君墓志铭》，赵超：《汉魏南北朝墓志汇编》北魏，天津：天津古籍出版社 2008 年，第 67 页。
③ 周绍良主编：《唐代墓志汇编》（以下简称《汇编》）宝历〇二一卢商《唐河中府猗氏县主簿卢公故夫人清河崔氏墓志铭》，上海：上海古籍出版社 1992 年，第 2094 页。
④ 《魏书》卷四七《卢玄传》，第 1062 页。
⑤ 《魏书》卷四七《卢玄传》，第 1053、1061 页。
⑥ 《北齐书》卷四二《卢潜传》，第 556 页。
⑦ 《魏书》卷五六《郑羲传》，第 1242 页。
⑧ 《魏书》卷五六《郑羲传》，第 1244 页。参陈爽：《世族大家与北朝政治》，第 146 页。

家族还不可避免地卷入了鲜卑皇族上层的权力斗争。太和末年咸阳王元禧谋叛，郑思和三人因"同元禧之逆"被杀，思和之兄思明，从兄懿、道昭亦坐徙边、出禁。① 孝明帝时郑俨因受灵皇后胡氏宠幸而权倾一时，在尔朱荣河阴之变中欲起荥阳地方兵力救难，"寻为其部下所杀"。②

其实，所谓的礼法门风，究其实质，无非是家族内部各种琐杂的礼仪规定。其中被普遍看重的是大家族的同财共居，"缌服同爨"（但到唐代，因士人出仕游宦的频繁，所谓"双家"制也变得难以维持）。此外就是家族内部的尊卑有序，等级森严。如卢玄一家，"亲从昆弟，常旦省诸父，出坐别室，至暮乃入"。③ 北方又特别看重嫡庶之别。如《颜氏家训·后娶篇》所载：

> 河北鄙于侧出，不预人流，是以必须重娶，至于三四，母年有少于子者。后母之弟，与前妇之兄，衣服饮食，爱及婚宦，至于士庶贵贱之隔，俗以为常。身没之后，辞讼盈公门，谤辱彰道路，子诬母为妾，弟黜兄为佣。④

这种风气与"江左不讳庶孽"形成鲜明对照，对家庭内部的伦理秩序造成严重伤害，以致颜之推为之感叹："况夫妇之义，晓夕移之，婢仆求容，助相说引，积年累月，安有孝子乎？"

客观地说，礼法门风只是高门用来自我标榜的手段，所以是由门阀等第所决定的，而不是相反。辨识和维持门阀等级的主要是本

---

① 《魏书》卷五六《郑羲传》，第 1239、1247、1248 页。
② 《魏书》卷九三《恩倖传》郑俨，第 2007 页。
③ 《魏书》卷四七《卢玄传》，第 1062 页。
④ 王利器集解：《颜氏家训集解》卷一，上海：上海古籍出版社 1980 年，第 47—48 页。

朝官爵权势，不是"冢中枯骨"，但同时婚姻也起着重要作用。"推婚姻"与"定族姓"是一体两面的事情，也是"门风"是否维持的主要标志。柳芳《氏族论》中有一段著名议论，也说明了婚姻对于维系门第的重要意义：

> 夫文之弊，至于尚官；官之弊，至于尚姓；姓之弊，至于尚诈。……故善言谱者，系之地望而不惑，质之姓氏而无疑，缀之婚姻而有别。山东之人质，故尚婚娅，其信可与也；江左之人文，故尚人物，其智可与也；关中之人雄，故尚冠冕，其达可与也；代北之人武，故尚贵戚，其泰可与也。及其弊，则尚婚娅者先外族、后本宗，尚人物者进庶孽、退嫡长，尚冠冕者略伉俪、慕荣华，尚贵戚者徇势利、亡礼教。四者俱弊，则失其所尚矣。①

学者指出，东晋至南朝，联姻皇室使一些家族得以成为甲族，婚姻本身是门第高卑的重要标准。② 同样的情况在北魏由于皇室的积极推动，结果更为直接，影响更为持久。山东士人的"尚婚娅"之风如果不是发端于此，也因此得以大为强化。

据《隋书·经籍志》史部谱系类后序，北魏所定中国士人门阀有四海大姓、郡姓、州姓、县姓。③ 唐代三次修姓氏书，"各以品位等第，凡为九等"。④ 其中神龙年间改修氏族之谱，柳冲所上《姓族

---

① 《新唐书》卷一九九《儒学传》，第 5678—5679 页。
② 唐长孺：《士族的形成和升降》，收入《魏晋南北朝史论拾遗》，第 53—63 页。
③ 《隋书》卷三三《经籍志》，北京：中华书局 1973 年，第 990 页。唐长孺认为，"四海大姓"与柳芳所说"郡四姓"是一致的。见《论北魏孝文帝定姓族》。
④ 《唐会要》卷三六"氏族"，第 665 页。

系录》"凡四海望族则为右姓"。① 所谓"右姓"，比一般士族地位要高，在全部士族中只占极少数。② 由于调查范围所限，目前还不清楚四姓之外其他高等级士族的婚姻是否严守大姓、郡姓之类区别，是否也形成了一些相对固定的婚姻集团。可以肯定的是，四姓之间维持世代通婚的做法，从北朝一直延续到晚唐。③ 在北魏和北齐，他们始终保持与皇室联姻。此后，则失去这一优势（但在唐代并非完全不与皇室通婚，详后考）。但在山东士人普遍尚婚娅的风气之下，已取得第一流高门地位的这几个家族坚持世代通婚，这种做法本身就成为维系门阀等第的有效手段，本来"缀之婚姻而有别"的门阀现在则依婚姻而保持。在官爵权位之外，与这个第一流高门的婚姻集团通婚，也成为其他士族提高地位的有效途径。这样，就造成了其他士族争相向"四姓"求婚的社会风气。④

在接连发生隋、唐改朝易代之后，新统治者虽然对此耿耿于怀，但却无力扭转这种社会风气。原因当然也在于山东士族在整体上具有一定的文化优势和很强的政治经济实力，统治者不能不尽力扩大其统治的社会基础，寻求关陇集团与山东、江左士族的合作，在此过程中对具有文化优势的山东士族虽然又恨又羡，但也不得不

---

① 《新唐书》卷一九九《儒学传》柳芳《氏族论》，第5678页。
② 唐长孺认为，"右姓"指的是全国性的高门。贞观《氏族志》载293姓，敦煌姓氏书及《玉海》卷五〇载李林甫《天下郡望姓氏族谱》均为398姓，凡入录即为士族，但高低有极大区别，其中只有极少数是右姓。见《魏晋南北朝隋唐史三论》，第384—385页。
③ 参见毛汉光：《中古大族著房婚姻之研究——北魏高祖至神龙年间五姓著房之婚姻关系》；及《中古山东大族著房之研究——唐代禁婚家与姓族谱》，《中研院历史语言研究所集刊》54本3分（1983年），第19—61页；《晚唐五姓著房之婚姻关系》，《台湾大学历史学系学报》第15期（1990年），第135—157页。
④ "四姓"在坚持相互通婚的同时，也接受其他士族的求婚，正如皇室也在士族中寻求婚姻对象。能否与"四姓"通婚，也可以用来判断该士族是否属于高等级的"右姓"。

做出妥协，接受山东士族传统的门阀等第标准。太宗修《氏族志》，不得不将崔民幹列入事实上的第一等，就是证明。隋、唐新的政治制度建立后，旧的门阀制度已不复存在，门阀大族也失去原有的政治经济特权，但门阀贵族的特殊社会地位并没有随之消失，门阀族望仍是一种重要的社会身份标识。① 唐人讲求门阀的结果，就是极为重视婚姻的选择。四姓坚持相互通婚以自高其门，他姓则竞相求婚四姓，在这种社会风气下于是得以延续。禁婚令反而在其中起了推波助澜的作用。

　　有关"四姓"包括荥阳郑氏在唐代的婚姻情况，学者已提供了比较全面的统计数据。② 但这些统计仍是选样性质的。这是因为墓志之类文献的发现，有很大偶然性。常常是同一家族的多方墓志同时被发现。在参考有关研究成果的基础上，本书所进行的调查工作在尽可能补充新发现材料的同时，对郑氏与不同对象婚配的具体情况展开分析，对其在唐代各个时期的变化情况加以说明，以期为唐代门第婚姻情况提供一个更为详实的家族个案例证。

---

① 　参见唐长孺：《魏晋南北朝隋唐史三论》，第 370 页。
② 　前田爱子：《唐代山东五姓婚姻与其政治影响力》共统计了崔、卢、郑三氏的婚姻 1 159 例（崔氏 611 例，卢氏 312 例，郑氏 236 例），涉及郑氏的实际为 370 例。其中属于五姓自婚的 646 例：崔—卢 112 例，崔—郑 71 例，崔—李 122 例，崔—王 56 例，卢—郑 72 例，卢—李 100 例，卢—王 17 例，郑—李 76 例，郑—王 20 例；在郑氏婚例中，五姓自婚占六成多。由于篇幅所限，该文只提供了统计数字，没有列出有关婚例的具体材料。本书的调查，在材料使用上与该文也可能有所不同。

上编　荥阳郑氏世系考

第一章　唐前的荥阳郑氏世系

氏族谱牒之学都要追求姓源，郑氏的祖先被上溯至周厉王少子受分封于郑，即《春秋》中的郑国。到汉代，出现一些有史料可稽的著名人物。据《元和姓纂》所载：

> 幽公六代孙荣，号郑君，生当时，汉大司农。
>
> 【荥阳开封】当时六世孙穉，汉末自陈徙河南开封，晋置荥阳郡，开封隶焉，遂为郡人。穉孙兴。兴生众，后汉大司农；曾孙熙，生秦、浑。浑，魏少府；生崇，晋荆州刺史；曾孙略，前赵侍中，生豁、楚。楚生温，燕太子詹事。①

《新唐书·宰相世系表》载郑当时以下世系详于《姓纂》，所据有可

————————

①　林宝撰、岑仲勉校记：《元和姓纂》（附四校记），第1347页。

能是郑氏家谱：①

> 当时……生韬，韬生江都守仲，仲生房，房生赵相季，季生议郎奇。奇生稺……稺生御史中丞宾，宾生兴，字赣，莲勺令。兴生众，字仲师，大司农。众生城门校尉安世，安世生骑都尉綝，綝生上计掾熙，熙二子：泰、浑。浑，魏少府大匠。浑生崇，晋荆州刺史。崇生通，通生随，扶风太守。随生赵侍中略。②

据此，郑当时以下世系为：

表1—1

当时 汉大司农	
韬	
仲 汉江都守	
房	
季 赵相	
奇 汉议郎	
稺	
宾 汉御史中丞	

---

① 司空图撰《荥阳族系记序》，载郑太和辑《麟溪集》别篇下，《四库全书存目丛书》据明成化十一年刻本影印。文称："愚再还居中条，观陇西郑回《族系记》：回为定著，桓公至温为上篇，南阳至回为下篇。且旁稽户部侍郎郑元哲《故家考》及中书舍人袁晰《姬姓录》，二公皆博洽大儒，订核尤为精绝，簿状之或遗、名爵之或讹者，咸谳正之。故愚定此谱，颇自谓无憾焉。回，进士也。宜有以久其传也。"济南：齐鲁书社1997年，集部第289册，第627页。刘氏嘉业堂丛书《司空表圣诗文集》收入附录，陈尚君《全唐文补编》收入"又再补"。
② 《新唐书》卷七五上，第3259页。

兴 汉莲勺令	
众 汉大司农	
安世 汉城门校尉	
綝 汉骑都尉	
熙 汉上计掾	
泰	浑

在东汉末年，荥阳郑氏就是富甲一方的地方大族。《后汉书·郑太传》载：

> 郑太字公业，河南开封人，司农众之曾孙也。少有才略，灵帝末，知天下将乱，阴交结豪桀。家富于财，有田四百顷，而食常不足，名闻山东。……（董）卓既迁都长安，天下饥乱，士大夫多不得其命。而公业家有馀赀，日引宾客高会倡乐，所赡救者甚众。乃与何颙、荀攸共谋杀卓。事泄，颙等被执，公业脱身自武关走，东归袁术。①

在《姓纂》及唐人墓志等文献中，荥阳郑氏的籍贯有"荥阳开封"、"荥阳荥泽"、"荥阳郡荥阳县"等几种说法。郑氏家族的归葬地，也分散于京兆府、洛阳县、偃师县、河南县、河阴县等地。所谓荥阳郡，是沿袭晋以来的旧称。② 唐人所称郡望，多采用汉魏以来旧称。荥阳郡即唐郑州。荥阳县和荥泽县是郑州辖下的两个县。据

---

① 《后汉书》卷七〇，北京：中华书局1965年，第2257—2230页。
② 《晋书》卷一四《地理志》司州，北京：中华书局1974年，第416页。并参见李吉甫：《元和郡县图志》卷八河南道郑州，北京：中华书局1983年，第202页。

《元和郡县图志》："荥阳县，本汉旧县。晋属荥阳郡。……神龙初，复为荥阳，属郑州。""荥泽县，本汉荥阳县地。……仁寿九年改为荥泽，属郑州。"① 荥阳县有索水，县治所在大索城，索水岸边多有郑氏族人居所及所营葬地。荥泽县西有广武山，墓志所载郑氏家族葬地"广武原"即在此。郑州所辖其馀五县中，原武、阳武、中牟皆晋荥阳郡故地，也有郑氏族人分布。

开封县则与郑州相邻，历史上也属于荥阳郡，在东汉时是郑氏家族最早的落籍地。据《元和郡县图志》："开封县，本汉旧县，属河南郡。……晋属荥阳郡。……武德四年重置汴州，开封又属焉。贞观元年废，延和元年，于城内别置开封县，管东界。"② 所谓"荥阳开封"，也是据旧郡望而言。唐以前记载可考的荥阳郑氏人物所称籍贯，一般均为"荥阳开封人"。③ 这几个县在唐代仍是郑氏族人的实际居住地。

此外，荥阳郡故地离东都洛阳很近，仅有二百八十里。郑氏子孙在仕宦迁徙中，也常常首选洛阳作为落脚地。河南道的其他州县也有郑氏族人分布，如宋州宋城县、徐州彭城县等。《唐国史补》称"四姓惟郑氏不离荥阳"，比起在北魏时东迁的陇西李氏和自南返北的太原王氏，以及在唐代归葬地移至京兆、河南等地的范阳卢氏、清河崔氏，荥阳郑氏确实可以说未离故土。当然，原因也在于其故土本来就在中原核心区域，出仕、入朝十分方便，没有必要向洛阳或长安一带大规模迁移。东汉以来，郑氏累世经营荥阳，积累了雄厚的经济实力，在北魏、北齐时期甚至还拥有自己的地方武装。

---

① 李吉甫：《元和郡县图志》卷八，第 203、204 页。
② 李吉甫：《元和郡县图志》卷七河南道汴州，第 176 页。
③ 参吴江、刘顺安：《〈开封县郑胡铭〉墓志砖考》，《开封教育学院学报》2013 年第 3 期。

一、晋郑袤支

郑袤，字林叔，郑众四世孙，郑泰（太）之子。《姓纂》称郑众"曾孙熙，生秦、浑"，秦即泰之误，太、泰古通用。[①] 据《三国志·魏书·郑浑传》及《晋书·郑袤传》，郑泰死后，郑浑携郑袤避难江东，数年后返回乡里，时袤年十七。郑浑的这一经历在汉末士族中比较常见，如荀彧、诸葛亮都曾因中原战乱而举族迁居，但荀彧、诸葛亮最后都没有回归故土。郑浑回归故里，使其家族得以延续在当地的势力。郑浑历任上党、阳平、沛郡、山阳、魏郡太守，魏明帝时迁将作大匠，卒。史称郑浑"清素在公，妻子不免于饥寒"。[②] 又《晋书·食货志》载：

> 郑浑为沛郡太守，郡居下湿，水涝为患，百姓饥乏。浑于萧、相二县兴陂堨，开稻田。郡人皆不以为便，浑以为终有经久之利，遂躬率百姓兴功，一冬皆成。比年大收，顷亩岁增，租入倍常。郡中赖其利，刻石颂之，号曰郑陂。[③]

郑袤仕魏、晋两朝，魏武帝初封诸子为侯，袤与徐幹俱为临淄侯文学。后任济阴、广平太守，颇有政声。又为司马师平定毌丘俭之乱出谋划策。在曹魏时，郑氏即与司马氏相交颇深。司马炎称帝，诏以袤为司空。郑袤以年老失明，固辞见许。六子均位列公卿。《晋书·郑袤传》附子郑默载：

① 林宝撰、岑仲勉校记：《元和姓纂》（附四校记），第 1347 页。
② 《三国志》卷一六《魏书》一六，北京：中华书局 1959 年，第 512 页。
③ 《晋书》卷二六，第 784 页。

初，帝以贵公子当品，乡里莫敢与为辈，求之州内，于是十二郡中正佥共举默。文帝与袤书曰："小儿得厕贤子之流，愧有窃贤之累。"及武帝出祀南郊，诏使默骖乘，因谓默曰："卿知何以得骖乘乎？昔州里举卿相辈，常愧有累清谈。"遂问政事，对曰："劝稼务农，为国之基。选人得才，济世之道。居官久职，政事之宜。明慎黜陟，劝戒之由。崇尚儒素，化导之本。如此而已矣。"帝善之。①

又《晋书·礼志》载：

太康七年，大鸿胪郑默母丧，既葬，当依旧摄职，固陈不起，于是始制大臣得终丧三年。然元康中，陈准、傅咸之徒，犹以权夺，不得终礼。自兹已往，以为成比也。②

可见当魏晋之交，郑氏身为望族，颇为士林推重。司马氏有问鼎天下之志，与郑氏交游，尚愧有累清谈。从郑浑、郑袤到郑默，均恪守礼制，重农务本。高贵乡公时精选博士，郑袤所举刘毅等人，后并至公辅大位。

郑袤六子，名郑默、郑质、郑舒、郑诩、郑称、郑予。郑舒妻刘氏有墓志铭存世，可据以补其官职。③ 郑默子郑球、郑豫。郑球传附《晋书·郑默传》。郑豫永嘉末为尚书，永嘉五年石勒攻东郡，

① 《晋书》卷四四，第1251页。
② 《晋书》卷二〇，第634页。
③ 赵超：《汉魏南北朝墓志汇编》志盖无，铭文："晋故大司农关中侯郑舒夫人城阳黔陬刘氏，魏琅耶太守谟之孙，晋使持节领护匈奴中郎将鹰扬将军并州刺史毌丘烈男钦之女。"第17页。

与太尉王衍等皆遇害，"王公已下，死者十馀万人"。① 同年邵陵太守郑融也死于战乱，其房支所属不详。西晋末年的战乱与石勒的入侵，给中原地区的士族以沉痛的打击。郑袤一支后嗣无闻，也当与战乱有关。

这一房支的世系是：

表 1—2

泰 汉扬州刺史							浑 魏将作大匠
袤 晋光禄大夫							崇 晋荆州刺史
默 晋大鸿胪		质	舒 晋大司农	诩	称	予	通
球 晋尚书右仆射	豫 晋尚书						随 晋扶风太守
							略 赵侍中

二、晋郑冲支

郑冲，字文和。历魏晋两朝，仕魏为司空，晋拜太傅。博闻经史，淹通百家，长于礼仪律令。曾为高贵乡公讲授《尚书》，与何晏等人编著有《论语集解》。《晋书》卷三三有传。关于他的出身，本传称：

起自寒微，卓尔立操，清恬寡欲，耽玩经史，遂博究儒术

① 《晋书》卷五《怀帝纪》，第122页。

及百家之言。有姿望，动必循礼，任真自守，不要乡曲之誉，由是州郡久不加礼。①

据推测，郑冲应出自郑稺的旁系子孙，所以虽然先世无闻，却仍然可以接触到大量典籍。这是魏晋时期的寒门子弟难以做到的。郑冲"以儒雅为德，莅职无干局之誉，箪食缊袍，不营资产，世以此重之"。②郑冲的为人也更接近魏晋士人普遍推崇的品格——"任真"：因司隶李憙、中丞侯史光奏冲及何曾等人各以疾病，俱应免官，冲遂不视事。武帝数次下诏，冲抗表致仕。但郑冲为人亦极谨慎，据《世说新语·政事》载：

> 贾充初定律令，与羊祜共咨太傅郑冲，冲曰："皋陶严明之旨，非仆暗懦所探。"羊曰："上意欲令小加弘润。"冲乃粗下意。③

他的抗表致仕，不排除有在魏晋鼎革之际小心行事的因素。郑冲入仕在曹丕称帝之前，嘉平三年（251）达到仕途的最高峰。郑冲的显达，显然也为郑氏门庭增添了清贵色彩。后来十二郡中正共举郑默与司马炎同品，也就不足为奇了。

郑袤的锐意经营和郑冲的任真自守，形成了郑氏家族的两种风格，并影响到郑氏的家学传承和门风。

郑冲无子，以从子郑徽为嗣，所以他至少还应有一个兄弟。

这一房支的世系是：

---

① 《晋书》卷三三，第991页。
② 《晋书》卷三三，第991页。
③ 徐震堮著：《世说新语校笺》，北京：中华书局1984年，第93—94页。

表 1—3

冲	魏司空、晋太傅
徽	晋平原内史
简	

三、晋简文宣郑太后支

郑太后，名阿春，晋元帝妃，简文帝之母。《晋书》入《后妃传》。这是郑氏家族早期与皇室联姻的事例。《晋书·后妃传》载：

> 后少孤，无兄弟，唯姊妹四人，后最长。先适渤海田氏，生一男而寡，依于舅濮阳吴氏。元帝为丞相，敬后先崩，将纳吴氏女为夫人。后及吴氏女并游后园，或见之，言于帝曰："郑氏女虽媷，贤于吴氏远矣。"建武元年，纳为琅邪王夫人，甚有宠。①

自春秋至唐代，寡妇再嫁均由父母主之，至宋以后转由夫家主之。②纳寡女为妃，在晋朝诸后妃中仅此一例。司马皇室和素来讲求礼法的郑氏家族同意这桩婚事，一方面是因为晋元帝当时并未登基，而郑氏是作为品级在下的夫人而非正妻被迎纳；另一方面也说明寡妇再嫁在当时是比较普遍的，即使讲求礼法的士族高门对此也不排斥。元帝登基后，"后虽为夫人，诏太子及东海、武陵王皆母事

---

① 《晋书》卷三二，第 979 页。
② 参陈鹏：《中国婚姻史稿》，北京：中华书局 1990 年，第 305—308 页。

之"，① 可以证明郑氏女的贤良。而郑妃能够取得这种地位，另一原因是她身后没有强大的戚族，对元帝来说是一个有利因素。当南渡初期，元帝在朝野的威望不足，朝政、军事全面依赖王导。元帝对郑妃诸妹婚嫁的安排，也有利于为他争取南渡士族旧门的支持，培植自己的心腹。刘隗举其从子婿郑氏妹，后来即协助元帝对抗王氏家族。

郑太后先世亦失考，当是郑袤的旁系，这一房支的生活时间约在永嘉末年至太兴初年。其世系是：

表 1—4

合 晋临济令			
恺 晋安丰太守			
阿春 晋元帝妃	二妹 嫁长沙王褒	三妹 嫁刘佣	四妹 嫁汉中李氏

四、宋郑鲜之支

在八王之乱爆发后，一部分郑氏房支随晋室南迁。晋宋易代之后，继续供职于刘宋朝廷。其中有郑鲜之一系。郑鲜之，字道子，仕晋、宋两朝，终官宋尚书右仆射。《宋书》卷六四有传。《宋书》称郑浑为其高祖，清代学者张森楷《校勘记》谓鲜之去郑浑且二百年，只传四代，于事不合。② 据《三国志·郑浑传》，浑有子名崇。疑《宋书》缺载一或二代。

郑鲜之家族的迁居，始于其祖父郑袭。其曾祖郑哲任江州长

---

① 《晋书》卷三二，第 979 页。
② 《宋书》卷六四《校勘记》，北京：中华书局 1974 年，第 1762 页。

史，但墓在开封。① 郑袭初为江乘令，遂家焉。江乘属丹杨郡，元帝渡江后在此侨置南东海、南琅琊、南东平、南兰陵等郡。

郑鲜之为人刚直不阿，不惧权贵。刘裕出身行伍，掌权以后颇慕风流，时或发议论，人多依违附合，不敢难，唯独郑鲜之难必切至，追问至其理屈词穷，方且罢之。时人称为"格佞"。郑鲜之初为桓伟辅国主簿，时有滕恬尸丧不返、其子羡仕宦不废，议者嫌之，桓玄使群僚博议。鲜之之议博引古今，以为名教大极唯有忠孝，变通抑引，每事辄殊，自当求心而遗迹。《宋书》本传尽载其文。时有新制，长吏以父母之疾去官，禁锢三年。鲜之上议，认为不能因防范去官而杜塞孝爱之实、对省父母之疾者加以罪名，于是废其制。

义熙十二年（416）刘裕北伐，郑鲜之随从。其曾祖墓在开封，相去三百里，鲜之乞求拜省，刘裕遣骑送之。这一房支可考的生活时间在晋太康至宋元嘉年间，其世系为：

表 1—5

浑 魏将作大匠
？
哲 晋江州长史
袭 晋大司农
遵 晋尚书郎
鲜之 宋尚书右仆射
愔 宋始兴太守

---

① 《南史》卷三三《郑鲜之传》："鲜之曾祖晋江州长史哲，墓在开封。"北京：中华书局 1975 年，第 861 页。

五、梁郑绍叔支

郑绍叔，字仲明。仕梁为冠军将军，封东兴县侯，终官左将军，加通直散骑常侍，领司、豫二州大中正。《梁书》卷一一、《南史》卷五六有传。祖父郑琨，《梁书》言为宋高平太守。查《宋书》，有二郑琨，一为宣威将军，陈、南顿二郡太守。元嘉二十七年（450）北魏拓跋焘寇汝南，与汝阳、颍川二郡太守郭道隐并弃城奔走。一为王玄谟将，戍南浦，武帝孝建元年（454）南郡王义宣反，与垣护之等击贼于姑孰。前者事见《文帝纪》、《索虏传》，后者见《垣护之传》、《南郡王义宣传》。绍叔祖父当为前者，其为高平太守不知在何时。

郑绍叔少孤贫，初为安丰令，居县有能名。萧衍起兵，绍叔为心腹。任司州刺史，创立城隍，广田积谷，百姓安之。绍叔事母及祖母以孝闻，奉兄恭谨，但与兄郑植二人却各为其主。郑植为齐东昏侯直后，东昏遣植至雍州，托为候绍叔，实潜使为刺客。绍叔送兄于南岘，称："兄若取雍州，绍叔请以此众一战。"二人相持恸哭而别。后绍叔居显要，禄赐所得及四方贡遗，悉归之兄室。郑植可能死于梁代齐之役。

郑绍叔有族子郑万顷，传附《陈书·南康愍王昙朗传》。其父郑旻，梁末入魏。魏分裂，万顷仕周为司城大夫，出为温州刺史。后与司马消难奔陈，任丰州刺史，佐昙朗之子方庆。万顷在周时受隋文帝知遇，文帝即位，常思北还。王勇杀方庆，郑万顷率州兵拒勇，遣使间道降于隋。①

---

① 《陈书》卷一四，北京：中华书局1972年，第214页。

这一房支的生活时间在宋元嘉年间至隋初，其世系为：

表 1—6

琨 宋南平太守		？
？		？
植 齐东昏侯直后	绍叔 梁左将军	旻
	贞	万顷 隋上仪同

随晋室南迁的郑氏各房支不乏显贵人物，他们虽已迁离河南，但仍以荥阳为籍贯。其后人入唐后仍称荥阳人，给辨认唐代某些房支的所属带来困难。从地理分布来看，湖湘、吴越等地都有荥阳郑氏后人的活动。郑氏子弟虽多有令名，但与南迁后的侨姓大族如琅琊王氏、陈郡谢氏等相比，郑氏家族还是要逊色不少，与其他高门大族之间似乎瓜葛不多。东晋末年孙恩之乱、梁末侯景之乱，使南方高门大族遭受沉重打击。刘裕出身行伍，萧衍原属寒门，郑鲜之、郑绍叔因分别与二人私交甚厚而得居高位，家族背景在其中显然不起什么作用。郑氏几个出名的人物或结交权贵，或确有才干。但在频繁的政权更迭和战乱中，家世荣衰难以预料，往往一两代后便湮灭无闻。

六、北魏郑羲房

如前所述，留在北方的郑氏家族中以郑羲房最为著名，因与北魏皇室联姻而成为"四姓"之一。《魏书·郑羲传》载：

郑羲，字幼骥，荥阳开封人。魏将作大匠浑之八世孙也。曾祖豁，慕容垂太常卿。父晔，不仕，娶于长乐潘氏，生六子，粗有志气，而羲第六，文学为优。①

幼骥，《元和姓纂》、《新唐书·宰相世系表》作"幼麟"。保存至今的《郑文公碑》（郑羲碑）记述郑羲家世、事迹颇详：

> 公讳羲，字幼骥。司州荥阳开封人也。……高祖略，恢亮儒素，味道居真，州府招辟，莫之能致。值有晋弗竟，君道陵夷，聪曜虔刘，避地冀方。隐括求全，静居自逸。属石氏勃兴，拨乱起正，徵给事黄门郎持节，迁侍中尚书，赠扬州刺史。曾祖豁，以明哲佐世，后燕中山尹、太常卿，济南贞公。祖温，道协储端，燕太子詹事。父晔，仁结义徒，绩著宁边，拜建威将军，汝阴太守。②

《姓纂》谓：略生豁、楚，楚生温，温生三子晔、恬、兰。当以此碑为准，温为豁子。《新表》所载郑略以下世系稍详：

> ……略六子：繄、豁、渊、静、悦、楚。豁字君明，燕太子少傅，济南公，生温。温四子：涛、晔、简、恬。涛居陇西。晔，后魏建威将军、南阳公，为北祖。简为南祖。恬为中祖。③

有关郑略，《太平御览》卷三七一引《二石伪事》：

---

① 《魏书》卷五六，第1237页。
② 陆增祥：《八琼室金石补正》卷一四，北京：文物出版社1985年，第79页。额题"荥阳郑文公之碑"。此碑称"郑文公下碑"，在山东掖县云峰山，上碑在山东平度县天柱山，同建于永平元年（511），均为摩崖刻石。"晔"，刻本作"煜"，据影印拓本《郑文公下碑》改，紫禁城出版社1984年。
③ 《新唐书》卷七五上，第3259页。

石虎攻中山，得郑略之妹，生二男。更娶崔妻，至相敬待，无儿。郑复生男，崔求养，郑不许，一月卒病死。郑诮崔"谓妾多养胡子"。虎时距胡床于庭中，大怒，索弓箭。崔闻欲杀之，徒跣至虎前曰："公勿枉杀妾，乞听妾言。"虎不听，但言："促还坐，无预卿。"崔便去，未至，虎于后射之，中腰而覆。①

《晋书·石季龙载记》载石虎娉将军郭荣妹为妻，"宠惑优僮郑樱桃而杀郭氏，更纳清河崔氏女，樱桃又谮而杀之"。②《太平御览》卷三八〇引崔鸿《十六国春秋·前赵录》则谓："后赵石虎郑后名樱桃，晋冗从仆射郑世达家妓也。在中猥妓中，虎数叹其貌于太妃，太妃给之。"③则此女的身份有不同说法，其是否为郑略之妹，此郑略是否即郑羲高祖，尚有疑问，但从时代上来讲是吻合的。晋中山国属冀州，石勒受刘渊命攻常山，下中山等地，在永嘉三年（309）。时"众至十馀万，其衣冠人物集为君子营。乃引张宾为谋主"，④"宾谓所亲曰：'吾历观诸将多矣，独胡将军可与共成大事。'"⑤《郑文公碑》称郑略"属石氏勃兴"，徵为给事黄门郎，此前则"避地冀方，隐括求全"。这个"冀方"，有可能即是冀州。⑥当时有一批汉族世家（"衣冠人物"），以张宾为首，转而与石氏合

---

① 《太平御览》卷三七一，北京：中华书局影印1960年，第1713页。
② 《晋书》卷一〇六，第2761页。
③ 《太平御览》卷三八〇，第1756页。《晋书·职官志》："光禄勋，统武贲中郎将、羽林郎将、冗从仆射、羽林左监……"又《太平御览》卷三八七引《赵书》："石虎娉崔氏女为夫人，无宠。所爱郑夫人有百日女病，谓崔予药，以告。后石虎作威，问之。崔言外舍见小子，以少唾其容作，实非药也。后石虎乃射之，一箭通中而死。"第1789页。为此事的另一版本。
④ 《晋书》卷一〇四《石季龙载记上》，第2711页。
⑤ 《晋书》卷一〇五《石季龙载记下》，第2756页。
⑥ 郑略很可能是被迫迁徙。十六国时期见于记载的大规模移民有50馀次。参见唐长孺：《魏晋南北朝隋唐史三论》引西村元佑《中国经济史研究》，第116页。

作。郑略即在其中，世达有可能是郑略之字。①

有关郑豁，《资治通鉴》晋纪二七武帝太元九年（384）载：

> 燕王垂至邺，改秦建元二十年为燕元年……前尚书段崇为
> 右长史，荥阳郑豁等为从事中郎。②

胡三省注："凡带前字者，皆前燕所授官也。"可知郑豁历仕前、后燕。

郑晔，《魏书·郑羲传》言其不仕。《王慧龙传》载慧龙"临没，谓功曹郑晔"云云，③ 时代亦相合，不能确证是否为同一人。《郑文公碑》记郑晔官为建威将军、汝阴太守，有可能是赠官。碑称郑晔"仁结义徒，绩著宁边"，当时河南一带为南北交争的边地，郑氏家族在郑略之后当已回到荥阳故土，重建在当地的势力。《魏书·郑羲传》载延兴初田智度妖惑动众，扰乱京索，"以羲河南民望，为州郡所信，遣羲乘传慰谕。羲到，宣示祸福，重加募赏，旬日之间，众皆归散"。④ 也可见郑氏在当地的影响。

郑羲（425—492）在孝文帝初年任中山王傅，但历年不转，资产亦乏，因请假归，遂留家不返。其后因李冲贵宠，与羲姻好，乃就家徵为中书令。孝文帝纳其女为嫔。赐荥阳侯爵，假南阳公。郑羲为人贪吝，卒后诏谥"文灵"。但《郑文公碑》却称"加谥曰

---

① 陈爽《世家大族与北朝政治》认为："同众多的北方世家大族一样，荥阳郑氏与胡族统治者的关系经历了一个由对立到合作的漫长过程。"第138页。有关郑略妹的传说可以证实这一点。所谓"多养胡子"，也是以汉族世家女之口而言。另娶清河崔氏女，也说明石勒在寻求北方世家的合作。
② 《资治通鉴》卷一〇五，第3323页。
③ 《魏书》卷三八，第877页。
④ 《魏书》卷五六，第1238页。

文"，讳去一字。对此，赵明诚《金石录》已特予指出。①

郑略以下至郑羲一代的世系是：

表 1—7

略						
豁	豁 燕从事中郎					
	温					
	涛	晔				
			白骝	茂	叔夜	洞林	归藏	连山

(续前)

				渊	静	悦	楚
(晔)	恬	简	?				
羲 魏秘书监			德玄 魏荥阳太守				

据《魏书·郑羲传》及《北齐书》、《北史》，郑羲房支的世系是：

表 1—8

羲					
懿 魏齐州刺史	道昭 魏青州刺史				
恭业	严祖 魏鸿胪卿	敬祖 著作佐郎			

---

① 《金石录》卷二一《后魏郑羲碑》，《四部丛刊》续编本，上海涵芬楼 1934 年。

续 表

仲礼 东魏都督	元礼 周始州别驾	绍元 赵郡太守		仲华* 崔昂妻
		子翻 齐司徒记室参军	子腾 隋蒋州司马	天寿 隋开府参军	

(续前)

述祖 齐光州刺史		遵祖 秘书郎	顺祖 太常丞	？
元德 琅邪守	武叔			雏 齐胶州刺史

郑羲长子懿（？—510）字景伯，袭爵荥阳伯。以从弟思和同咸阳王禧之逆，与弟道昭俱坐缌亲出禁。出为齐州刺史。卒谥穆。懿子恭业袭爵，坐与房子远谋逆，伏诛。①

次子道昭（？—516）字僖伯，传附《魏书·郑羲传》及《北史》卷三五。官中书郎、国子祭酒、秘书监，光州、青州刺史。好为诗赋。擅书法，留有石刻多件。②卒谥文恭。

道昭子严祖，东魏孝静帝时除鸿胪卿，出为北豫州刺史。不修

① 房子远与郑仲礼等参与尔朱文畅谋害高欢事，在武定三年（545）。见《北齐书》卷一九《任延敬传》、卷四八《外戚传》尔朱文畅，第251、666页。为何牵连及恭业，情节不详。
② 康有为：《广艺舟双楫》榜书第二十四："数寸大字，莫如郑道昭《太基仙坛》及《观海岛诗》，高气秀韵，馨芬溢目。"北京：中国书店1983年，第57页。有关云峰四山所存42块北朝刻石书法的作者，诸家说法不一，有认为全部为郑道昭一人所书，现在比较一致的意见认为其中有10件为郑道昭所书。参邢学敏：《北魏书法家郑道昭家族研究》，第11—42页。

士业，倾侧势家，闺门秽乱，声满天下。严祖庶子仲礼，齐高欢时潜通西魏，并与尔朱文畅等谋害高欢，被诛。因高欢宠其姊，赖娄后为请，仲礼死，不及其家。事见《北齐书·外戚传》。以敬祖子绍元嗣。敬祖，郑俨之败时亦为乡人所害。

敬祖女郑仲华（522—587）墓志出土："夫人讳仲华，荥阳开封人也。……祖道昭，魏国子祭酒、秘书监。考敬祖，魏通直散骑常侍、豫州刺史。"同墓出土其夫崔昂、昂前妻卢修娥墓志。① 崔昂字怀远，传见《北齐书》卷三〇、《北史》卷三二。

郑述祖（485—565），字恭文，传见《北齐书》卷二九、《北史》卷三五。好属文，善鼓琴。任兖州、光州刺史。其父道昭亦曾为光州，人歌之："大郑公，小郑公，相去五十载，风教犹尚同。"② 世宗曾谓赵郡王高叡："我为尔娶郑述祖女，门阀甚高，汝何所嫌而精神不乐？"③ 卒谥平简公。子元德，官琅邪守。又族子雏，官胶州刺史。传附《北史》述祖传，齐文宣帝为皇太子纳其女为良娣。

自郑羲开始，荥阳郑氏与陇西李氏、清河崔氏、范阳卢氏、太原王氏形成五姓联姻，同时成为北魏皇室的联姻对象，后来又与北齐皇室联姻。除孝文帝纳郑羲女外，郑严祖女郑大车初为魏广平王妃，后为高欢所纳，生冯翊王润。④ 郑述祖女嫁赵郡王高叡，高叡生母也是郑氏。高欢子彭城景思王高淯、文襄帝子兰陵王高长恭、武成帝子南阳王高绰，均娶郑氏女。

---

① 河北省博物馆、河北省文物管理处：《河北平山北齐崔昂墓调查报告》，《文物》1973年第11期。
② 《北齐书》卷二九，第397—398页。
③ 《北齐书》卷一三，第170页。
④ 《北史》卷一四《后妃传》作"严祖妹"，误。据同书卷三五《郑羲传》，应为严祖女，名作"火车"。北京：中华书局1974年，第519、1306页。

七、北魏洞林房

洞林，郑晔第三子。据《金石录》所考，《姓纂》之"幼麟"，即郑羲字，而小白名茂，"疑自白麟以降，皆其字也"，[①] 则洞林或是其字，名不详。据《魏书·郑羲传》、《周书·郑孝穆传》及《北史》，洞林以下世系为：

表1—9

洞林					
敬叔 濮阳太守					
籍 徐州长史	琼 范阳太守				
	道邕 周少司空				
	诩 周邵州刺史	译 周沛国公		诚	诠
		元璕	元珣		

(续前)

		士恭 燕郡太守			
俨	？	子贞 南兖州司马	子湛 光禄大夫	昭伯 东平太守	子嘉
文宽	文直			大护 户曹参军	

洞林子敬叔，亦有贪名。其子郑俨，事见《魏书·皇后传》宣武灵皇后胡氏及《恩倖传》。郑俨受灵太后宠幸，势倾海内。"俨每

---

① 林宝撰、岑仲勉校记：《元和姓纂》（附四校记），第1348页。

休沐，太后常遣阉童随侍，俨见其妻，唯得言家事而已。"① 肃宗崩，事出仓卒，天下传言郑俨、徐纥之计。尔朱荣举兵向洛，以俨、纥为辞。随后洛阳陷落，尔朱荣在河阴残杀官僚公卿二千馀人，北魏政权随之分裂。郑俨与从兄仲明欲据荥阳郡起兵，寻为部下所杀。子文宽，从出帝入关，尚周文帝元后妹魏平阳公主，② 殁于关西。

郑道邕，字孝穆，传见《周书》卷三五、《北史》卷三五。③ 北魏永安中从元天穆讨平邢杲，进骠骑将军。西迁后行岐州刺史，有能名，考绩为天下最，拜京兆尹。宇文泰东讨，命道邕等人分掌众务，令道邕引接关东归附人士。拜中书令，赐姓宇文。子郑诩嗣，为聘陈使，官至开府仪同大将军。次子郑译（540—591）字正义，《周书》、《隋书》、《北史》亦有传。历事周武帝、宣帝，委以朝政。与杨坚有同学之旧，隋文受禅，有定册功。以轻险贪赃被疏，除名，后复官爵。郑译擅音乐，撰有《乐府声调》六卷。郑译子元璹，大业末为文城太守，举城降唐。

敬叔弟士恭，燕郡太守，孝昌中因郑俨之势，除卫尉少卿，迁瀛州刺史。后嗣仕于东魏。

八、北魏郑茂房

《新表》谓"晔生中书博士茂，一名小白，七子"，世系排列有

---

① 《魏书》卷九三，第 2007 页。

② 见《隋书》卷三八《郑译传》、《北史》卷三五《郑译传》，原文作"译从祖文宽"，据《殿本考证》，应为"从父"之误。

③ 《魏书》卷五六《郑羲传》琼"子道邕"，《隋书》卷三八《郑译传》"父道邕"，《北史》本传"道邕字孝穆"，《周书》作"郑孝穆字道和"。《校勘记》："道邕当是本名，晚年避周武帝讳，以字行。北周旧史又改'邕'为'和'，以之为字。"庾信《周安昌公夫人郑氏墓志铭》："祖琼，太常、恭侯。父穆，司空、贞公。"又省作穆。倪璠注：《庾子山集注》卷一六，北京：中华书局 1980 年，第 1041 页。

误，然谓小白名茂则可信。《金石录》亦引《姓纂》云"小白名茂"。《魏书·郑羲传》列羲五兄，有小白，并有小白子胤伯、平城诸后嗣。《新表》载有胤伯房支世系，不载次子平城。下表据《魏书》、《北史》补充：

表 1—10

茂 中书博士				
胤伯 鸿胪少卿				
希儁				
道育 开封太守				
德政	子质	德眘	子裕	子柔

（续前）

（茂）				
幼儒 司州别驾				
敬道		敬德		
正则 周复州刺史	正义	振	机	执

（续前）

（茂）			
平城 青州刺史			
伯猷 太常卿	仲衡 仪同开府中郎	辑之 东济北太守	怀孝 司徒咨议
蕴 阳夏太守			

郑幼儒好学修谨，时望甚优。丞相、高阳王雍以女妻之。然其妻淫荡凶悖，肆行无礼。子敬道、敬德并不才，俱走于关右。

郑平城，广陵王羽纳其女为妃，性猜狂使酒，为政贪残。2002年在郑州出土平城妻李晖仪墓志，题《魏故假节督南青州诸军事征房将军南青州刺史郑使君夫人李氏墓志铭》。晖仪祖父李宝，父李承。①

郑伯猷，《北史》卷三五有传。在官贪惏，妻安丰王延明女，专为聚敛。为御史纠劾，死罪数十条。遇赦免。

九、北祖白骥房、叔夜房、连山房

北祖七房中此三房后嗣较少，实力较弱。以下分别叙述。

《魏书·郑羲传》载："白骥孙道慓，随郡太守。"仅此一条。《新表》称："大房白麟后绝。"上世纪八十年代在开封古城出土墓志砖，铭文为：

> 延昌四年岁在乙未
> 开封县郑胡铭
> 大魏太昌元年十二月□□，镇北将军、银青光禄大夫、平阳太守郑君之铭。四祖葬其中，十七座同时葬。一祖胡，一祖骥，一祖□，一祖□。开封城西门，西二百步，横道北五十步。岁次壬子。

据推测，所谓"四祖"当是郑晔六子中的四人，立碑者为郑羲的孙辈。而"骥"，极有可能就是郑晔长子白骥。②"胡"则不能确定是

---

① 罗新：《跋北魏郑平城妻李晖仪墓志》，《中国历史文物》2005 年第 6 期。
② 郭世军、刘心健：《开封发现北魏郑胡墓志砖》，《文物》1998 年第 11 期。罗新、叶炜：《新出魏晋南北朝墓志疏证》，北京：中华书局 2005 年，第 137 页。

叔夜、连山、洞林中的哪一位。

　　元人郑太和辑有《麟溪集》二十二卷，以白麟为其二十六代祖。后人在浙东浦江聚族而居，世代雍穆，元朝廷有旌表，时人多有诗文吟咏，收录于《麟溪集》。欧阳玄有《题白麟溪三大字后》："右白麟溪三大字，前中书右丞相脱脱为浦江郑太和书。溪旧号香严，在县东二十八里。白麟则太和二十六世祖之名也。有惠淮者，字季渊，是白麟十九世孙，由遂安迁溪上，易以今名，示有先也。淮之孙绮至大和，凡六世。"① 该房支在唐前世系仅知：

表 1—11

白骥
？
道慓 随郡太守

　　《新表》称"第三房叔夜后无闻"。《魏书·郑羲传》载叔夜下二代。又出土《郑道忠墓志》，墓主即《郑羲传》所载叔夜之孙郑忠（476—522）：

　　　　故镇远将军统军将军（中渑）君讳道忠，字周子，荥阳开封人。……魏将作大匠浑之十世孙也。……祖以清静为治，化洽汾榆。考以德礼铸民，爱留海曲。……太和在运，江海斯归，理翰来仪，择本以处。始为高阳王国常侍，所奉之主即丞相其人……徙步兵校尉本邑中正，迁镇远将军后军将军。……春秋卅有七，以正光三年十月十七日卒于洛阳之

---

① 郑太和辑：《麟溪集》，《四库全书存目丛书》集部第 289 册，第 576 页。

安业里宅。[①]

《郑羲传》亦称郑忠"字周子"。据墓志，叔夜曾在并州太原一带任职。其子伯夏官东莱太守，与志称"爱留海曲"吻合。该房支的世系是：

表 1—12

叔夜		
伯夏 魏东莱太守		谨 琅邪太守
道忠 魏镇远将军	豪 东平原太守	嵩宾 左光禄大夫

《郑羲传》载："连山性严暴，挝挞僮仆，酷过人理。父子一时为奴所害，断首投马槽下，乘马北逝。其第二子思明，骁勇善骑射，披发率村义，驰骑追之，及于河。奴乘马投水，思明止将从不听放矢，乃自射之，一发而中，落马随流，众人擒执至家，脔而杀之。"[②] 此奴很有可能是荫户。北魏前期推行宗主督护制，大姓之长为宗主。《魏书·食货志》称："魏初不立三长，故民多荫附，荫附者皆无官役，豪强征敛，倍于公赋。"[③] 大家族中包含有很多"公避课役"的荫户。[④] 太和改制实行均田制，但苞荫户并没有全部括出。此事还可能发生在改制之前。连山父子作为宗主被害，说明他们对荫户的严暴远逾常情。郑思明及弟思和，并以武功自效。后思和同

---

① 赵超：《汉魏南北朝墓志汇编》第 130 页。陈爽《世家大族与北朝政治》以道忠为郑晔之孙，失考。
② 《魏书》卷五六，第 1246—1247 页。
③ 《魏书》卷一一〇，第 2855 页。
④ 唐长孺认为：他们的名称"可能非常含糊地叫做'僮隶'，甚至是在广泛的奴婢名义下存在"。见《魏晋南北朝时期的客和部曲》，收入《魏晋南北朝史论拾遗》，第 12—13 页。

元禧之逆伏法，思明亦坐徙边。

思明子先护有武干，庄帝居藩时深自结托。后据州起义兵，不受元颢命。假骠骑将军、大都督，讨尔朱仲远。京师不守，先护南叛，[①] 尔朱仲远遣人招诱，既出而害之。先护子伟（515—571），字子直，善骑射。西魏初年，举兵陈留，拔梁州，率众西附。除荥阳郡守。前后任职，皆以威猛为政。庾信为作《周大将军襄城公郑伟墓志铭》，称"祖彻"。[②] 则思明一名彻。连山房的世系是：

表 1—13

连山				
?	思明 骁骑将军		思和 太尉中兵参军	季长 太学博士
	先护 尚书右仆射		康业 通直郎	乔 左光禄大夫
	伟 周华州刺史		彬 齐王中兵参军	
	大士	大济		

十、北魏郑德玄支

郑羲有从父兄德玄，"显祖初，自淮南内附，拜荥阳太守"。[③] 而《宋书·文九王传》载：元嘉二十七年（450）北伐，到坦之进向大索，"荥阳民郑德玄、张和各起义以应坦之"。[④] 又孝建元年（454）南郡王义宣、豫州刺史鲁爽等反，"爽遣将军郑德

---

① 《梁书》卷三《武帝纪》：中大通三年（531）正月，"丙申，以魏尚书仆射郑先护为征北大将军"。北京：中华书局1973年，第74页。《魏书·郑羲传》谓："遂窜伏于南境。"
② 倪璠注：《庾子山集注》卷一五，第936页。
③ 《魏书》卷五六，第1249页。郭世军、刘心健：《开封发现北魏郑胡墓志砖》以德玄孙季明为中祖郑恬后裔，未详所据。《文物》1998年第11期。
④ 《宋书》卷七二，第1857页。

玄前据大岘"。^①"显祖初"当指魏献文帝天安年间（466—467）。此三事前后相接，郑德玄当为同一人。^②据《李媛华墓志》：

> 亡父讳冲，司空清渊文穆公。夫人荥阳郑氏，父德玄，字文通，宋散骑常侍，魏使持节冠军将军、豫州刺史、阳武靖侯。^③

则李冲夫人为郑德玄之女。德玄之孙洪建、祖育，后因卷入咸阳王僖谋逆事件，同伏法。祖育弟仲明以公强当世，为从弟郑俨所昵，欲以东道托之，除荥阳太守。尔朱荣之乱，郑俨归荥阳，欲与仲明起兵，寻为城民所害。仲明弟季明初为谯郡太守，萧衍遣将攻围，季明孤城自守。后潜通尔朱荣，谋奉庄帝，遇害于河阴。^④

祖育有子僧副，曾在逃亡中保护孝庄帝之侄元韶。《北齐书·元韶传》载："初，尔朱荣将入洛，父劝恐，以韶寄所亲荥阳太守郑仲明。仲明寻为城人所杀，韶因乱与乳母相失，遂与仲明兄子僧副避难。路中为贼逼，僧副恐不免，因令韶下马。僧副谓客曰：'穷鸟投人，尚或矜愍，况诸王如何弃乎？'僧副举刃逼之，客乃退。"^⑤该房支的世系是：

---

① 《宋书》卷八三《宗越传》，第2110页。又见卷八八《薛安都传》，第2217页。
② 陈爽《世家大族与北朝政治》认为：北魏前期，荥阳郑氏游离于北魏上层集团之外，"保持着可南可北的态度"。第141页。郑德玄可视为一个突出个例。《李媛华墓志》甚至将其南北历官均列出。
③ 赵超：《汉魏南北朝墓志汇编》第148页。
④ 《魏书》卷五六，第1249—1250页。
⑤ 《北齐书》卷二八，第388页。《北史》卷一九《拓跋韶传》记事略同。《北齐书》此段文字颇有异同，参点校本《校勘记》。此"客"亦当是荫户身份的部曲家兵。参唐长孺：《魏晋南北朝时期的客和部曲》，《魏晋南北朝史论拾遗》第11—15页。客随僧副逃亡，途中有害韶之意，被僧副制止。

表 1—14

德玄 魏荥阳太守					
颍考 魏荥阳太守					
洪建 魏太尉祭酒	祖育 太尉祭酒	仲明 魏荥阳太守		季亮 员外常侍	季明 谯郡太守
士机 中书郎	僧副	道门	孝邕		昌 司徒城局参军
道阴 开府行参军					

十一、南祖郑简房及其他

南祖郑简房在唐代出有一位宰相,《新表》载其世系。其中郑简四子灵虬、白虬、季方、季骃,《魏书》均不载其名。《魏书·郑羲传》载简孙尚,济州刺史。《新表》白虬子尚仁,吉州刺史。而下一代均有次珍,知为同一人。《魏书》尚长子贵宾,《新表》尚仁长子名彦,则贵宾或是彦之字。尚、贵宾又见《魏骠骑将军都水使者顿丘邑中正顿丘男顿丘李府君夫人郑氏墓志》:"夫人荥阳开封人也。祖尚,济州刺史。父贵宾,荆州刺史。"[①]《魏书》贵宾异母弟大倪、小倪,侵暴乡里,百姓毒患之,并为尔朱仲远所杀,亦不见于《新表》。《魏书》尚从父兄云,字道汉,安州刺史。《新表》有灵虬子道德,安州刺史,当为同一人。又《魏书·良吏传·宋世

---

① 赵超:《汉魏南北朝墓志汇编》,第 377 页。与李云墓志同出土,李府君名云,曾祖方叔,祖峻,父肃。见同书《齐故车骑大将军银青光禄大夫济南郡太守顿丘男赠使持节都督豫州诸军事豫州刺史李公墓志铭》,第 478 页。

景》："济州刺史郑尚弟远庆，先为苑陵令，多所受纳，百姓患之。"[1]

《新表》灵虬长子悦，庾信所作《周兖州刺史广饶公宇文公神道碑》及《周大将军上开府广饶公郑常墓志铭》均作思庆。[2] 思庆子顶，《新表》、唐《郑仁颖墓志》作鼎。《周书·郑伟传》附载其事，名亦作顶。郑顶与郑伟一同举兵西附，子孙遂历仕周、隋。又《新表》灵虬曾孙、希义子道蓋，太常少卿。《北史·齐宗室渔阳王绍信传》："行过渔阳，与大富人钟长命同床坐，太守郑道蓋谒，长命欲起，绍信不听，曰：'此何物小人，而主人公为起！'"[3]

以下参《魏书》、《新表》等，列郑简房世系：

表 1—15

灵虬 荥阳太守				？
思庆（悦） 山阳太守		云（道德） 安州刺史		？
顶（鼎） 周卫尉少卿		希义 兖州刺史		敬宾 魏郡太守
常 周南兖州刺史	师 隋祠部员外郎	道蓋 太常少卿	德猷 司徒中兵参军	士渊 司空行参军

(续前)

白虬				
尚（尚仁） 济州刺史				远庆 苑陵令

---

[1] 《魏书》卷八八，第1902页。
[2] 倪璠注：《庾子山集注》卷一四、一五，第909、982页。
[3] 《北史》卷五二，第1883页。

续　表

贵宾（彦）尚书金部郎	次珍 员外常侍	大倪	小倪	
景山（景裕?）齐雄毅将军	宝 隋和州刺史			

(续前)

季方 汝阳太守			季骃 荥阳郡太守	
盆生 周光州刺史			颖 宛陵令	宵 河间太守
鸿猛 和州刺史		鸿泉 骠骑将军	子规 周温州刺史	伯钦 冀州刺史
士则 隋阆州刺史	士誉	贵 永城令	海 陟州刺史	孝纪 郡中正

除以上各房支外，还有一些房支不明或自荥阳迁出的郑氏人物。

郑演，荥阳人，事迹附见《魏书·刘芳传》。仕刘彧为琅邪太守，助薛安都北附魏，事在显祖初。除彭城太守，拜太中大夫。子长猷（？—512），官南阳、安丰太守，迁通直散骑常侍。长猷子廓，廓子元休，睢州刺史。元休弟凭，司徒从事中郎。①

郑颐，字子默，高祖据为魏彭城守，自荥阳徙，遂为彭城人。传见《北齐书》卷三四。郑颐与杨愔、宋钦道同受命辅佐太子高殷，高殷被废，杨愔等三人皆被害。②颐与弟抗皆善文学，通经史，钦道等凡有疑事必询于颐。抗字子信，武平三年（572）设文林馆，召引文学之士入馆撰书，有殿中侍御史郑子信，当即其人。③

大统年间郑伟起兵攻梁州，西附，有荥阳郑荣业共同举事。④

2001年出土李伯钦（470—482）墓志，题《魏故国子学生李

① 《魏书》卷五五，第1232页。
② 《北齐书》卷三四，第461页。
③ 《北齐书》卷四五《文苑传》，第603页。
④ 《周书》卷二《文帝纪》，北京：中华书局1971年，第24页。

伯钦墓志铭》：

> 父佐，使持节安南将军、怀相荆秦四州刺史……后夫人荥
> 阳郑氏，父定宗。①

李伯钦祖父李宝，父李佐，为李宝第四子，附见《魏书》卷三九
《李宝传》。李冲家族与郑羲房、郑茂房均有婚姻关系，故李佐夫人
郑氏很可能出于这两房，但定宗之名别无见，或是某人之字。

李璧（460—519）墓志志阴：

> 妻荥阳郑氏，字润英，父冀，司州都州主簿。……息女孟
> 猗，年十八，适荥阳郑班豚。②

郑冀别无见，郑班豚当亦是其族。

《裴良墓志》志盖上侧刹面：

> 长女绛辉，年卅六，适荥阳郑氏，夫长休，镇远将军、步
> 兵校尉。③

又裴良子裴子诞（508—552）墓志，题《侍御裴府君墓志铭》：

> 夫人荥阳郑氏，无子，父令仲，荥阳太守。④

① 罗新、叶炜：《新出魏晋南北朝墓志疏证》，第58页。
② 赵超：《汉魏南北朝墓志汇编》，第118、120页。
③ 罗新、叶炜：《新出魏晋南北朝墓志疏证》，第198页。
④ 罗新、叶炜：《新出魏晋南北朝墓志疏证》，第206—207页。

裴良传见《魏书》卷六九、《北史》卷三八。令仲、长休之名别无见。郑氏家族中有多人曾任荥阳太守,然其中可确定任实职者有郑德玄、郑仲明。据时代看,后者更为接近。然"建义初,庄帝以仲明舅氏之亲,其弟与谋扶戴",追赠侍中、车骑大将军、雍州刺史。[①] 裴子诞墓志无相应记载。

甯懋(454—501)墓志,题《魏故横野将军甄官主簿甯君墓志》:

> 妻荥阳郑兒女,太武皇时蒙授散常侍。[②]

郑兒,别无见。

郑平(? —565)墓志,题《魏故镇远将军成武县开国伯郑君墓志》,隋开皇十六年(596)与妻于氏合葬。1956 年出土于河南安阳。[③]

2002 年出土郑术(? —568)墓志,题《大周使持节骠骑大将军开府仪同三司大都督始州刺史清渊侯郑君墓志》:

> 君讳术,字博道。荥阳开封人。……司农置驿,推士驰名。太常骖乘,恩贞见重。……祖寄,本州别驾。父熙,龙骧将军、卷县令。……君舅氏高慎,牧为豫州。君深知逆顺,洞识机萌。乃赞翼谋谟,潜思去就。[④]

---

① 《魏书》卷五六《郑羲传》,第 1250 页。仲明兄洪建娶李冲女,彭城王勰亦娶李冲女,子攸后为庄帝。庄帝盖因此以仲明为舅氏之亲。
② 赵超:《汉魏南北朝墓志汇编》,第 213 页。
③ 《河南安阳琪村发现隋墓》,《考古通讯》1956 年第 6 期。有图版,文字无法辨识。参罗新、叶炜:《新出魏晋南北朝墓志疏证》存目,第 633 页。
④ 任平、宋镇:《北周〈郑术墓志〉考略》,《文博》2003 年第 6 期。

高慎字仲密，高乾弟，东魏北豫州刺史，大统九年（543）降西魏。事见《北史·高允传》等。郑术亦当为郑略之后（《魏书·郑羲传》称略"慕容垂太常卿"）。郑术随高慎西迁后仕西魏、北周，五个女儿中有三位嫁入皇宗，说明该家族已迅速融入关陇集团。

《杨素妻郑祁耶墓志》：

> 大隋越国夫人郑氏墓志
>
> 夫人讳祁耶，荥阳开封人。……祖道颖，魏开府仪同三司、司农卿，终（泐六字）仪同三司，沔、龙、莒三州刺史。①

祖名道颖。泐字中当有其父之名，即任三州刺史者。在其父一辈，当已西迁。

郑子尚（518—574）墓志铭，题《齐故骠骑大将军阳州长史郑君墓志铭》：

> 君讳子尚，字神昌，荥阳开封人也。……祖万，白道镇将、云中太守。……父乾，潼郡、安阳二郡太守。……释褐奉朝请，寻除中军府士曹参军，仍摄户曹骑兵之局，迁长乐王开府中兵参军。……又加骠骑大将军，除阳州长史。②

文中"长乐王"当指尉景之子尉粲，见《北齐书》卷一五《尉景传》。孝昭帝皇建二年（561），以长乐王尉粲为太尉。③

---

① 王仁波主编：《隋唐五代墓志汇编》陕西卷，天津：天津古籍出版社1991年，第3册第6页。
② 赵超：《汉魏南北朝墓志汇编》第468—469页。
③ 《北齐书》卷六《孝昭帝纪》，第83页。

郑謇（567—610）墓志，题《隋故春陵郡上马县正郑君墓志之铭》：

> 君讳謇，字道颐，荥阳开封人。汉司农众之后也。……祖显，魏冠军将军、东兖州长流参军，加卫将军，迁豫州上蔡县令。……考伽，齐平越将军、太府寺左藏署主簿，加平西将军。周有山东，仍蒙收录，授蒲津关令。[①]

追溯其先祖至东汉郑众，未必出于郑温之后。

此外，庾信《周太傅郑国公夫人郑氏墓志铭》："夫人讳某，荥阳开封县远里人也。……祖那，秦州别驾。父茂伯，抚军将军、凉州刺史、伯阳县侯。"[②] 为达奚武之妻。

唐高宗显庆中禁婚令所禁为"荥阳郑温"之后，可见自郑羲女被孝文帝纳为妃、并与其他四姓联姻之后，郑温以下的北祖、中祖、南祖三房，乃至北祖晔以下的郑氏七房，是郑氏大家族一举成为北魏第一流高门的关键，同时也是河南地区最重要的世家大族。以上调查结果证实了这一点。在郑羲之前，郑氏家族在永嘉之乱以后几乎没有出过有名人物，也没有人担任重要官职。在世祖神䴥四年（431）下诏徵辟"贤俊之胄，冠冕州邦"的北方世家时，[③] 尽管应诏者有数十人，郑氏却不在其中。但此后却完全不同。根据以上调查，除中祖一房不显外，该家族自北魏至隋，充任郡守、

---

① 陈长安主编：《隋唐五代墓志汇编》洛阳卷第一册，天津：天津古籍出版社1991年，第63页。
② 倪璠注：《庾子山集注》卷一六，第1055页。
③ 《魏书》卷四《世祖纪》，第79页。

郎官、将军以上职务的就有六十餘人。在《魏书》、《北齐书》、
《周书》、《隋书》、《北史》中立传的，计有郑羲、郑道昭、郑俨、
郑述祖、郑伯猷、郑道邕、郑译、郑伟等 8 人，另郑仲礼见《北
齐书·外戚传》。

　　郑氏家族与北魏、北齐皇室通婚以及与其他四姓联姻的情况，
本书下编有进一步讨论。由于出任高官并与皇室贵族联姻，该家族
在这一时期也深深卷入了皇室内部和上层统治集团的权力斗争。其
中有两次比较重大的事件，一次是景明二年（501）咸阳王禧谋逆。
此次事件是孝文末年宗王秉政带来的后果，参与主谋的是咸阳王禧
妃兄黄门侍郎李伯尚。妃父是陇西李辅。郑氏家族中直接卷入的有
连山房的郑思和（任太尉中兵参军），以及郑德玄之孙洪建、祖育
（皆任太尉祭酒）。三人均是咸阳王属官。郑氏与陇西李氏有密切的
姻亲关系，洪建即为李冲女婿，三人很可能因此与李伯尚同谋。①
事败后不仅三人被诛，思和之兄思明坐徙边，郑羲长子懿、次子道
昭亦坐缌亲出禁。郑羲卒后谥文灵，说明孝文帝对其为人颇不满。
卒后十年，其二子便坐缌亲（五服中最疏远的）被贬，显然是宣武
帝或某种势力对其家族的有意打击。

　　另一次就是二十多年后的郑俨事件。郑俨出洞林房，受灵太后
宠幸，权倾一时。郑氏家族有多人借其势力，其叔父士恭得以迁
官。郑德玄之孙仲明为其经营东道，出任荣阳太守。及尔朱荣称
兵，灵太后被杀，郑俨与郑仲明死于城民，郑羲之孙敬祖亦死于乡
民。仲明弟季明、子道门，以及南祖郑简房大倪、小倪，均死于此
后的战乱。郑氏家族还应有多人死于战乱，其祖茔也被破坏。开封
发现《郑胡铭》，为"十七座同时葬"，砖铭为陶制小砖，与郑氏家

───────
① 参见陈爽：《世家大族与北朝政治》，第147—148页。

族的显赫身份不符，据推测是在不正常情况下迁埋，所埋应是河阴
之变中郑氏家族的死难者及被毁祖茔。①

河阴之变后北魏政局混乱，郑氏家族成员亦身不由己，难以自
保。连山房郑先护奉庄帝命讨尔朱仲远，庄帝被杀，京师不守，不
得不南降梁。后又被仲远诱杀。洞林房郑道邕随出帝入关，先护子
郑伟亦率众西附。道邕及其子郑译、郑简房的郑常等人，在西魏、
周、隋各朝虽身居高位，但当易代之际也屡经凶险。

东魏末武定三年（545），郑羲房郑仲礼参与尔朱文畅谋害高
欢，事败被诛。其族叔袭祖爵的郑恭业，亦同坐被诛。

在积极参与北朝各政权上层政治活动的同时，郑氏家族始终保
有北方世族强大的宗族关系和乡里基础，作为荣阳当地的强宗豪族
势倾一方。与北方范阳卢氏等传统强宗相比，在北魏移都洛阳后，
荣阳由于接近南北对峙的前线地带，为北魏统治者着意经营，郑氏
家族的政治影响力也因此有很大提升。② 由以上调查可见，该家族
房支众多，子孙繁衍，而且大部分居留荣阳。家族成员依仗朝中势
力，相互钩连支援，其熏天气焰足可想见。所以尽管史书记载十分
简略，也不乏他们横暴乡里的记录。郑羲最早发达，当移居洛阳。
其五兄"并恃豪门，多行无礼，乡党之内，疾之若雠"。③ 其中横暴
最甚之例，就是连山房父子。又《魏书·宋世景传》载：

> 后为伏波将军，行荣阳太守，郑氏豪横，号为难制。济州
> 刺史郑尚弟远庆先为苑陵令，多所受纳，百姓患之。世景下

① 参郭世军、刘心健：《开封发现北魏郑胡墓志砖》，《文物》1998年第11期。也有人
　进一步将郑氏祖茔被毁归因于仇视郑氏的地方力量。参罗新、叶炜：《新出魏晋南北
　朝墓志疏证》，第139页。
② 参陈爽：《世家大族与北朝政治》，第142—143页。
③ 《魏书》卷五六《郑羲传》，第1243页。

车，召而谓之曰："与卿亲，宜假借。吾未至之前，一不相问，今日之后，终不相舍。"而远庆行意自若。世景绳之以法，远庆惧，弃官亡走。①

不过这只是个别情况。与此相反，在以上调查中，郑氏家族有不少成员曾出任荥阳太守。虽不排除有些可能是赠官或虚称，但如郑俨之任郑仲明，在很多情况下应是朝廷依赖地方势力并与其妥协的结果。作为横暴的代价，在北魏末年的动乱中，郑氏族人亦往往"为乡人所害"、"为城民所杀"。②

豪门大族雄踞乡里，有很多荫户依附于门下，被编为部曲，成为由大族掌握的地方武装。与此相关，北方高门子弟往往便习骑射，以武干见称。郑氏家族也有不少成员长于作战，出任武职。除连山房几代之外，郑德玄更是一个突出人物。他由北南叛，在南朝出任将军，再由南北附。其间应该率领一支由自己掌握的武装力量，所以可以起兵响应北伐，在鲁爽部下也是独立成军，北附后又立刻出任荥阳太守。其子孙辈也都习武善战。学者指出，北周关陇集团在某个时期内多由文武合一的人物组成。③郑氏家族中有一些杰出人物如郑道邕，同样文武兼擅，也可以说是一种历史过渡时期的现象。

相比而言，郑氏家族中郑羲房更偏重于文业，尽管并未出现文治卓著的人物。在孝文改制中，提出均田、三长等重要改革建议的

---

① 《魏书》卷八八《良吏传》，第1902页。此事约发生在宣武帝景明、正始间。因传中叙及世景为左仆射源怀引为行台郎，此后出任荥阳。源怀任左仆射在景明四年（503）或稍前。
② 《魏书》卷五六《郑羲传》，第1243、1249页。
③ 黄永年：《六至九世纪中国政治史》，第57页以下。

是李安世、李冲等人。① 相反，在李冲提出建立三长制时，郑羲等人却强烈反对，并称："事败之后，当知愚言之不谬。"② 这是出于他对豪门利益的维护，也说明他的政治见识不足称道，远逊于他的姻亲和政治盟友李冲。

郑羲之子道昭曾从孝文帝征沔汉，与兄懿等人一同陪侍孝文帝赓和作歌：

> 白日光天无不曜，江左一隅独未照。（孝文帝）
> 愿从圣明兮登衡会，万国驰诚混江外。（彭城王勰）
> 云雷大震兮天门辟，率土来宾一正历。（郑懿）
> 舜舞干戚兮天下归，文德远被莫不思。（邢峦）
> 皇风一鼓兮九地匝，戴日依天清六合。（郑道昭）
> 遵彼汝坟兮昔化贞，未若今日道风明。（孝文帝）
> 文王政教兮晖江沼，宁如大化光四表。（宋弁）

歌毕，孝文帝对道昭说："自比迁务虽猥，与诸才俊不废咏缀，遂命邢峦总集叙记。当尔之年，卿频丁艰祸，每眷文席，常用慨然。"③ 魏收又将此事记录于《魏书·郑道昭传》中，由此亦可见道昭在诸文士中的地位。道昭长于诗赋，书法亦足称道。《郑道昭传》又载有道昭数次上表，请树旧《石经》，定学令，置国学。

郑茂房伯猷亦博学有文才，以射策高第除官，转太学博士。明帝释奠，诏伯猷录义。又典《起居录》。《魏书》自序又载：魏收年

① 《魏书》卷五三《李安世传》等，第1176页。参唐长孺：《魏晋南北朝隋唐史三论》，第122—130页。
② 《魏书》卷五三《李冲传》，第1180页。
③ 《魏书》卷五六《郑道昭传》，第1240页。

十五，好习骑射，欲以武艺自达，"荥阳郑伯调之曰：'魏郎弄戟多少？'收惭，遂折节读书。"① 这个荥阳郑伯当是郑羲之孙恭业，袭荥阳伯爵。②

郑氏不同房支之间声望也有很大差别。《北齐书·郑述祖传》载：

> 述祖女为赵郡王叡妃。述祖常坐受王拜，命坐，王乃坐。妃薨后，王更娶郑道荫女。王坐受道荫拜，王命坐，乃敢坐。王谓道荫曰："郑尚书风德如此，又贵重宿旧，君不得譬之。"③

不过，作为高门望族，郑氏家族虽常常以德业标榜，为官却多贪鄙之名。郑羲性"啬吝"，"治阙廉清"。郑伯猷更为不堪，"齐文襄王作相，每诫厉朝士，常以伯猷与崔叔仁为喻"。④ 郑简房的郑云，"贪秽狼籍"，"坐选举受财，为御史所纠"。⑤ 郑远庆事已见前引。

在北朝的"四姓"或"五姓"中，由于郑羲起初是因与李冲姻好而发达，所以两家关系十分密切。此外，郑氏与范阳卢氏、赵郡李氏也来往较多，与太原王氏却很少有交集。大概从北魏太祖起用崔玄伯开始，清河崔氏就奠定了北方第一高门的地位。神䴥四年（431）世祖指名徵辟，则以在北方可能根基更深的范阳卢玄为第一。所以这两姓也常常自视高人一等。《北齐书·崔悛传》载：

---

① 《魏书》卷一〇四《自序》，第 2323 页。
② 郑羲长子懿卒于永平三年（510），魏收年十五时当已去世。
③ 《北齐书》卷二九，第 398 页。此道荫当即郑德玄四世孙道阴，在辈分上晚于述祖一辈。
④ 《魏书》卷五六，第 1245 页。
⑤ 《魏书》卷五六，第 1249 页。

赵郡李浑常宴聚名辈，诗酒正欢哗，悛后到，一坐无复谈话者。郑伯猷叹曰："身长八尺，面如刻画，謦欬为洪钟响，胸中贮千卷书，使人那得不畏服。"

同卷又载：

悛每以籍地自矜，谓卢元明曰："天下盛门，唯我与尔，博崔、赵李，何事者哉！"崔暹闻而衔之。①

荥阳郑氏崛起在后，与两姓相比稍显逊色。郑伯猷的由衷感叹大概也包含了这层涵义在内。但比起后来加入的博崔、赵李，荥阳郑氏大概在某种程度上也有自矜的理由。"四姓"内的这种籍地高下之别，也一直延续到了唐代。

① 《北齐书》卷二三，第334页。

第二章　唐代的荥阳郑氏世系

　　尽管唐太宗曾称山东崔、卢、李、郑"世代衰微，全无官宦"，但究诸史实，这几个家族在隋、唐之际与武川系军事贵族和关陇集团人物相比虽然不够显达，却并非全无入仕机会。就荥阳郑氏而言，无论是在北周时期主动归附的房支，还是在隋、唐统一之后被纳入其治下的家族，入仕似乎并不存在特别大的阻力。

一、北祖洞林房

　　洞林房郑道邕由于入周较早，所以直到唐初不乏显宦。道邕四子，分别为郑诩、郑译、郑诚、郑诠。前二子已见《周书·郑孝穆传》，郑诚见《隋书·列女传》及新旧《唐书·郑善果传》，郑诠则只见于唐代墓志材料。

　　郑译是杨坚代周夺政的关键人物之一。时人戏称这场政变为

"刘昉牵前，郑译推后"。① 郑译私德不修，数次因贪腐去官，且与母别居，为宪司所纠，甚至由文帝亲自诏颁《孝经》训诫。尽管有斑斑劣迹，但周、隋两代皇帝对他都显示出较高的容忍度，也许正因为他小过不断，无法滋生出太大的权势、野心，所以皇帝也不吝给他一点纵容。史称隋文帝"薄于功臣"，但郑译及其家族却是隋开国以后为数不多的得以善终的翊赞功臣之家。隋文帝一方面赐予他很高的勋位，拜上柱国，免十死，父兄得赠官，子嗣皆为公侯；另一方面也采取种种措施防止勋臣干政，"阴敕官属不得白事于译，译犹坐听事，无所关预"，事实上将其排挤出决策层，随后得以启用新人，以便革除前朝弊政。《隋书》又载：

> 上赐宴甚欢，因谓译曰："贬退已久，情相矜悯。"于是复爵沛国公，位上柱国。上顾谓侍臣曰："郑译与朕同生共死，间关为难，兴言念此，何日忘之！"译因奉觞上寿。上令内史令李德林立作诏书，高颎戏谓译曰："笔干。"译答曰："出为方岳，杖策言归，不得一钱，何以润笔。"上大笑。②

面对新宠权势人物的语含讥讽，郑译以调侃的方式加以排解，其机敏油滑可见一斑。郑译精通音律，参酌龟兹人苏祗婆所奏，为隋修正乐律，定七调之法，著书二十馀篇，又著有《乐府声调》六卷，③影响及后代。郑译的一生，既有独到的政治眼光和很高的文化修养，又每有荒唐之举，甚至愚蠢到想用巫蛊厌胜之法博取君主信任。不过，在他的荒唐里也可能带有某种自污的目的，借以在宦海

---

① 《隋书》卷三八《刘昉传》，第1132页。
② 《隋书》卷三八《郑译传》，第1137页。
③ 《隋书》卷一四《音乐志》，第346页；卷三二《经籍志》，第926页。

沉浮中自保。

郑译有四子：善愿、元琮、元璹、元珣。郑元璹（？—646），字德芳，传见《旧唐书》卷六二、《新唐书》卷一〇〇。仕隋为文城郡守，举城降唐。其后，先后五次为唐出使突厥，几至于死者数次。曾责颉利可汗入侵，迫使其还军。贞观三年出使还奏：突厥六畜疲羸，不出三年必灭。后突厥果败。拜鸿胪卿，封沛国公。卒谥简。

《□□□朝议郎行并州大都督府太原县令李君墓志铭》："君讳冲，赵郡人也。……其妻即荥阳郑氏，沛公檠之犹女也。"[1] 按，元璹袭爵沛国公，改封莘国公，后复封沛国公。此沛公檠疑为元璹之后，且其名檠，与元珣孙郑杲字皆从木，辈行同。

元珣孙郑杲，武周时为天官侍郎。据有关墓志材料，杲历刑、户、兵、吏侍郎，尚书右丞、太常卿、东都留守。杲子郑放，官东都副留守、右金吾卫大将军。放二子：郑镇，河南府洛阳县主簿；郑毓，棣州刺史。郑镇二子：郑庑，泽州高平县令；郑厚，濮州雷泽县尉。郑庑一女（772—827），嫁婺州金华县令李廉之。[2] 郑厚子郑颉，女郑嫆（766—814），嫁太子左赞善大夫太原王峻。[3] 郑毓女郑恒（725—798），嫁渠州刺史清河崔异。小白房郑馀庆自叙为其表甥。[4]

---

① 《汇编》永昌〇〇五，第 783—784 页。
② 《唐故婺州金华县尉李府君夫人荥阳郑氏合祔墓志铭》，见毛阳光、余扶危主编：《洛阳流散唐代墓志汇编》，北京：国家图书馆出版社 2013 年，第 544 页。
③ 王广：《唐故太子左赞善大夫太原王府君夫人荥阳郑氏合祔墓志铭》，见吴钢主编：《全唐文补遗》（以下简称《补遗》）千唐志斋新藏专辑（以下简称千唐），西安：三秦出版社 1994—2007 年，第 320 页。
④ 《唐故使持节渠州诸军事渠州刺史充本州团练守捉使崔府君夫人荥阳郑氏墓志铭》，署"表甥……郑馀庆撰"。见齐运通编：《洛阳新获七朝墓志》，北京：中华书局 2012 年，第 304 页。

郑诚娶清河崔氏女，生善果。善果母入《隋书·列女传》。郑善果（？—629），传见《旧唐书》卷六二、《新唐书》卷一○○。郑诚讨尉迟迥，力战死于阵。善果幼袭爵，历任州郡，号为清吏，考为天下最。后从炀帝幸江都，宇文化及弑逆，署为民部尚书。苦战为窦建德部将所俘，奔相州李神通。神通荐于李渊，李渊遇之甚厚。后为隐太子东宫属臣，多所匡谏。持节为山东招抚大使，坐选举不平除名。后历礼部、刑部尚书，岐州刺史。

善果三子：郑玄范，邺郡太守；郑玄勔，无锡县令；郑玄度，广州长史。玄范二子：郑崇式，上党郡司马；郑崇礼，相州参军。崇式子郑埕，清河郡宗城县令。娶国子祭酒卢瑀女，第四女嫁清河崔氏。[①] 崇礼女名波罗蜜，嫁蒲州司户李某。[②] 玄勔二子：郑崇嗣，峡、湖二州刺史；郑崇质，职方员外郎。崇嗣子郑偘，擢进士第，婺州金华县丞。最幼女嫁游击将军、横海军副使赵郡李全礼。[③] 崇质子郑杰，官德州司马。郑杰子郑昂，孝廉擢第，未及仕而亡，有一幼女。[④] 郑玄度女（651—732）嫁鄂州刺史卢正道，乃范阳卢氏大房卢植之后。[⑤] 郑善果尚有一五世孙女嫁魏州魏县令卢将明。其女卢氏之次女，适荥阳郑公佐；幼女适荥阳郑本立。以唐代盛行姑表婚来看，此二人也很有可能是郑善果的后代。[⑥]

---

① 《大唐故荥阳郑夫人墓志铭》，见《补遗》千唐，第239页。
② 于茂世《跨越时空的"荥阳"系列之二·天子不比门阀士族》引《唐故蒲州司户李公夫人荥阳郑氏墓志》，《大河报》2004年11月17日。
③ 《大唐故游击将军横海军副使郑夫人荥阳县君墓志铭》，见《补遗》第八辑，第68页。
④ 《故前国子监明经荥阳郑府君墓志铭并序》，北京：国家图书馆藏碑帖精华（http://mylib.nlc.gov.cn/web/guest/search/beitiejinghua/medaDataObjectDisplay）。
⑤ 韦良嗣：《大唐故中大夫使持节鄂州诸军事鄂州刺史上柱国范阳卢府君墓志铭》，见赵振华：《洛阳古代铭刻文献研究》，西安：三秦出版社2009年，第310页。
⑥ 邓同：《唐故滑州酸枣县令李府君夫人（卢氏）墓志铭》，见《补遗》第八辑，第121页。

郑诠，据墓志材料，曾官蜀郡太守、咸阳太守、御史大夫、吏部中大夫，封许昌县伯。有三子：郑元睿（一作叡），隋秘书郎、兵部郎中；郑元毓，隋吏部侍郎；郑仲达，唐阆州刺史。元睿二子：郑弘绩（一作勋），隋秘书郎、唐费县令；郑弘劼，阆州新井县尉。弘绩子郑融，阆州奉国县令，曾平定蜀中寇乱。娶京兆韦氏，有五子：浮丘、子晋、老莱、老聃、老彭。① 老（一作孝）莱，进士及第，官至遂州刺史。有二子：叔则、叔规。

郑叔则（722—792），据《旧唐书·德宗纪》及穆员《福建观察使郑公墓志铭》等，曾官秘书少监、东都畿观察使、太常卿、京兆尹。王式《郑珬墓志》称其为"建中、贞元之伟人"。建中四年（783）为东都留守，抵御李希烈叛军。贞元五年（789）因与裴延龄论辩是非，自京兆尹贬永州刺史。"谪去之日，京师里空巷隘，车不得前，怨咨之声，雷动天听。"② 郑叔则曾为礼官，参与德宗皇太子丧服议。③ 他对一味崇古的复礼之举并不以为然。柳宗元曾记录他的一则轶事：

> 古者重冠礼，将以责成人之道，是圣人所尤用心者也。数百年来，人不复行。近有孙昌胤者，独发愤行之。既成礼，明日造朝，至外廷，荐笏，言于卿士曰："某子冠毕。"应之者咸怃然。京兆尹郑叔则怫然曳笏却立，曰："何预我耶？"廷中皆大笑。天下不以非郑尹而快孙子，何哉？独为所不为也。今之命师者大类此。④

---

① 崔尚：《唐故阆州奉国县令郑府君灵志文》，见《补遗》第九辑，第356页。
② 穆员：《福建观察使郑公墓志铭》，《全唐文》卷七八四，第8195—8196页。
③ 见《旧唐书》卷一四九《柳冕传》，第4032页。
④ 柳宗元：《答韦中立论师道书》，《柳宗元集》卷三四，北京：中华书局1979年，第871—874页。

弟叔规,任马燧掌书记十年,交李泌、张建封,官至太仆少卿,出为绛州刺史。^① 有一女,嫁长安主簿陇西李少安。^②

郑叔则三子:郑约,河南府洛阳县主簿;郑纳,宏文馆宏文生;郑绅,淄州刺史。另有一女。^③ 郑约有二子二女,一女秀实(774—856),嫁河中宝鼎县令赵郡李方义(769—814)。^④ 郑绅以叔则门荫入仕,过继于叔规。子郑珬,官至邵州刺史;女郑彬,嫁舒州怀宁县主簿范阳卢毤。^⑤ 郑珬有四子:郑襄、郑贡、郑褒、郑齐,另有八女。郑珬有从父弟郑垻,进士中第。^⑥

老彭,濮州鄄城县尉。子郑叔度(747—810),字嘉量,亦由使府入仕,历任慈州刺史、夔州刺史。有吏干,在任诛锄杰黠,抑挫豪右。亦善诗,墓志称尤工五言。娶昌黎韩氏,玄宗宰相韩休之孙。有四子:郑素、郑徽、郑系、郑緊。^⑦

元睿另一子郑弘劼(614—661),明经擢第,授阆州新井县丞,

---

① 王式:《唐故邵州郑使君墓志有铭》:"使君之曾王父,开元闻人,用前进士科,官至遂宁守,讳老莱。王□以健笔奇画,意气名节,交马北平燧、李中书泌、张徐州建封,掌北平书记十年,笔檄冠诸府,得兼御史丞,副守北都,入为司业少仆,亦刺绛州,讳叔规。"《汇编》大中一三五,第2356页。按,马燧为河东节度使,辟张建封为判官。郑叔规副守北都,又刺绛州,则其任职当在河东节度幕。马燧封北平郡王,叔规为其掌书记十年。叔规任职又见卢敏事:《唐故登仕郎守舒州怀宁县主簿卢府君夫人荥阳郑氏志文》,《补遗》第八辑,第176页。
② 权德舆:《长安主簿李君墓志铭》,《全唐文》卷五〇四,第5126页。
③ 穆员:《福建观察使郑公墓志铭》,《全唐文》卷七八四,第8197页。
④ 李虞仲:《唐故试秘书省秘书郎兼河中府宝鼎县令赵郡李府君墓志铭》,《汇编》元和〇七九,第2003页;又裴瓒:《唐故荥阳郑夫人墓志》,《汇编》大中一二四,第2348页。
⑤ 卢敏事:《唐故登仕郎守舒州怀宁县主簿卢府君夫人荥阳郑氏志文》,见《补遗》第八辑,第176页。
⑥ 王式:《唐故邵州郑使君墓志有铭》,《汇编》大中一三五,第2356页。
⑦ 崔祁:《唐故朝议郎都督夔州诸军事守夔州刺史赐绯鱼袋荥阳郑公夫人昌黎韩氏合祔墓志铭》,见《补遗》第九辑,第388页。

秩满，因公坐贬连州司户，客死于舒州司马官舍。① 子郑崇道
（644—709），字惠连，由叔祖郑元毓爰授《孝经》，官歙州歙县
令。② 崇道子郑章，官宣城县尉、仓部员外郎。天宝五年（746）韦
坚为李林甫所发，远贬逐杀之，郑章同被贬为南丰丞。洞林房敬叔
八世孙、侍御史郑钦说亦贬夜郎尉。③

郑元毓一女，嫁卫州治中弘农杨府君。④

郑诠第三子仲达，子郑钦言，官汴州刺史。钦言子郑无遗，官
朔州鄯阳县令。无遗长女郑冲（686—750），嫁尚书右丞卢藏用。
卢藏用新旧《唐书》有传。工篆隶，好琴棋，与陈子昂友善，厚抚
其子。初隐居，往来于少室、终南二山，时人称为"随驾隐士"。
坐托附太平公主，配流岭表。开元初卒。郑冲中年寡居，归心禅
门，先后证法于大照、弘正。无子，一女嫁郑瑊。瑊撰《墓志铭》
称"恩深半子，义切诸姑"，则亦是其侄，当为无遗之孙。⑤

郑钦说，先世不详，《新唐书·儒林传》载其为"后魏濮阳太
守敬叔八世孙"。授巩县尉、集贤院校理，历右补阙内供奉。通历
术、博物，解任昉钟山圹中所得铭。以韦坚判官，贬死夜郎。子郑
克均，为都官郎中。德宗时吐蕃围灵州，以克均为灵、夏二州运粮
使，守军得安。⑥ 另一子名郑仁钧（当作均），《戎幕闲谈》载其
轶事。⑦

---

① 《唐故连州司户参军郑府君墓志铭》，赵文成、赵君平编选：《新出唐墓志百种》，杭
　　州：西泠印社出版社 2010 年，第 96 页。
② 邵炅：《唐故歙州歙县令郑府君墓志铭》，见《补遗》千唐，第 116 页。
③ 《旧唐书》卷一〇五《韦坚传》，第 3224—3225 页。
④ 《大唐卫州治中杨君夫人故郑氏墓志铭》，见《补遗》千唐，第 3 页。
⑤ 郑瑊：《唐故尚书右丞卢府君夫人荥阳郑氏墓志铭》，见《补遗》千唐，第 220 页。
⑥ 《新唐书》卷二〇〇，第 5705 页。
⑦ 《太平广记》卷三〇三《郑仁钧》（出《戎幕闲谈》），北京：中华书局 1961 年，第
　　2400 页。

洞林房入唐以后的世系是：

表 2—1

诩	译							
	善愿	元琼	元璹		元珣			
			？		？			
			槩	？	杲			
				李冲妻	放			
					镇			毓
					庑		厚	恒*
					李廉之妻		颛	媵*

(续前)

诚								
善果								
玄范			玄勖		玄度	？		
崇式	崇礼		崇嗣	崇质	卢正道妻	？		
埘	波罗密*		偍	杰		？		
			李全礼妻	昂		？		
					卢将明妻			

(续前)

诠								
元睿								

续　表

弘绩							
融							
浮丘	子晋	老莱					
		叔则					
		约	纳	绅			
		秀实*		珆			
				襄	贡	褒	齐

（续前）

		（融）					
			老聃	老彭			
		叔规		叔度			
		李少安妻		素	徽	系	繄
	?						
彬*	埙						

（续前）

				?	
	元毓	仲达		?	
弘劼	杨府君妻	钦言		?	
崇道		无遗		?	
章		冲*	?	?	
				瑊	钦说

				克钧	仁均

说明：带＊号的为女性名，后同。

二、北祖襄城公房

连山房郑伟以陈留、梁州二郡附西魏，后因抗击侯景有功，进爵襄城郡公，历江陵防主、华州刺史。后嗣遂以襄城公称之。其子可考者有二，一为嗣子郑大士，亦作郑大仕、郑士、郑权。袭襄城公，隋渠州刺史。其名可能为权，大士是其字。二为郑大济，亦作郑济，隋蒲阳太守。

《唐故朝散大夫行宋州虞城县令上柱国李府君墓志》："夫人荥阳县□郑氏，襄城公伟之孙，处士守庆之长女。"[①] 李府君名昕。此郑氏开元十三年（725）卒，年五十九，当生于乾封二年（667），而郑伟生于延昌四年（515），其间不可能只有两代。疑墓志有脱文，郑伟应是其四世祖或五世祖。

郑大士子可考者有二，一为隋通事舍人郑仁基，一为京兆府金城县令郑乾瓒。郑仁基，亦作郑仁，三子：郑玄毅，亦作郑毅，唐天官郎中、安北都护府司马；郑敞（一作敝），洛阳县令；郑玄敏，司农丞。玄毅二子：郑宏（635—695），隆州司功参军；郑歆，左司御率、右骁骑将军。郑宏三子：光庭、过庭、履庭。[②] 郑歆一子：

---

① 《汇编》开元二三四，第1318页。
② 《大周故承议郎行隆州司功参军郑府君墓志铭》，《汇编》证圣〇一五，第876页。

郑翰。郑翰（680—725）字子鸾，以门荫入仕，又试策中第，官河南府寿安县主簿。开元十三年扈从玄宗封禅泰山，遭疾卒。[1] 子郑锜、郑铢。郑铢官桐庐县令，有三子。次子郑溧（750—796），官阜城县令。幼子瀼，为成德军节度属官。郑溧娶于博陵崔氏，四子：郑杞，绛州司马；郑枢，平棘县令；郑楬，赵州参军；又郑札。[2]

郑敞娶皇甫氏，五子：郑谞，洺州刺史；郑谭，豫州长史；郑谌，青州刺史；郑谔，婺州刺史；郑诉，开州刺史；郑谌。郑谌（651—734）字叔信，明经及第，历任参军、州府掾佐，娶杨氏，六子：元一、贞一、太一、志一、兴一、今一。[3] 郑诉（660—735）字季庆，解褐鸿州参军，曾官卫王府属、太子舍人。卫王即李重俊，后立为太子，因韦武乱政被害。郑诉坐宫官贬戎州棘道令，常五岁不转，每转不迁，暮年起为开州刺史。娶清河张氏，子郑从一。[4]

郑玄敏子郑由古，官宣州司马。由古子郑广嗣，官左司御率府兵曹参军。广嗣子郑楚卿，杞王府司马。楚卿子郑仲连（765—826），先入马燧幕府，继任职元韶、孟元阳幕下，终官昭义节度衙先锋兵马使。娶长乐冯氏，四子：郑揆，率府兵曹参军；郑振；郑

---

① 崔澄：《大唐故河南府寿安县主簿郑公墓志铭》，见《补遗》千唐，第 141 页。

② 《唐故冀州阜城县令荥阳郑君墓志铭》："有子四人，长曰枢，次曰札。"《汇编》贞元一一〇，第 1916 页；王球：《唐故冀州阜城县令兼□□□史赐绯鱼袋荥阳郑府君夫人博陵崔氏合祔墓志铭》谓三子杞、枢、楬，《汇编》大和〇四九，第 2130 页。前志后署"弟成德军节度"，下泐二字。据后志"司马亲叔瀼"（司马指郑杞），可知其名瀼。

③ 杨宗：《唐故大中大夫使持节青州诸军事青州刺史上柱国荥阳郑氏墓志铭》，《汇编》开元四一二，第 1440 页。

④ 《唐故通议大夫持节开州诸军事开州刺史上柱国荥阳郑氏墓志铭》，《汇编》开元四四〇，第 1459 页。

授，衙前散将；郑据。^① 郑仲连因中原俶扰，连年战乱，遂"卷废
典谟，恢张策术"，与其子皆任幕府武职。

郑乾瓒二子：郑元久，随州刺史；郑孝本，沧、贝二州刺史。
元久子郑景之，官鸿胪寺丞。景之子郑澍，官尚书仓部员外郎。郑
澍子郑绍方（768—809），以门荫为德宗挽郎，未及释褐而卒。长
妹嫁福州刺史、河南尹裴次元。^② 幼妹嫁扬州法曹参军韦署。^③

郑孝本（629—695）明经出身，解褐润州参军。历夏州长史、
平州刺史，刺郡实边。改洛阳令、洛州司马。后转安西都护，以疾
不堪赴任。三子：晖之、倩之、偘之。^④ 郑晖之，亦作郑晖，官苏
州长史。三子：郑潾、郑洵、郑溆。一女嫁瀛州乐寿县丞陇西李
湍。^⑤ 郑潾，天宝间为奉先县主簿，安史乱中县令崔器势迫而去，
郑潾被俘，其弟郑洵冒死求请，贼帅崔乾祐义之，脱免。^⑥ 郑洵
（714—769），明经擢第，应书判拔萃超等。安史乱中入颜真卿幕
下，诏授太子舍人，充京西军粮使，贬岳州沅江县尉。著有《东宫
要录》十卷，所著述及诗赋二十卷。又善抚琴，修九弄之谱。娶琅
琊王氏，有五子：郑锋，江陵参军；郑镡，太子宫门丞；郑鋪
（镛），河南参军；郑釭，京兆府参军；郑錬。^⑦ 郑釭官至湖州乌程

---

① 史方蓬：《唐故昭义节度衙前先锋兵马使荥阳郑府君墓志铭》，《汇编》宝历〇一九，
第 2093 页。
② 裴次元：《大唐故郑府君墓志铭》，周绍良、赵超主编：《唐代墓志汇编续集》（以下简
称《续集》）元和〇二二，上海：上海古籍出版社 2001 年，第 815 页。
③ 韦式已：《唐故朝议郎行扬州大都督府法曹参军京兆韦府君墓志文》，《汇编》长庆〇
〇四，第 2060 页。
④ 孙逖：《沧州刺史郑公墓志铭》，《全唐文》卷三一三，第 3180 页。
⑤ 邵说：《唐故瀛州乐寿县丞陇西李公墓志铭》，《汇编》大历〇一七，第 1771 页。
⑥ 柳识：《唐故朝议郎行监察御史上柱国郑府君墓志铭》，见《补遗》第七辑，第 63
页。按，此志亦收入《补遗》第八辑。《旧唐书·崔器传》载器初为贼守奉先，及
同罗叛，渭上义兵起，器惧，所受贼文牒一时焚之，欲应渭上军。及渭上军破，崔
乾祐麾下三十骑捉器，器遂北走灵武。郑潾盖此时未脱逃，仍在奉先。
⑦ 郑深：《唐故监察御史贬岳州沅江县尉荥阳郑府君墓志铭》，《补遗》第八辑，第 79 页。

县令，一女嫁舒州怀宁县令崔防。[①] 郑溆，官深州下博县令，次子郑保衡。另一子亦名鍊（776—807），许州长葛县尉，娶乐安孙氏，生一女。鍊弟审象。[②]

郑倩之，官华州刺史。子郑滔（732—784），解褐授潞州长子县尉，历官七任，终官郑州阳武县令。娶陇西李氏。滔侄郑名卿，郑州管城县令。[③] 又支诉妻郑氏（？—871），父亦名滔，终西台殿中侍御，娶李文公翱之女，"先选中于殿院之下，方适意于文公之门"。郑氏仲兄谟，前太府少卿。[④] 倩之子郑滔，年长于李翱，故非支诉妻郑氏之父。

太宗十四子曹王李明曾孙、嗣曹王李戢，妃郑中（711—782），墓志称"襄城公之曾女"。[⑤] 祖文恪，恒州司兵；父休叡，郴州司户。[⑥] 郑中上至郑伟或郑大士非止四代，故志文"曾女"当有缺讹。

郑大济子郑乾奖，亦作郑奖，官至邢州刺史。乾奖子郑德昌，官淄州司马。德昌五子：博古、博雅、嘉微、嘉庆、嘉重。博雅（655—731）以门荫入仕，官至淄州刺史。一子名郑抵璧，吏部常选。一女嫁洛阳县尉裴总。[⑦] 郑抵璧娶博陵崔氏女名同，子郑中路，二女：郑欢喜，郑招喜。[⑧]

---

① 崔播：《唐故舒州怀宁县令崔公夫人郑氏墓志》，见《补遗》第八辑，第163页。
② 郑保衡：《唐许州长葛县尉郑君亡室乐安孙氏墓志铭》，《汇编》元和〇一五，第1959页。
③ 郑名卿：《唐故郑州阳武县令郑府君墓志铭》，见毛阳光、余扶危主编：《洛阳流散唐代墓志汇编》，第452页。
④ 郑谟：《唐剑南东川节度副使朝议郎检校尚书屯田员外郎兼侍御史柱国赐绯鱼袋支诉妻荥阳郑氏墓志铭》，《汇编》乾符〇〇九，第2476页。
⑤ 李庭坚：《大唐故宁远将军守左卫率府中郎嗣曹王墓志铭》，《汇编》天宝一一六，第1613页。
⑥ 穆员：《唐赠尚书左仆射嗣曹王故妃荥阳郑氏墓志铭》，《汇编》贞元〇〇五，第1840页。
⑦ 裴总：《大唐故淄州刺史郑府君墓志铭》，《补遗》千唐，第161页。
⑧ 《大唐吏部常选郑抵璧故妻博陵崔氏墓志铭》，《补遗》千唐，第168页。

又郑伟曾孙郑元祚，官邓州内乡县令。元祚子惟恭，官苏州司户参军。惟恭女郑氏（682—732），嫁郑州刺史源光俗。①

又郑伟后人郑群（762—821），字弘之，曾祖郑匡时，晋州霍邑令；祖郑千寻，彭州九陇县丞。父郑迪，鄂州唐年县令，娶独孤氏。二子：郑素、郑群。郑素，官河南府功曹参军；女郑霞士，嫁尚书屯田员外郎韦端符。② 郑群进士及第，曾入裴均幕，历任复州刺史、衢州刺史，终官尚书库部郎中。郑群天性和乐，俸禄所得，与友朋饮酒舞歌，费尽不复问。子退思，韦氏生。又长女嫁京兆韦嗣宗，次女嫁兰陵萧儇。③ 与韩愈相交，韩愈有《赠郑兵曹》、《郑群赠簟》二诗。

又郑恂（799—847），墓志称襄城公第六房。祖推金，试太常寺奉礼郎。父郑测，试太常寺协律郎。恂嫁知浙西盐铁院刘略。④

襄城公房入唐后的世系是：

表 2—2

伟								
大士								
仁基								
玄毅								
宏			歆					
光庭	过庭	履庭	翰					

---

① 源惠津：《大唐故郑州刺史源公故夫人郑氏志铭》，《汇编》开元三四九，第1397页。
② 张读：《唐故尚书屯田员外郎归州刺史韦公夫人荥阳郑氏墓志铭》，《补遗》第七辑，第152页。
③ 韩愈：《朝散大夫尚书库部郎中郑君墓志铭》，马其昶：《韩昌黎文集校注》卷七，上海：上海古籍出版社1986年，第517页。
④ 刘略：《唐故荥阳郑氏夫人墓铭》，《补遗》第六辑，第159页。

续　表

			锜	銶			
			澡				渍
			杞	枢	楬	札	

（续前）

敞							
谞	谭	谌					谓
		元一	贞一	太一	志一	兴一	今一

（续前）

					乾赞		
（敞）	玄敏				元久		
近	由古				景之		
从一	广嗣				澍		
	楚卿				绍方	裴次元妻	韦署妻
	仲连						
揆		振	授	据			

（续前）

（乾瓒）						
孝本						
晖之						
潾	洵					
	锋	镡	鍱（镛）	釭	錬	
				崔防妻		

（续前）

				（孝本）		
				倩之		侷之
淑			李湍妻	滔	？	
保衡	錬	审象			名卿	

（续前）

	大济					
？	乾奖					
文恪	德昌					

续　表

休叡	博古	博雅			嘉微	嘉庆	嘉重
中*		抵璧		裴总妻			
		中路	欢喜*	招喜*			

（续前）

?	?					?	?
?	?					?	?
元祚	匡时					?	?
惟恭	千寻					守庆	?
源光俗妻	迪					李昕妻	测
	素	群					推金
	霞士*	退思	韦嗣宗妻	萧僧妻			恂*

三、北祖平简公房

与西迁的洞林房和连山房不同，郑羲房后人留仕东魏、北齐。入唐后该房可考的人物主要是郑述祖后人，因郑述祖谥平简，所以称平简公房。该房的著名人物有郑繇、郑虔、郑云逵等人。

《北齐书·郑述祖传》载述祖子元德，多艺术，官琅琊太守。后嗣无闻。根据墓志材料，述祖有子武叔（亦作叔武），官北齐冠军将军，广陵、下邳郡守，洛州、青州、光州刺史。武叔子道援

（一作瑗），官隋武陵县丞、高密令、宋城令、朗州司法参军。道瑗二子：郑世基，吉阳令，娶宰相杜如晦叔父杜淹女；一女（642—705）嫁博陵崔挹，所生子崔湜，中宗、睿宗朝宰相。[1] 道瑗另一子怀节，澧州司马、钜鹿县令、卫州刺史。可考者四子：进思、远思、锐思、镜思。怀节另有一女，嫁周王西阁祭酒程务忠，其父即唐初名将程名振。[2]

郑进思（626—675），字光启，墓志称举孝廉，释褐授韩王府典签，转梁州南郑丞、洛州河阳丞，终官襄陵县令，赠博州刺史。娶权氏，华州刺史某孙，右监门将军某女。[3] 墓志其子嗣部分有渑失，大致可知卒后四子陪祔：长子某，一名宜尊，邠州三水令；次子昂，字千里；三子颍，字三明；四子绮。宜尊嗣子郑实，少府监主簿。郑昂嗣子郑俊。郑绮之子郑备，荆州江陵县丞。又有縡、云、戎、顾、游诸人名。据别志可知，郑游、郑顾为进思之子。郑縡附见《旧唐书·睿宗子惠文太子范传》，称其为郑述祖五代孙，[4] 可以确定亦为进思之子。

郑游，官晋州临汾县令，赠太常少卿。可考者五子：郑宇、郑密、郑宠、郑宣、郑宝。郑宇（709—753），孝廉擢第，授信都郡枣强县尉，丁忧服阕，授河东郡河东县尉，兼山南采访支使。娶陇西李氏，二子：郑韬、郑霸。[5]

郑密（714—763），字慎微，初任赵州柏乡县尉。安史之乱归

---

① 张说：《荥阳夫人郑氏墓志铭》，《全唐文》卷二三二，第 2346 页。
② 《大唐朝议郎行周王西阁祭酒上柱国程务忠妻郑氏墓志铭》，《汇编》咸亨〇三六，第 535 页。
③ 《大唐故赠博州刺史郑府君墓志》，《汇编》开元三六一，第 1405 页。
④ 《旧唐书》卷九五，第 3017 页。原文作"北齐吏部尚书述五代孙也"，夺"祖"字。
⑤ 《唐故淮南道采访支使河东郡河东县尉荥阳郑府君墓志铭》，《汇编》天宝二三六，第 1695 页。

洛阳，家于鸣皋山深险处以避难，亲故数百家往依之。拜商州洛南令，徙大理评事，兼商州录事参军。郑密亦工诗。娶清河崔氏，二子：郑雅、郑幹。[1]

郑宠（717—765），字若惊，明经及第，解褐邮尉。徙太原户曹，拜太谷令，迁华原令，拜尚书工部员外郎，转库部郎中。[2] 郑宠亦淹通经学，有三子：郑正，扬州江阳县主簿，娶陇西李氏；次子名不详，第三子郑直。郑正子郑纪（789—841），字龟年，以门荫入仕，官至宋州砀山县令。娶范阳卢氏，二子：郑总，泗州下邳县尉；郑惠。[3] 郑直官河南县主簿，娶范阳卢氏，子郑缓，登明经第，未禄而逝；女小名党五，未嫁而夭。有从父兄缜。[4]

据独孤及《郑密墓志》，郑宣官尚书刑部郎中，郑宝官秘书省著作郎。郑宝殁赠左散骑常侍，五子：郑敬、郑易、郑鲁，另二子名不详。郑敬（759—817），字子和，明经及第，贞元元年（785）登贤良方正直言极谏科，[5] 授京兆府参军，山南西道节度使严震辟为行军司马。严震有疾，朝廷阴诏监军使察人心所归，郑敬"自以为山东布衣，以文学自进，不愿苟于际会，别有所授，深拒之"。屏居四年，授漳州刺史。还为尚书金部员外郎，迁户部郎中、左司郎中。元和三年（808）与韦贯之、杨於陵同为贤良方正直言极谏科考官，所取牛僧孺等人策论指斥时政，触怒宰相李吉甫。韦贯之、杨於陵、郑敬等人皆坐贬官。[6] 这起科场案是此后延续近四十

---

[1]　独孤及：《唐故商州录事参军郑府君墓志铭》，《毗陵集》卷一二，第5—6页，《四部丛刊》初编本。

[2]　独孤及：《唐故尚书库部郎中荥阳郑公墓志铭》，《毗陵集》卷一一，第12—13页。

[3]　宋黄：《故宋州砀山县令荥阳郑府君墓志铭》，《汇编》会昌〇一六，第2223页。

[4]　郑纪：《唐故荥阳郑氏女墓志铭》，《汇编》大和〇八九，第2159页。

[5]　《唐会要》卷七六制科举，第1389页。

[6]　《旧唐书》卷一五八《韦贯之传》，第4173页。

年的牛李党争的起因。郑敬出赈江淮，改授虢州刺史，入为京兆少尹。元和七年魏博节度使田季安卒，[①] 诏郑敬出使安抚。"时宰府争权"，郑敬乃出为绛州刺史。娶卢氏，继室以其娣，生一子三女。[②]

郑易（？—818），字子庄，十四岁明经及第，授右清道率府兵曹参军。入湖南观察使裴胄幕，胄移察江西、节制荆州，郑易随同。莅事澧州，蠲除苛税。赈灾荆州，兴筑堤防。胄卒，"因府变而猜隙成"，贬辰州司马。元和初，拜侍御史，转起居郎，迁长安县令，为中官所谮，贬汀州刺史，转忠州刺史。入为尚书工部郎中。因兄郑敬卒，哀戚过甚卒。娶范阳卢氏，无子。亦继室其娣，生二子：郑紃、郑三峒；三女：郑启、郑蓁、郑栗。[③]

郑鲁（765—821?），字子隐，郑宝第四子，历怀宁、澧阳县尉，终右金吾卫仓曹参军。其二兄郑敬、郑易卒后，养育诸孤，以京师艰食，不能衣食媭幼，南来荆州，垦郑易佐州所植不毛之田数百亩，二嫂及诸子皆至。娶陇西李氏（771—818），生三子：郑绩，商州上洛县尉；次子郑绛，幼子郑缥。一女郑观音。[④] 郑绛，名亦作绲（796—820），尝为伯父郑易叹赏，惜早卒。[⑤] 郑缥官太子校书，有子郑隗郎，早夭。[⑥] 郑宝第五子（766—796），明经为郎，解

① 《旧唐书》卷一五《宪宗纪》，第443页。
② 郑易：《唐故朝散大夫绛州刺史上柱国赐紫金鱼袋郑公墓志铭》，《汇编》元和〇八八，第2010页。
③ 李正辞：《唐故朝散大夫尚书工部郎中荥阳郑公墓志铭》，见齐运通编：《洛阳新获七朝墓志》，第319页。
④ 卢宏宣：《唐故右金吾卫仓曹参军郑府君墓志铭》，《汇编》残志〇三一，第2558页；许康佐：《唐右金吾卫仓曹参军郑公故夫人陇西李氏墓志铭》，《汇编》元和一二四，第2036页。郑鲁墓志缺书年，其生卒年据其享年及其兄弟生卒年拟定。
⑤ 郑缥：《唐故荥阳郑氏男墓志铭》，《汇编》元和一三八，第2047页。
⑥ 《唐故荥阳郑隗郎墓志》，见《补遗》千唐，第379页。录文作"父缙，太子校书"，疑字误。

褐太子典膳丞。举秀才，对策不就。①

　　郑繇，官秘书少监、博州刺史。《旧唐书》称其工五言诗，《全唐诗》存诗两首，《全唐文》存赋一篇。嗣圣元年（684）进士及第，常与睿宗惠文太子李范、阎朝隐、张谔等人诗歌唱酬。李范出为岐州刺史，郑繇为长史。范失白鹰，繇作《失白鹰诗》，当时以为绝唱。子郑审，官袁州刺史、秘书监，亦善诗咏。兼善画，与杜甫多有唱酬。名屡见杜甫集中。郑审之子郑逢，官抚王府长史。娶博陵崔鹏女，有女名本柔（792—823），嫁宣宗时户部郎中杨汉公。②

　　本柔弟郑薰，官尚书刑部侍郎。③《新唐书·郑薰传》：薰字子溥，亡乡里世系。今据所撰墓志，知其即郑逢之子。擢进士第，历考功郎中、翰林学士，出为宣歙观察使。牙将素骄，共谋逐出之。懿宗立，召为太常少卿，擢吏部侍郎，进左丞。性爱友，纠族百口。曾再知礼部举，引寒俊，士类多之。以太子少师致仕。④

　　郑愿，官金部郎中，坊、亳州刺史。子郑窦，官大理评事。独孤及《唐故亳州刺史郑公故夫人河南独孤氏墓版文》："归郑氏，生二男二女而寡。……长男曰季华，次男曰子华。……乾元三年，因洛阳再扰，随子北征。永泰二年某日，终于钜鹿郡。……反葬洛阳龙门镇颍川府君茔兆之侧。"⑤ 夫人为及伯姊。据郑公所任官，当即

① 郑易：《唐故太子典膳丞荥阳郑公墓志文》，见《补遗》千唐，第286页。
② 杨汉公：《唐华州潼关防御判官朝请郎殿中侍御史内供奉骁骑尉赐绯鱼袋杨汉公故人荥阳郑氏墓志铭》，见《补遗》第八辑，第132页。
③ 《唐故银青光禄大夫……弘农杨公（汉公）墓志铭》，署"正议大夫守尚书刑部侍郎上柱国赐紫金鱼袋郑薰撰"。《续集》咸通〇〇八，第1036页。
④ 《新唐书》卷一七七，第5288页。
⑤ 《毗陵集》卷一〇，第7—8页。独孤及为郑密、郑宠作墓志，盖亦因外甥郑窦这层关系。

郑颐。季华、子华，或为二子小字，窦当即二人之一。郑窦二子：郑高、郑爽。郑高（745—805），字履中，进士及第，累官至江西团练副使。天宝以来，亲故旅殡，未克归葬。郑高罄禄俸之资，完两代家事。娶清河崔氏（770—806），金部郎中积之长女，崔群之姊。一子小字小阳。郑爽，官太子通事舍人。[①]

郑镜思，官秘书郎，赠主客郎中、秘书少监、郑州刺史。镜思四子。次子郑虔（691—759），字趋庭。传入《新唐书·文艺传》。进士及第，历官率更司主簿、太常寺协律郎、广文馆博士、秘书省著作郎。安史乱中受伪署兵部郎中、国子司业，论罪贬台州司户。娶琅琊王氏，三子：元老、野老、魏老；五女。[②] 时称郑虔"诗书画三绝"，《全唐诗》存诗一首。杜甫为作《醉时歌》、《有怀台州郑十八司户》，《八哀诗》中亦有"故著作郎贬台州司户荥阳郑公虔"一首。虔长子郑忠佐（730—795），字元老。累迁彭王府咨议，卜筑寿安县西、洛水之南。滑州节度贾耽奏授瀛州河间尉，[③] 职参军务，改白马尉。娶范阳卢氏，有一子二女。[④]

郑镜思第三子郑旷（700—777），进士及第，官至滁州刺史。白居易撰墓志不具名，然称其"尤善五言诗，与王昌龄、王之涣、崔国辅辈联唱迭和，名动一时，逮今著乐词、播人口非一"。[⑤] 其事

---

① 杜信：《大唐故侍御史江西道都团练副使郑府君墓志》，《续集》贞元〇七九，第792页；崔群：《唐故江南西道都团练副使侍御史荥阳郑府君夫人清河崔氏权厝志铭》，《续集》元和〇〇五，第803页。

② 卢季长：《大唐故著作郎贬台州司户荥阳郑府君并夫人琅琊王氏墓志铭》，见《补遗》千唐，第249页。

③ 《旧唐书》卷一二《德宗纪》：贞元二年九月，"以东都畿唐邓汝等防御观察使贾耽检校尚书右仆射，兼滑州刺史、义成军节度"，第354页。至贞元九年五月，入为同尚书平章事。

④ 卢时荣：《大唐故滑州白马县尉郑府君墓志铭》，见《补遗》第八辑，第103页。

⑤ 白居易《故滁州刺史赠刑部尚书荥阳郑公墓志铭》，谢思炜：《白居易文集校注》卷五，北京：中华书局2011年，第216页。

附见《新唐书·郑云逵传》，名作旷。又《封氏闻见记》载其轶事，谓"旷后至户部员外郎、滁州刺史"。[①]《全唐诗》王之涣小传亦采其事。郑旷始授郾城尉，历向城、北海尉。安史乱起，有邑民驱市人、劫廪藏以应，旷率僚吏子弟急击之，一邑以宁。擢授登州司马，入为左赞善大夫、屯田员外郎，出摄淄州、莱州刺史。先后为李光弼节度判官，王缙副元帅判官，平定海沂。晚作《思旧游》诗百首，不传。《全唐诗》录《落花诗》一首。先娶清河崔氏，继娶博陵崔氏，有七子七女。

长子郑云逵，传见《旧唐书》卷一三七、《新唐书》卷一六一。云逵进士及第，初入朱泚幕，表为掌书记，妻以朱滔之女。后贬平州参军。滔代泚将，复辟为判官。滔助田悦谋叛，云逵谏，不从，遂弃妻室自归。德宗擢谏议大夫。建中四年（784）泾原兵变，朱泚叛军攻陷长安，德宗避走奉天。云逵入李晟幕下，时时咨询戎略。元和初为京兆尹。诸弟：郑微，润州司马；公逵，有至行，淮南节度使及朝贤以孝行称荐，沧景节度参谋；方逵，衡州司士参军，结聚凶党劫人，云逵上奏，诏递送黔州驱使；郑震，当阳丞；文弼，幽州参军；安逵，率府仓曹参军。

郑镜思另一子名郑曙，《太平广记》卷二八引《纪闻》："荥阳郑曙，著作郎郑虔之弟也，博学多能，好奇任侠。"[②]

郑远思，官郑州刺史，赠太常卿。远思之子郑曤，官易州司马。郑曤一女，嫁范阳卢涛。[③] 郑曤之子郑济，官睦州刺史。娶清

① 封演撰、赵贞信校注：《封氏闻见记校注》卷一〇，北京：中华书局 2005 年，第 92 页。
② 《太平广记》卷二八，第 128 页。
③ 卢杞：《唐太原府司录先府君墓志铭》，《汇编》大历〇五〇，第 1792 页。

河崔氏女名悦（709—745），生一子五女。[1] 续娶范阳卢氏，次女嫁比部郎中元宽，即元稹母。白居易《唐河南元府君夫人荥阳郑氏墓志铭》："父讳济，睦州刺史。夫人，睦州次女也。其出范阳卢氏。"并谓元宽墓志为"京兆尹郑云逵"所撰。元稹称郑云逵为"外诸翁"，[2] 即其母亲的诸父行。据此推测，远思、镜思当为兄弟行。

郑锐思，官贝州清河县尉。子郑万钧，官尚舍奉御。万钧之妹早夭，冥婚韦后之弟上蔡郡王韦泚。[3] 文明元年（684）中宗被贬庐陵王，韦后之父韦玄贞亦被流放钦州，韦泚侍从，卒于钦州。神龙初年中宗复位，追封韦玄贞父子，又下制冥婚。郑万钧尚睿宗第四女永昌公主，后封代国长公主，有二子四女。长子郑聪，字潜曜，尚玄宗第十二女临晋公主。[4] 杜甫有《郑驸马宴宅洞中》等诗。次子郑明，官右赞善大夫。[5]

又郑液（694—776），墓志称幼麟之后。曾祖郑奉先，官永州治中。祖郑整仁，官同州冯翊主簿。父郑曒，不仕。郑液亦不仕，自河北至江南，登山临水，又勤修释门，遘疾终于外甥虞当沔州刺史宅。娶顿丘李氏，一子名嵩。[6] 不能确知其为幼麟下几代，姑依

---

① 张峰：《大唐同安郡长史郑君故夫人崔氏墓志铭》，《补遗》第八辑，第48页。又，《淳熙严州图经》卷一贤牧附题名："郑济，天宝十一载七月十一日自徐州刺史拜。"《丛书集成初编》本，北京：中华书局1985年，第56页。
② 元稹：《叙诗寄乐天书》，《元稹集》卷三〇，北京：中华书局1982年，第351页。
③ 郑惜：《大唐故赠荆州大都督上蔡郡王墓志铭》，见《补遗》第三辑，39页。
④ 杜甫：《唐故德仪赠淑妃皇甫氏神道碑》，《杜工部集》卷二〇，谢思炜：《杜甫集校注》，上海：上海古籍出版社2015年，第3040页。《唐会要》卷六公主，武英殿聚珍版误为"郭潜曜"，第64页。《册府元龟》卷三〇〇。
⑤ 郑万钧：《代国长公主碑》，《全唐文》卷二七九，第2826页。又《石刻史料新编》第1辑第2册，台北：新文丰出版公司1982年，第1333页。
⑥ 虞当：《唐故郑居士墓志铭》，《补遗》第八辑，第88—89页。志称"凡寿甲子五百有四，其季三之二也"，换算年当八十三。

其生活年代附后。

平简公房的世系是：

表 2—3

述祖							
元德	武叔						
	道援						
	世基	怀节					
	崔把妻	进思					
		宜尊	昂	颍	绮	繇	
		实	俊	备		审	
						逢	
						本柔*	薰

(续前)

(进思)							
云	戎	愿				游	
		季华（窦?）			子华	宇	
		高	爽			韬	霸
		小阳					

(续前)

(游)								
密		宠						宣
雅	幹	正		直		？		
		纪		缙	党五*	缜		
		总	惠					

(续前)

(游)								
宝								
敬	易				鲁			
	绌	三峒	启*	蓁*	栗*	绩	绛	纁	观音*
								隗郎

(续前)

续 表

镜思								
虔			旷					曙
忠佐	野老	魏老	云逵	微	方逵	震	文弼	安逵

(续前)

					?
					?
					?
					奉先
远思			锐思		程务忠妻	整仁
暄			万钧			暾
济		卢涛妻	聪	明		液
元宽妻						嵩

四、北祖郑茂房

《新表》有北祖郑茂房世系，沈炳震《唐书宰相世系表订伪》、罗振玉《新唐书宰相世系表补正》均有校正。赵超《新唐书宰相世系表集校》又利用出土墓志多有补充。以下仅就《集校》未使用材料，对《新表》有关部分加以补正，对有关疑点试作说明。

德政					
玄珽，翼水令			玄珪		
大力，一名延嗣，攸丞			延州，宁州司马		
謩	续，比部郎中		春卿，汴州功曹参军	叔卿	
	展，虢州长史	阐	选		

新表：第 3259—3263 页

【校补】贺知章《大唐故中散大夫尚书比部郎中郑公墓志铭》："公讳绩，字其凝，荥阳开封人。……洎王大父德政，隋工部侍郎。王父玄珪，隋左千牛。严考大力，唐衡州攸县令。……有子展，柴毁充穷，哀恳见托。"[1] 续与绩当是同一人。[2] 其祖父玄珪，非玄珽。其父大力攸县令，非攸县丞。墓志中亦无阐、选二子。另据墓志可补德政、玄珪官职。郑绩（670—725），武后时以举贤良入仕，充吐蕃分界使，因撰《拓州记》一卷。另著有《新文类聚》一百五十卷、《甲子纪》七十篇。拜尚书职方员外郎，暨掌地图，撰《古今录》二百卷。有文集五十卷，皆不传。于所居胜业里激流为沼，延石裁峰，形胜斯极。娶吴兴钱氏。

德育，固安令	穆先，隋夷陵令
修松，一名元宗，莘令	弘幹，鼓城尉
退思，长葛令	思玄，沁州司马

---

① 《补遗》第一辑，第 116 页。
② 《全唐文》卷三五一："郑绩，元宗时人。"录《对无鬼论判》一篇。亦当是此人。名当作绩。

续　表

瓘，登州户曹参军	璿，河南少尹
守广，昇州司仓参军	洌，巩县丞
早，六合尉	卑，常州参军
子中	鲂，字嘉鱼

新表：第 3263—3268、3287—3288 页

【校补】据陈商《唐故尚书仓部郎中荥阳郑府君墓志铭》、李景庄《唐故仓部郎中郑公卢夫人合祔墓志铭》，[①] 郑鲂字嘉鱼，其世系与《新表》有异。其祖父守广，官昇州司仓参军。父早，官富平县尉、赠工部郎中。《新表》将鲂错排入其他房支。又据墓志，鲂有兄弟四人。长兄忠，不仕；仲兄鲔，北海令；弟鲵、鲲，鲲举秀才。鲂娶范阳卢氏，有二子四女。长子郑思海（后改名郑长海），泗州临淮县尉。次子郑处讷（后改名郑长言）。长女嫁进士卢后闵，次女出家为道。第三女郑娟，嫁阳翟县尉崔行规。[②] 第四女嫁兵部郎中李景庄。处讷及第四女为卢夫人所出。其他子女皆为他出。郑长海娶博陵崔氏，有一子三女，子名恪郎，女名佐娘、瀛娘、迎娘。[③] 又郑忠一子，名郑建。郑鲔后官至长沙县令，三子七女。郑鲵三子，郑鲲四子一女。

德脊，固安令				
修松，一名元宗，莘令				

---

① 齐运通编：《洛阳新获七朝墓志》，第 333、371 页。
② 崔晔：《唐守河南府阳翟县尉崔君故夫人荥阳郑氏墓志铭》，《汇编》咸通〇一〇四四，第 2412 页。
③ 张孟：《唐故前泗州临淮县尉郑府君墓志铭》，见《补遗》千唐，第 393 页。

续　表

言思，泗州刺史					
琇，霍丘令					
蕙	荃，颍王府胄曹参军	桥，通川令	植，壁州刺史	若，代州参军	华，南陵令

新表：第 3269—3271 页

【校补】据郑岑《大唐故寿春郡霍丘县令郑公墓志铭》，郑德育官隋侍御史、刑部郎中。郑琇（661—735），字适，解褐汝南郡郾城县主簿，三仕而为霍丘县令。弟怀隐，临淄郡太守；球，历城县令。娶范阳卢氏。子郑蕙，乌江县令；郑荃，庆王府骑曹参军；郑桥，通川县令；郑植，偃师县令。[①] 又据《大唐故寿州霍丘县令郑府君墓志铭》，琇字帝释，嗣子蕙、荃、桥、植、相、若、华。[②] 两志所载不尽同，可与《新表》互参。

行思，临汾主簿
淑，新乡丞

新表：第 3272—3273 页

【校补】刘长卿《唐睦州司仓参军卢公夫人郑氏墓志铭》，郑淑名作叔。[③]

洪，一名卢客，临汾令					邠卿，宋州刺史

---

① 《补遗》第八辑，第 58 页。
② 《补遗》第八辑，第 378 页。
③ 《全唐文》卷三四六，第 3515 页。

续　表

令谭，颍州司功参军					
光袭，汝州录事参军	光绍，滁州司户参军	光林	光仪	光被	

新表：第 3281—3284 页

【校补】郑元辅《皇唐故太常少卿崔公元妃荥阳郑氏合祔墓志铭》："曾祖邠卿，皇朝宋州刺史；大父令谭，颍州司功参军；烈考光绍，江州司士参军。"① 则令谭为邠卿之子，但邠卿无他子，也可能以令谭过继。又志署"内弟朝议郎守河南县令上柱国赐紫绯鱼袋元辅撰"，则光绍之子名元辅。

思挹，和州别驾
纪

新表：第 3293—3294 页

【校补】《集校》谓咸通二年五月二十三日《唐故宋州砀山县令荥阳郑府君故范阳卢氏夫人墓志铭》之郑纪与《新表》中思挹子同名，然一在咸通之前，一在开元之前，相距甚远，恐非一人。按，墓志之郑纪，前已确定属于平简公房。

庭珍，鹿邑令
浑，左清道录事参军

新表：第 3302 页

【校补】韦黯《唐故荥阳郑府君墓志铭》："公讳逢，字逢，其先荥阳人也。……曾祖开国公讳孝珍，皇亳州鹿邑县令；祖讳浑，

---

① 《续集》元和〇四三，第 830 页。

皇左武卫仓曹参军；王父讳存政，皇试太常寺协律郎。公即协律府君之公子。"① 郑逢祖父名与《新表》浑同，官职不同；曾祖官职与《新表》浑父合，名相差一字。据《唐六典》，左清道录事参军正八品上，属太子左清道率府；左武卫仓曹参军正八品下，属左武卫。官职迁改或记录小异，均有可能。郑逢生活于元和至咸通年间，与表中人物时代吻合。因此墓志中郑逢祖父浑，有可能就是《新表》中的郑浑。据墓志，郑逢有子郑亚、郑克裕。

行谌，萨宝果毅				
琰，历城主簿				
岩，京兆少尹			崿，仓部郎中	鉴，宋州刺史
润，太府寺主簿		泌，长安尉	滂，监察御史	汶，密尉
淮，本名镒，昭应尉	锋，京兆府仓曹参军		铜，赞善大夫	

新表：第 3306—3307 页

【校补】卢珮《唐故长安县尉郑府君墓志铭》："君讳泌，字季洋，荥阳开封人也。曾祖行谌，洋州刺史。祖琰，赠齐、郑二州刺史。父岩，银青光禄大夫、少府监。君少府监府君之季子也。"② 岩官少府监，并见以下诸志。泌有嗣侄孤子铼，洛阳尉。

据邹儒立《唐故京兆府三原县尉郑府君墓志铭》，郑淮字长源，祖父郑岩官至少府监，郑淮官至京兆府三原县尉，有子郑仲章。③ 又高锴《唐故朝散大夫守中书舍人赠礼部侍郎上柱国赐紫金鱼袋荥阳郑府君墓志铭》："公讳居中，字贞位，荥阳人。……公皇少府监

① 《续集》乾符〇一七，第 1130 页。
② 《补遗》千唐，第 266 页。
③ 《汇编》贞元一〇二，第 1911 页。

讳岩之曾孙，皇洛阳令讳汲之孙，皇兴平令、赠刑部郎中讳锋之子。”[①] 则岩另一子名汲，为锋之父。《新表》缺载（锋与《新表》之鋒有可能字淯，也有可能是两个人）。据此志及卢荛《唐故朝散大夫守中书舍人赠礼部侍郎上柱国赐紫金鱼袋荥阳郑府君及清河崔夫人合祔墓志铭》，郑居中娶清河崔氏，一子名石胡，后名鸾；一女嫁大理评事陇西李瓘。[②] 又据郑绶《唐故荥阳郑氏第二女墓志铭》，郑鸾后官鄂州，带中丞衔。子名郑绶，乡贡进士。[③]

又崔彦崇《唐故荥阳郑夫人墓志铭》，“曾祖讳崿，皇任秘书监；祖讳滂，皇任殿中侍御史、赠房州刺史。父讳锠，皇任阆州刺史、赐紫金鱼袋。”[④] 郑崿、郑滂、郑锠任官均与《新表》有异。郑崿任官与赵超《集校》引《唐故寿州别驾郑瀚亡女十三女墓志铭》一致。

又《大唐赵郡李爗亡妻荥阳郑氏墓志并铭》：“夫人讳珍，字玄之，荥阳之荥泽人也，世称北祖焉。……祖讳汶，皇监察御史宣武军节度掌书记赐绯鱼袋。祖妣清河崔氏，皇秘书监讳谦之长女。考讳钍，皇舒州太湖县令。太夫人范阳卢氏，皇大理寺评事讳幼安之女。”[⑤] 郑珍（827—855）祖父郑汶与《新表》郑汶时代吻合，北祖房亦只有小白房有郑汶，当为同一人。李爗系李德裕第五子。又据李佑之《唐光禄崔少卿故荥阳郑夫人墓铭》：“夫人郑氏，讳归，其先荥阳人也。……父钍，皇任润州丹徒尉。”书并篆盖者其季兄洪，官隰州温泉县令。[⑥]

---

① 《补遗》第八辑，第156页。
② 《补遗》第八辑，第202—203页。
③ 《补遗》第八辑，第225页。
④ 《补遗》千唐，第340页。
⑤ 《汇编》大中一五七，第2373页。
⑥ 《补遗》千唐，第380页。

元良
大寿，胡苏令
显宗
廛，修武尉
佺期，须昌丞

新表：第 3310—3312 页

【校补】据崔镇《唐乡贡进士崔镇亡妻荥阳郑氏墓志铭》："夫人荥阳郑氏，曾祖廛，皇常州司兵参军。祖佺期，皇潞州涉县令。父公直，皇左武卫仓曹参军。夫人六代祖元良，昔任给事中，时颇知名。"① 据墓志可补元良官职，郑廛、郑佺期任官与《新表》亦不同。佺期之子公直。

季良，衢州录事参军
造

新表：第 3316 页

【校补】据卢宸《唐故楚州盱眙县尉范阳卢府君夫人郑氏墓志铭》："夫人讳谊，荥阳人也。曾祖季良，皇衢州录事参军。祖造，皇京兆府美原县令。烈考府君讳圃，皇泾州录事参军。"② 志称郑圃以阴阳拘禁，不敢就二姓之好，其女郑谊为渤海如夫人所出，盖未娶正妻。

长裕，许州刺史	
欢，侍御史	
球之	季熊

新表：第 3321—3322 页

---

① 《补遗》千唐，第 396 页。
② 《补遗》第八辑，第 225 页。

【校补】郑涵《唐故怀州录事参军清河崔府君故夫人荥阳郑氏合祔墓志铭》："前夫人荥阳郑氏，赠工部郎中府君讳欢之孙，易州涞水令府君讳璆芝之幼女。"① 罗振玉《补正》认为璆芝即《新表》之球之，赵超《集校》认为《新表》漏记。璆芝不止见此志。卢士琼《唐东都留守推官试大理评事卢君故夫人荥阳郑氏墓志铭》："曾祖讳长裕，历尚书郎、颍川郡太守。……祖讳欢，殿中侍御史。……父讳璆之，易州涞水县令。"② 据官职，璆芝、璆之为同一人。璆，古同球，义为美玉。可知球之、璆芝、璆之为同一人。据墓志，可补长裕、璆之官职。志署"外甥"郑涵撰，郑涵当为璆芝之孙，官尚书考功员外郎。

又据崔肮《唐故魏博节度判官监察御史里行赐绯鱼袋李府君夫人荥阳郑氏合祔墓志铭》，郑季熊官魏州大都督府参军，女嫁魏博节度判官李仲昌。③

谅，冠氏令			
珣瑜，相德宗		利用，泽州刺史	
朗，字有融，相宣宗	颢	涯，检校右仆射、同中书门下平章事	沏，兖海节度使

新表：第 3322—3324 页

【校补】据卢莪《唐故河中少尹范阳卢府君墓志铭》："兄讳知宗，字弘嗣。……兄前娶荥阳郑夫人，即相国太子少师赠司空谥德朗之女也。……今夫人即荥阳夫人堂妹也。……夫人先考讳颙，太常少卿。大父讳珣瑜……外祖讳植，相国华州刺史赠太尉谥

---

① 《汇编》元和一〇一，第 2019—2020 页。
② 《补遗》千唐，第 315 页。
③ 《补遗》千唐，第 362 页。

敬。"① 卢知宗凡二娶,元配郑朗之女,继室郑颙女。郑颙娶卢植之女。据墓志,可补郑颙官职。

又郑峰《唐故荥阳郑夫人墓志铭》:"夫人讳徽,曾王父御史中丞、大理少卿、赠司徒利用。王父大理少卿致仕庠。烈考岭南西道节度判官、侍御史简柔,娶清河崔氏,伊阙县令垍之女。"署"亲弟将仕郎郑州荥阳县主簿峰撰"。② 参之柳宗元《先君石表阴先友记》:"郑利用,徐庆从父兄也,真长者。由大理少卿为御史中丞,复由中丞为大理少卿。"③ 可知与《新表》郑利用为同一人。据墓志,可补其子郑庠、孙郑简柔、曾孙郑峰。

承庆	膺甫,楚州刺史		具瞻,泾阳尉	羽客,通州刺史			
	漳,太子少傅	泓,河西丞	涓,字道一,太原节度使	湾	溶	洿	淓
			昌图,字光业,户部侍郎				

新表:第 3327—3328 页

【校补】据卢载《唐前黔中观察推官试太常寺协律郎卢载妻郑氏墓志铭》:"夫人荥阳郡荥阳人也。曾祖颍川郡太守讳长裕。祖太子舍人、赠吏部尚书讳慈。烈考山南西道节度推官、试大理评事讳承庆。外祖陕县令范阳卢府君讳居易。故门下侍郎平章事、文宪公讳珣瑜,夫人之从祖父也。旧相、今东都留守检校兵部尚书徐庆,夫人之叔父也。"④ 可据以补承庆官职。然墓志称郑珣瑜为夫人之从

① 《汇编》咸通一一三,第 2465 页。
② 《补遗》千唐,第 421 页。
③ 《柳宗元集》卷一二,第 303 页。
④ 《补遗》千唐,第 308 页。

祖父，长馀庆一辈，与《新表》不合。

据崔嫕《唐故温州刺史清河崔府君（绍）墓志铭》："外族郑氏，皇太子太傅府君讳漳之外孙。"[1] 可补郑漳官职。其女嫁崔罕，生子崔绍。

据李君夏《郑氏夫人权厝墓志铭》："我夫人郑氏……曾祖慈。祖具瞻，秘书丞。外舅尚书驾部员外郎溧第二女，姑臧李氏之出也。君夏与外舅中外重叠。……后三年，外舅宰河南。……夫人因外舅擢拜台院，自洛侍从之京师。"[2] 可知具瞻一子名溧，官驾部员外郎，即夫人之父。又郑勃《唐故国子助教范阳卢公墓志铭》："君讳当，字让之……夫人荥阳郑氏，今潞州节度使礼部尚书郑公涓之女。"署"外兄儒林郎前守郑州原武县令郑勃撰"。[3] 郑勃应为卢当姑之子，所嫁疑即郑涓或其兄弟行。

据崔权《唐故荥阳郑夫人墓志铭》："曾王父讳慈，太子舍人，赠右仆射。王父讳膺甫，怀州刺史兼御史中丞，赠右仆射。父讳湾，位虽不显，早历清途，累迁河南府陆浑县令。"[4] 又郑裔宽《唐故大理评事荥阳郑君墓志铭》："君讳保玄，字通微。……曾祖讳慈，太子舍人，赠司徒。大夫讳膺甫，怀州刺史兼御史中丞、赠左仆射。烈考讳溶，东都留守推官、监察御史里行。"[5] 据墓志，郑溶、郑湾为膺甫子，可订《新表》之误。据墓志，可补溶、湾官职。郑溶子保玄，孙窦七。又保玄伯兄，陕虢防御判官、殿中侍御史裔方；堂兄，儒林郎、郑州荥泽县令郑裔宽。

又据崔悦《唐故右谏议大夫博陵崔公夫人荥阳邑君郑氏墓志

① 《汇编》乾符〇一九，第 2486 页。
② 《补遗》第六辑，第 166 页。
③ 《汇编》大中〇八八，第 2317 页。
④ 毛阳光、余扶危主编：《洛阳流散唐代墓志汇编》，第 632 页。
⑤ 毛阳光、余扶危主编：《洛阳流散唐代墓志汇编》，第 626 页。

铭》："夫人讳琪……曾祖慈，皇任左散骑常侍。祖羽客，皇任通州刺史。父泌，皇任河南府河南邑尉。"① 可知羽客一子名泌，其女琪。又琪叔父名沂，居礼乐之司。

申，金华尉			
式瞻，衢州刺史	则之，骁尉兵曹参军		
遐	猗，抚州刺史		
彦特，字翊臣	允升	延昌，相昭宗	延济，字正卿，太常博士

新表：第 3328—3329 页

【校补】据崔彦昭《唐故秦国太夫人赠晋国太夫人郑夫人合祔墓志》："太夫人号太素……曾祖长裕，皇颍川郡太守。祖申，皇婺州金华县丞。烈考式瞻，皇衢州刺史。"② 郑申官金华县丞，与《新表》小异。式瞻娶李氏，第五女即夫人。又郑倚《唐郑氏殇女权葬墓记》："荥阳郑氏殇女幼名三清，左监门兵曹则之之孙，婺州金华县丞申之曾孙。……父慈州刺史倚记。"③ 郑则之官职亦与《新表》有异。郑猗作郑倚，官慈州刺史。

九臣，山茌令
子春，监察御史
季札

新表：第 3330 页

【校补】据崔沆《唐故魏州元城县主簿卢府君夫人荥阳郑氏墓

---

① 齐运通编：《洛阳新获七朝墓志》，第 379 页。
② 齐运通编：《洛阳新获七朝墓志》，第 376 页。
③ 《补遗》第六辑，第 165—166 页。

志铭》："曾祖九臣，皇齐州山茌县丞。祖子春，皇陈州长史。父季札，皇沧州南皮县主簿。"[1] 郑九臣官职与《新表》小异。据墓志，可补子春、季札官职。卢府君名泙。

五、南 祖 郑 简 房

南祖郑简房世系亦见《新表》。除赵超《集校》已补充的之外，新发现墓志材料不多，仅补出三条。

孝德
君琏

新表：第 3334 页

【校补】据郑虔《大唐故江州都昌县令荥阳郑府君墓志铭》："君讳承光，字承光。……曾祖□，隋卫尉卿、绵州刺史。大父孝德，唐朝散大夫、云阳令、尚舍奉御。考君琏，唐左千牛、云麾将军、右卫郎将。"[2] 承光子郑晦，官陈州参军。

彦
景山，北齐雄毅将军
伯爱，郓州司仓参军

新表：第 3338 页

【校补】郑彦即郑贵宾，考证已见第一章。据崔行功《大唐故银青光禄大夫守司刑太常伯李公墓志铭》："夫人荥阳郑氏，魏鸿胪卿、荆州刺史贵宾之曾孙，光州刺史景山之孙，隋鄂州司仓伯爱之

---

① 《补遗》千唐，第 381 页。录文"札"作"扎"，手书木、扌不分。
② 《汇编》开元一九四，第 1292 页。

女也。"① 贵宾官荆州刺史,与《魏书》合。据墓志,可补景山、伯爱官职。伯爱女嫁司刑太常伯李爽。

宪,字均持	
颙,字廷美	

新表:第 3351 页

【校补】王令儒《唐故曹府君夫人荥阳郑氏墓志铭》:"夫人郑氏,其先荥阳人也。父讳宪,皇任宿州蕲县尉。"② 因生活时代大致吻合,此郑宪很有可能即是《新表》之郑宪。据墓志,可补其官职。

六、归 藏 房

《魏书·郑羲传》中并无归藏房,但到唐代林宝编撰《元和姓纂》时,北祖晔下却多出了第五房归藏,这确实令人有些困惑不解。不过,在唐代墓志材料中已发现有自称为北祖第五房的郑氏后嗣。这说明归藏房在唐代确实是存在的,唯一可质疑的就是他们是否真的是郑晔的后人。有可能该宗在唐初出现显宦,随之才与郑氏本宗确认并恢复联系。

现在所见到的有关该房的最早材料,是大约生活于开元年间的郑瑨。裴潾《故陕州芮城县尉李公夫人荥阳郑氏墓志铭》:"夫人讳绚,字绚,姓郑氏,荥阳开封人也。绛州闻喜县主簿瑨之女。族号北祖,房居第五。中外为氏姓之甲,壶则为当世之最。……以贞元

---

① 《汇编》总章〇二〇,第 493—495 页。
② 《续集》大中〇六七,第 1018—1019 页。

二年，遘疾终于渑池县之佛寺，享年六十五。"据此，夫人生于开元十年（722），其夫赵郡李茂成，是中宗宰相李怀远之侄孙。[①] 其后有郑昭远。皇甫弘《唐右卫仓曹参军崔君夫人荥阳郑氏墓志铭》："夫人荥阳郑氏，曾祖昭远，官至坊州刺史。坊州生嵥，官至越州长史。越州生俭，官至太子通事舍人。夫人即舍人之第二女也。……以大和五年四月二日终于东都集贤里之私第，享年廿有一。"[②] 据此，夫人当生于元和六年（811）。其曾祖昭远也大约生活于开元、天宝年间。又郑嗣恭《唐故卢氏夫人墓志铭》："夫人荥阳郑氏……十二代祖晔，事魏为汝阴太守，至十一祖兄弟七人，分为七房，而归藏公乃第五房也。……夫人即归藏公之后，曾祖昭远，仕至坊州长史。祖晖，越州长史。父僎，宣州溧阳县尉。夫人生于崔氏，亦蝉联之盛族。及既笄之年，适嗣恭外祖范阳卢公讳子誊。"[③] 据任官，嵥与晖为同一人。二子：郑俭、郑僎。此志言归藏房世系最为明确，但撰写时间已在《元和姓纂》编撰之后。

此外有郑嵘。崔倬《唐越州会稽县尉清河崔公夫人荥阳郑氏墓铭》："及乎浩汗派别，祖分南北，在北者鼎盖，尤为时重。季母实北祖第五房也。祖嵘，皇常州长史。父恪，皇试大理评事、岭南观察推官。"[④] 郑恪女嫁崔倬之堂叔。另一女嫁崔苣，崔倬《唐故将仕郎守江陵府江陵县尉清河崔公合祔墓志铭》："公娶荥阳郑氏，□大理评事恪之女也。"[⑤]

此外，还有郑溃一支。张玄宴《唐故楚州盱眙县令荥阳郑府君墓志铭》："府君讳溃，字信士，荥阳开封人也。识族望者曰北祖第

① 《补遗》千唐，第 326 页。
② 《汇编》大和〇四〇，第 2124 页。
③ 《汇编》大中一〇〇，第 2328 页。
④ 《汇编》大和〇九三，第 2162 页。
⑤ 《汇编》大中〇六三，第 2298 页。

五房。……曾祖晙，宝鼎县主簿。大父勖，永宁县主簿。严考由礼，襄城尉。……故相国崔公群姻族之中，幼所叹重。"郑渍（813—874）生子二：郑愔、郑刚。一女，嫁著作郎崔宏。[①]

此外还有郑枢，为其妻李氏撰《大唐郑氏故赵郡东祖李氏夫人墓志铭》，署"绛州刺史荥阳北祖第五房郑枢撰铭志"。[②] 李氏为李虞仲之女，李端孙女，其母是郭子仪曾孙女。郑枢初应进士举，李虞仲虽贵，门有纳采问名者众多，却将女托付于郑枢，少师崔龟从作媒。郑枢长男万九，应进士举；次男万十，乌江县主簿，早亡。有四女，次女嫁李磎。

以上诸宗之间的关系不能确定，姑且大体依生活时代排列归藏房世系如下：

表 2—4

晔			
归藏			
？			
？			
？			
？			
？			
？	？	？	
？	瑨	？	
昭远	绚*	？	
峰（晖）		嵘	

---

① 《汇编》咸通一一六，第2468—2469页。
② 《补遗》千唐，第407页。

俭	僎		恪	
崔某妻	卢子蕃妻		崔某妻	崔芑妻

(续前)

?			?		
?			?		
畯			?		
勋			?		
由礼			?		
渍			枢		
憎	刚	崔宏妻	万九	万十	李碏妻

七、其 他 房 支

　　郑荣业房　郑荣业与郑伟共同举兵西附,已见第一章。洛阳发现其曾孙郑智墓志。《唐故郢州司仓郑公墓志铭》:"君讳智,字能愚,荥阳人也。……高祖荣业,隋易、郑、豫州刺史,金紫光禄大夫、清河公。生隋主爵侍郎、陕东道大行台、银青光禄大夫、临汾侯道钦。道钦生唐通事舍人、朝散大夫、绛州正平县令弘祚。公即正平第四子也。"① 郑智（619—680）初选为高宗长子李弘属官，后坐上官仪亲党，贬忻州司仓，终官郓州司仓。娶河东薛氏，嗣子郑选之。

该房的世系是：

表 2—5

荣业
道钦
弘祚
智
选之

郑演房 郑演原系荥阳人，北魏时官彭城太守，遂迁居彭城，已见第一章。演六世孙名孝通。樊衡《大唐故朝散大夫行太子典膳郎荥阳郑府君墓志铭》："君讳曜，字隐之，荥阳开封人也。……九世祖演，彭城太守，望蔡侯。传侯业至曾祖孝通，始为天子大夫，仕至瀛州任丘令。祖祖崇，庆州弘化令。父璥，隰州大宁令。……公即大宁府君之第二子也。"② 孝通又见郑日成《大唐故右骁卫仓曹参军荥阳郑府君墓志铭》："府君讳齐闵，字藏诸，荥阳开封人也。皇朝瀛州任丘县令孝通之曾孙，尚书右丞祖玄之孙，今赵州别驾玠之元子。"③ 据墓志，可知孝通有二子：祖玄、祖崇。郑祖玄雅善文

---

① 毛阳光、余扶危主编：《洛阳流散唐代墓志汇编》，第 96 页。
② 齐运通编：《洛阳新获七朝墓志》，第 246 页。
③ 《汇编》开元五〇〇，第 1499 页。

学，高宗时由薛元超举荐为崇文馆学士。[①] 仪凤元年（676）十二月，以国子司业为江南道大使。[②] 官至尚书右丞。祖玄一女嫁陇西李延光。《唐故中散大夫涪州刺史上柱国李府君墓志铭》："夫人荥阳郑氏，太子谕德祖玄之女。"[③]

祖玄子郑珏官赵州别驾、涪陵太守。子郑齐闵（649—739），解褐宁王府参事，补右骁卫仓曹参军。娶赵郡李氏。齐闵弟晋客，晋城主簿。并见郑日成所撰墓志，署"从父侄前乡贡进士日成撰"，或为晋客之子。郑珏一女名柔则（714—742），嫁睢阳司士参军张某。房垂《大唐睢阳郡司士参军张君夫人荥阳郑氏墓志铭》："夫人讳柔则……曾祖孝通，唐瀛州任丘县令。……烈祖祖玄，唐礼部侍郎、尚书右丞、太子谕德。……父珏，赵郡别驾、涪陵郡太守。……夫人即太守第三女也。"[④]

祖玄另一子名郑珝。杨无朋《唐故度支云安都监官试大理评事兼监察御史郑府君墓志铭》："公讳锴，字公武。……四代祖讳祖玄，皇朝尚书右丞、弘文崇文馆学士。曾祖讳珝，皇库部员外郎。祖讳楚客，皇银青光禄大夫、金部郎中，历河南令、司农卿、庆王傅。父讳日超，皇大理评事、潞府法曹参军。"[⑤] 又崔颢《唐故太子洗马荥阳郑府君墓志铭》："公讳齐望，字齐望。……泊瀛州任丘县令孝通，公之曾祖。尚书右丞、礼部侍郎、昭文崇文馆学士祖玄，公之大父。尚书库部员外郎、赠考功郎中，公之烈考。……公即考

---

① 《旧唐书》卷七三《薛收传》附子元超，第 2590 页。崔融《大唐故中书令赠光禄大夫秦州都督薛公墓志铭》："疏荐郑祖玄、贺敳、沈伯仪、郑玄挺、颜强学、杨炯、崔融等十人为崇文学士。"所列人数较《薛收传》为多，均以郑祖玄为首。《续集》垂拱〇〇三，第 280 页。
② 《资治通鉴》卷二〇二，第 6382 页。
③ 《续集》开元〇二九，第 472 页。
④ 齐运通编：《洛阳新获七朝墓志》，第 238 页。
⑤ 毛阳光、余扶危主编：《洛阳流散唐代墓志汇编》，第 554 页。

功郎中之元子。……始以进士及第，一拔萃，三应制，并升高等。"① 齐望（676—720）即翊长子，进士及第，先后举词擅文场、学该流略，拜右补阙内供奉，迁著作佐郎、太子洗马。有文集二十卷。墓志称"自在众职，倾心结士，京都词人，多为食客"。兄弟七人，并居台省。《全唐文》存《对归胙判》一篇。② 嗣子郑日进，官监察御史。据《郑齐丘墓志》，又为河南县主簿。

又崔沔《唐故朝请大夫守都水使者荣阳郑府君墓志铭》："公讳齐丘，字千里。……曾祖孝通，皇朝瀛州任丘县令。祖祖玄，国子司业、太子右谕德、昭崇两馆学士。父翊，尚书库部员外郎。"③ 郑齐丘（680—724），制举贤良方正及第，授秘书省校书郎，迁协律郎。又制举词弹文律，独升上第，拜詹事府司直。迁著作佐郎，判礼部员外郎、起居舍人。左迁亳州别驾，征拜都水使者。二子：赵八、日新。

《太平广记》引《广异记》："郑齐婴，开元中为吏部侍郎河南黜陟使。"④ 齐婴亦为郑翊子。杜说《唐故检校尚书户部员外郎荣阳郑府君墓志铭》："公先君曰齐婴，皇吏部侍郎。……公讳日华，字重光。"⑤ 郑日华（733—785）以门荫补右千牛备身，历武功主簿，转长安尉，朔方节度使路嗣恭辟为判官。⑥ 除河南府士曹参军，转运使刘晏以其主东都常平。娶京兆杜氏，有四女一男。一女嫁商州刺史兰陵萧某。⑦

---

① 《补遗》千唐，第 218 页。又见赵文成、赵君平编选：《新出唐墓志百种》，第 192 页。
② 《全唐文》卷四〇一，第 4100 页。
③ 《补遗》第八辑，第 20 页。
④ 《太平广记》卷三五八，第 2832 页。
⑤ 齐运通编：《洛阳新获七朝墓志》，第 289 页。
⑥ 《旧唐书》卷一一《代宗记》：永泰元年闰十月，刑部侍郎路嗣恭充关内副元帅，"兼知朔方节度等使"。第 281 页。
⑦ 《续集》元和〇四〇，第 828 页。

郑玶另一子郑楚客，官金部郎中；子日超，官大理评事、潞府法曹参军；日超子郑锴（759—830），并见杨无朋撰墓志。郑锴工诗，尤善五言。官度支云安都监，"大张盐本，善价沽之，欠官通者悉填，鬻私盐者失业"。娶清河崔氏，处州刺史崔潜女。三子：郑戎、郑弘易、郑弘简。戎、弘简早夭，弘易官沁州刺史。一女嫁弘农杨无朋。另有子三人非崔氏所出：弘规、弘矩、弘信。女二人。

郑祖崇官庆州弘化县令。子郑璬，官隰州大宁县令。郑璬二子，长子名不详，次子郑曜。郑闽《大唐故朝散大夫太子典膳郎荥阳郑府君故夫人陇西县君李氏墓志铭》："我先考讳曜，荥阳开封人也。"① 志称"堂弟闽昼夜号哭"，当是璬长子之子。郑曜（689—745）解褐相州滏阳县尉，拜济州平阴令，摄封丘、襄城、长社三邑，后假闲职，为太子典膳郎。郑曜素好释氏，从嵩山寂公游。② 并见樊衡所撰墓志。郑曜娶陇西李氏元懿女，七代祖冲。有六女一子，见郑闽所撰李氏墓志。子郑闽。王公亮《唐故河南府伊阳县令荥阳郑府君墓志铭》："公讳闽，字清，荥阳开封人也。……祖璬，皇太中大夫、隰州大宁县令。父曜，皇朝散大夫、太子典膳郎。"③ 郑闽（730—800）补太庙斋郎，授杭州盐官县主簿，入江南西道节度元载幕，任江阴、海陵令，除润州司户参军。又为韩滉辟为府从事，表授大理司直。窦参领度支盐铁转运使，擢为著作佐郎，于庐、寿州分管盐务。④ 闽娶陇西李氏，四子：师贞、师俭、师仁、师古。女二人。

① 齐运通编：《洛阳新获七朝墓志》，第279页。
② 寂公当指嵩山普寂，神秀弟子，见《景德传灯录》卷四。郑曜殁于长安兴唐寺，即普寂晚年所居及圆寂之寺。
③ 《补遗》千唐，第299页。
④ 《旧唐书》卷四九《食货志》，韩滉殁，窦参代之领度支盐铁转运，在贞元元年，第2118页。

郑演房虽先世迁居彭城，但入唐后均自称荥阳开封人。虽为旁支，而在禁婚令颁布后反认同于本宗。该房的世系是：

表 2—6

演							
?							
?							
?							
?							
?							
孝通							
祖玄							
珝							
齐望	齐丘		齐婴	楚客			
日进	赵八	日新	日华	日超			
			萧某妻	锴			
				戎	弘易	弘简	弘规

(续前)

续　表

			玠			李延光妻
			齐闵	晋客	柔则*	
			日成？			
弘矩	弘信	杨无朋妻				

（续前）

祖崇					
璥					
？	曜				
阖	闉				
	师贞	师俭		师仁	师古

　　郑伯远房　郑伯远不见于其他史料。《大唐故瀛州束城郑明府君墓志铭》："君讳赡，字行该，荥阳荥泽人也。……曾祖伯远，北齐员外散骑常侍、太尉谘议参军、司徒左长史。祖子仁，齐通直郎。父植，皇朝历屯田都官、司勋左司郎中、长安县令、将作少

· 107 ·

匠、检校太常少卿。"① 子仁又见马怀素《大唐大理卿崔公故夫人荥阳县君郑氏墓志铭》："故代为荥阳郡人焉。曾祖子仁,齐通直郎。祖植□朝司勋、左司工部郎中、长安令、将作少监、检校太常少卿。父行宝,詹府司直□勋员外郎。"② 又《大唐故并州乐平县主簿陇西李公夫人荥阳郑氏墓志铭》："夫人郑氏,荥阳郡也。曾祖子仁,齐通直郎、散骑常侍。祖植,唐将作少匠。父行均,唐潞州司法参军事。"③ 可知伯远子郑子仁,齐通直郎。子仁二子,一子郑植,唐长安县令、将作少匠。郑植四子。郑赡(630—689),字行该,以门荫调左卫翊卫,迁左金吾卫引驾。又厕于文场,应八科举,授英王府法曹参军,转太子詹事府主簿。因事左贬,官瀛州束城县令。娶渤海封氏,淮南大长公主驸马都尉蒋公之女。④ 行宝,官詹府司直、司勋员外郎,一女嫁大理卿崔某。行均,官潞州司法参军,一女嫁并州乐平县主簿陇西李容。另一子行恂,官宁州某县令。《唐故宣德郎洛州阳翟县尉卢府君夫人荥阳郑氏墓志铭》："夫人荥阳郑氏,散骑常侍子仁之曾孙,□□□□□中长安县令之孙女。父行恂,宁州□绥县令之长女。"⑤ 女嫁阳翟县尉卢仲璠。

子仁另一子郑俭,德州录事参军。《唐故河南府寿安县令郑府君墓志铭》："公讳元争,字元争,荥阳人也。……曾祖子仁,北齐通直郎。大父俭,皇朝德州录事参军。王父行庄,皇朝晋州神山主簿。"⑥ 郑俭子行庄,行庄子元争(663—725),初为密州司法参军,

① 《补遗》第六辑,第330页。
② 《汇编》开元〇六〇,第1196页。
③ 《补遗》第八辑,第349页。
④ 《旧唐书》卷六三《封伦传》:"封伦字德彝,观州蓨人也。……子言道,尚高祖女淮南长公主,官至宋州刺史。"即此蒋公。第2395—2398页。
⑤ 《续集》天宝〇六四,第627页。
⑥ 《补遗》千唐,第151页。

历右骁骑卫曹、右宗卫长史，并杨二府士曹。迁汾州介休令、河南府巩县令。四子：郑琏、郑球、郑瑱、郑璀。郑璀遭遇安史之乱，子郑璘、孙郑巳、曾孙郑恕己（？—856）皆不仕，居定州，贯属中山。《唐故郑府君墓志铭》："公讳恕己，字恕己，贯属荥阳郡。……曾王父讳璀，祖王父讳璘。父巳，道高不仕，性慕山泉。"恕己娶平卢邵氏，子郑係敷。志称"或亲播植，上承贵地，下引芳苗"，以务农为生。①

该房的世系是：

表 2—7

伯远							
子仁							
植				俭			
赡	行宝	行均	行恂	行庄			
	崔某妻	李容妻	卢仲璠妻	元争			
				琏	球	瑱	璀
							璘
							巳
							恕己
							係敷

郑逊房　郑逊，隋鸿胪卿河南公，《隋书》不载。该房发现三方墓志。《大唐蜀州唐安县令李君故夫人郑氏墓志铭》："夫人荥阳开封人也。曾祖逊，淅阳郡太守、河南郡开国公。祖福祥，殿中

① 《汇编》大中一二一，第 2346 页。

丞、唐州刺史。父方乔，朝散大夫、始州临津县令。"① 郑方乔，又见独孤良弼《并州太原县令路公神道碑》："公讳太一……夫人荥阳郑氏，始州临津县令方乔之女，礼部侍郎温琦之妹。"② 郑逊子福祥，唐州刺史。福祥子方乔，始州临津县令。方乔二子：温琦、温球。二女，一嫁唐安县令李某，一嫁太原县令路太一。开元十三年（725）玄宗亲择刺史，凡十一人，礼部侍郎郑温琦为邠州刺史，诏宰相、诸王、御史以上祖道洛滨。③ 郑温琦二女，长女（697—759）嫁赵郡李宁。《故右领军卫仓曹参军李宁故妻荥阳郑氏墓志铭》："夫人郑州新郑人也，即故礼部侍郎郑温琦之长女，故太常少卿李颙之长新妇。"④ 另一女嫁杜钑。米乘《大唐故右领军卫仓曹参军杜府君墓志铭》："府君讳钑，字钊。……夫人荥阳县太君郑氏，即礼部侍郎温琦之女。"⑤

郑温球（669—726）官至宁州丰义县令。卢兼爱《大唐故宁州丰义县令郑府君墓志铭》："荥阳府君讳温球，字耀远。……曾祖逊，隋鸿胪卿河南公。祖福祥，皇唐州刺史。父方乔，始州临津县令。"⑥ 解褐虢州玉城县丞，入"监军御史元公"幕。⑦ 转蒲州汾阴尉，补宁州丰义县令。子七人：郑缤，绛州翼城主簿；郑兼，汴州开封主簿；郑揆、郑充、郑收、郑孚、郑回。

该房的世系是：

---

① 毛阳光、余扶危主编：《洛阳流散唐代墓志汇编》，第 186 页。
② 《全唐文》卷六二〇，第 6260 页。
③ 《新唐书》卷一二八《许景先传》，第 4465 页。
④ 《补遗》第七辑，第 390 页。
⑤ 《续集》大历〇一二，第 700 页。
⑥ 《汇编》开元二五八，第 1334 页。
⑦ 元公当为元行冲。《旧唐书》卷一〇二《元行冲传》："开元初，自太子詹事出为岐州刺史，又充关内道按察使。行冲自以书生不堪搏击之任，固辞按察，乃以宁州刺史崔琬代焉。"第 3177 页。

表 2—8

逊								
福祥								
方乔								
温琦		温球					李某妻	路太一妻
李宁妻	杜钣妻	缤	兼	揆	充	收	孚	回

郑休明房　该房发现两方墓志。郑休明亦不见唐以前史籍。《大唐故朝议大夫守刑部侍郎郑公墓志铭》："公讳肃，字仁恭，荥阳开封人也。……曾祖休明，后魏通直散骑常侍、阳夏郡守。祖弘直，北齐西北行台郎中、安平郡守。父赟道，隋安宜县令、庐江郡丞、同安郡通守。"[1] 休明为郑肃曾祖。郑肃（608—683），字仁恭，解巾以秀才拜定州恒阳县尉，授雍州始平县尉，以甲科除简州录事参军。迁监察御史，徙殿中侍御史，除侍御史，转司元员外郎，为司平大夫，拜司刑大夫，除大理正，迁大理少卿，官至刑部侍郎。《资治通鉴》高宗调露元年（679）《考异》引《御史台记》："郑仁恭，本荥阳人也。自监察累迁刑部郎中。仪凤中，明崇俨以奇术承恩宠，夜遇刺客。敕三司亟推鞫，妄承引，连坐者甚众。高宗怒，促有司行刑。仁恭奏曰：'此辈必死之囚，愿假其数日之命。'高宗曰：'卿以为枉邪？'仁恭曰：'臣识虑浅短，非的以为枉，恐万一非实，则怨气生。'遂缓之。旬馀，果获贼矣。"[2] 据任官，即郑肃。前志称肃有子思晦，另一子名思质。思质子观艺，观艺子郑瑶。《唐故吏部常选荥阳郑公墓志铭》："公讳瑶，字瑶，荥阳开封人也。

---

[1] 《汇编》嗣圣〇〇二，第712页。
[2] 《资治通鉴》卷二〇二，第6390页。

刑部侍郎仁恭之曾孙，太庙令、闽州别驾思质之孙，尚书屯田郎中彭州长史观艺之次子。"[1] 郑瑨（694—732）以荫补左卫勋卫，随父至西蜀。季弟郑琇，蓨县尉。子郑伽陁。该房的世系是：

表 2—9

休明			
弘直			
赟道			
肃（仁恭）			
思晦	思质		
	观艺		
	？	瑨	琇
	伽陁		

　　郑景房　该房发现两方墓志。《大唐故右武卫大将军使持节都督凉甘肃伊瓜沙等六州……郑府君墓志铭》："公讳广，字仁泰，荥阳开封人也。曾祖景，齐金紫光禄大夫、阳平太守、荥阳郡公，赠司州刺史。……祖继叔，齐□阳王记室参军。……父德通，隋□州录事参□皇朝赠使持节平州诸军事、平州刺史。"[2] 郑仁泰（601—663）玄武门之变时与长孙无忌等九人入玄武门讨建成、元吉。[3] 墓志称"公奉睿略于小堂，肃严诛于大义，二凶式殄，谅有力焉"。显庆五年（660）左武卫大将军郑仁泰败悉结、同罗等，龙朔元年

---

① 《汇编》天宝〇〇九，第 1537 页。
② 《汇编》麟德〇一八，第 406 页。
③ 《旧唐书》卷六五《长孙无忌传》，第 2446 页。

（661）为铁勒道行军大总管，与铁勒战于天山，败之。^① 志称有子山雄。另一子名玄果。《大唐故右卫中郎将兼右金吾将军同安郡开国公郑府君墓志铭》："公讳玄果，荥阳开封人也。其先祖仕魏，名高当代，功冠朝伦，时岛夷弗庭，貂戈未戢，乃辍为东光侯，镇诸沧海。于今裔胄，尚守其业。祖德通……父仁泰……卒于凉州都督，谥曰襄。"^② 志称其祖先辍为东光侯，按《晋书·地理志》，东光属勃海郡。盖其祖先所占籍。郑玄果（623—685）起家长孙皇后挽郎，官伊州长史、代州司马，除尚乘奉御、右卫翊府中郎将。娶元氏，魏南安王祯七代孙。长子阆州晋安县令某。

该房的世系是：

表 2—10

景	
继叔	
德通	
仁泰	
山雄	玄果

　　郑遵道房　该房发现两方墓志。郑蔵《有唐故特进检校左散骑常侍驸马都尉赠工部尚书荥阳县开国公郑府君墓志铭》："公讳沛，荥阳开封人。……五代祖遵道，后魏金紫光禄大夫、驸马都尉、北齐兖府长史、河间郡公。……高祖世敏，隋果州刺史。……曾祖敬玄，贞观中光禄大夫、齐博二州刺史、驸马都尉。……祖克俊，银青光禄大夫、潞州大都督府长史。……父子羔，仪王府谘议参军。……

① 《新唐书》卷三《高宗纪》，第60—63页。
② 《汇编》开元〇一一，第1157页。

至德初，肃宗皇帝以爱女之重，详求明哲。"①《唐会要》卷六公主：
高祖十九女，安定降温挺，后降郑敬元（玄）。肃宗七女，宜宁降
郑沛，封纪国。② 敬玄为郑沛（738—796）曾祖。泾原之变，沛不
受伪署，奔命行阙。志称："自元魏宅中壤，定氏族，虽始之以班
秩，实终之以闺风。其有婴于时议、尘于时点者，则不得婚媾皇
家。以为门户升降，自兹厥后，咸以尚主为荣。则公之门，斯为大
矣。数百年间，连华不绝。"可见该家族特重与皇室联姻，并将这
一传统追溯至北魏郑羲。郑沛之子郑何（781—824）。吕温《大唐
故纪国大长公主墓志铭》："公主讳淑，字上玄。……肃宗宣皇帝之
第六女。始册宜宁公主，贞元二年改封纪国。……乾元二年，年二
十有四，许笄从周……以降于驸马都尉荥阳郑君曰沛，官至特进、
左散骑常侍。……一男曰何，茂学懿文，凤成时秀，选尚顺宗次
女、晋安长公主，拜驸马都尉、秘书少监。"③奚敬玄《□□故银青
光禄大夫检校左散骑常侍兼少（中泐）墓志铭》："公讳何，字弘
度，其先荥阳人也。曾王父克俊。……大王父子羔。……父沛，特
进、驸马都尉、检校右散骑常侍……选尚纪国公主。公纪国之嗣子
也。……选尚咸宁郡主，除检校赞善大夫。"④ 顺宗即位，咸宁进封
普安公主。穆宗和亲回鹘，嫁太和长公主，郑何奉命为使，普安公
主奉诏同行。郑何为郑沛之子、肃宗之外孙，普安公主为肃宗之玄
孙，是郑何为普安公主姑表叔祖。此唐皇室论婚不讲行辈之例。

该房的世系是：

① 《补遗》第七辑，第70页。郑克俊，又见《建康实录》卷七天阙山仙窟寺，"窟有一
　石钵盂……唐神龙初，郑克俊取将入长安"。北京：中华书局1986年，第191页。
② 《唐会要》卷七，第63、64页。
③ 《补遗》第七辑，第80—81页。文亦见《全唐文》卷六三一，然人名缺书。
④ 《补遗》第八辑，第139页。

表 2—11

遵道
世敏
敬玄
克俊
子羔
沛
何

　　郑敬爱房　该房的材料有郑淰《唐故左武卫郎将河南元府君夫人荥阳郑氏墓志铭》：“夫人郑氏，荥阳人也。左卫兵曹敬爱之孙，陕州平陆县令岳之长女。……适河南元镜远。”夫人（707—769）卒大历四年，年六十三。[①]李宗衡《唐右庶子韦公夫人故荥阳县君郑氏墓志铭》：“曾祖敬爱，皇朝润州曲阿县令。祖峻之，宋州下邑县令。父淰，亳州鹿邑县丞。世甲于婚姻，而不以轩裳为务，故官不至大。洎伯兄述诚、仲氏元均、叔氏通诚，皆懿以辞才，继登进士第于太常。”[②]《全唐文》卷五〇六有权德舆《唐故朝议大夫太子右庶子上柱国赐紫金鱼袋韦君墓志铭》，名韦聿，即夫人（741—808）所嫁。韦聿之弟即韦皋。卢传《唐故汴州司士参军荥阳郑君墓志铭》：“君讳抱素……曾王父峻之，皇宋州下邑县令。王父淰，皇亳州鹿邑丞。烈考讳遵诚，皇和州司马。”[③]郑抱素（791—853）擢孝廉，调补越州参军，迁润州丹徒主簿。娶河东裴氏。二子：郑廙、郑麾。一女。

---

① 《全唐文》卷四四〇，第 4486 页。又见《汇编》大历〇一六，第 1770 页。
② 《补遗》第七辑，第 79 页。
③ 《补遗》千唐，第 385 页。

该房的世系是：

表 2—12

敬爱					
岳	峻之				
元镜远妻	泚				
	述诚	元均	通诚	遵诚		韦聿妻
				抱素		
				廙	庬	

郑馀庆房　　该房发现两方墓志。裴俶《大唐故尚书祠部员外郎裴公夫人荥阳郑氏墓志铭》："夫人姓郑氏，其先荥阳开封人也。……曾祖馀庆，皇监察御史。祖讷言，皇吏部郎中。父希甫，皇尚乘奉御，赠太常少卿。"景龙三年（709）中宗有事于郊庙，夫人年未十岁，以恩泽戚属，选为皇后斋郎，恩诏赐一官，夫人请让大父。[①] 夫人（704—755）嫁祠部员外郎裴某，子裴俶。其曾祖馀庆生活时代在初唐，非宪宗宰相、郑茂房之馀庆。又班蒙《唐故美原县令班府君夫人荥阳郑氏玄堂志》："夫人讳珪，字珪……曾祖馀庆，皇监察御史。祖释言，皇晋州临汾县尉。父瑨，皇凤翔府普润县令。"夫人（781—855）嫁班某，其侄班蒙。[②] 据任官等，释言应是监察御史郑馀庆另一子。但郑珪生年晚于裴某夫人近八十年，年代相差似不应如此之大。

该房的世系是：

---

① 《续集》天宝一〇八，第 660 页。《旧唐书》卷七《中宗纪》：景龙三年，"十一月乙丑，亲祀南郊，皇后登坛亚献。……京文武三品已上赐爵一等，四品已下加一阶。"第 148 页。郑希甫可能与韦后有亲戚关系。

② 齐运通主编：《洛阳新获七朝墓志》，第 360 页。

表 2—13

馀庆	
讷言	释言
希甫	璔
裴某妻	珪*

郑达房　该房亦发现两方墓志。郑璈《大周故黔州石城县主簿郑君墓志铭》："君讳遭，字怀遇，荥阳开封人也。……祖达，北齐奉朝请，清河王府功曹参军，太子舍人，兖州别驾、汝南、彭城二郡守。父才，隋建节尉、司隶从事、贝州宗城县长，唐上仪同、大将军、荥阳县开国侯。"[①] 郑遭（617—679）解褐为滕王府执乘，上元二年（675）五十九岁时调石城县主簿。一生只任此二职。娶九门贾氏，四子：郑琰、郑瑶，早卒；郑璲，稷州奉天县尉；郑瑊，岷州参军。犹子郑璈。[②] 又韦良嗣《唐故朝议郎德州司仓郑君墓志铭》："君讳元璲，字元璲，荥阳开封人也。……盖有隋之彭城太守荥阳侯曰达，君之曾也。有唐之上仪同大将军曰管才，君之大父也。黔州司武曰遇，君之皇考也。"[③] 元璲（653—725）即前志之郑璲。其父遇，亦即郑遭。管才，据任职即前志之郑才。元璲以明左氏学，射策甲科，初补尉氏主簿，历奉天、同官二尉，转汝州司兵，左降德州司仓参军。志称其孤早夭，亦不记其所娶。

该房的世系是：

---

① 《汇编》圣历〇五二，第 966 页。
② 郑演房祖崇有子郑璈，时代亦相合，未知是否为同一人。
③ 《汇编》开元二一九，第 1307 页。

表 2—14

达				
才（管才）				
遘（遇）				？
琰	瑶	璲（元璲）	瑊	璬

以上各房支与荥阳郑氏三祖七房的关系，如果有新的材料发现，也许能够进一步得以证实。不过，各篇墓志均出于禁婚令颁布以后，如《新唐书》所谓"天下衰宗落谱，昭穆所不齿者，皆称禁昏家"，因此也不排除其中有可能存在冒认本家的情况。

第三章　荥阳郑氏人物的宦历与生活

　　通过以上调查可见，到了唐代，荥阳郑氏家族的绝大多数成员都是选择通过科举进入官场。只有在唐初阶段，郑仁泰和襄城公房的郑歆等个别人曾担任武职。同为襄城公房的郑仲连及其子嗣，在大历以后藩镇称雄、战乱纷扰中，"卷废典谟"而出任幕府武职，并不具有代表性。[①] 该家族在北朝曾有的尚武色彩已完全褪去。除科举外，该家族中也有一小部分人依靠门荫，充任诸卫、挽郎等，进入仕途。但也有像襄城公房的郑翰那样，以门荫入仕，又试策中第。在进入仕途后，他们一生所任官职，最少的只有一任或两任，一般在四、五任以上。但大部分人的终官都是县令甚至县尉一级，而且不乏偏远的中下县。除了《新表》列出的九位宰相之外，其他作到刺史、省郎以上官位的也只有少数人。像郑齐望"兄弟七人，并居台省"，是仅见的例子。这种高官地位能够实现代际传递的，

---

① 《续编》大中〇三九康齐思《唐故天平军左厢营田兵马使银青光禄大夫检校太子宾客上柱国郑公墓志铭》墓主郑恭楚字君武，世为武职，然其世系不明。第997页。

也很少见。除了《新表》所收郑茂房、南祖房的几个宰相之家外，只有郑杲—郑放—郑毓、郑叔则—郑绅、郑繇—郑薰、郑旷—郑云逵、郑祖玄—郑珝—郑齐丘兄弟等几例。

这种情况表明，就入仕途径和履历而言，郑氏家族与唐代其他士人家庭没有明显不同。只有个别房支，因与李唐皇室有姻亲或其他特殊关系，如平简公房的郑万钧—郑聪、郑遵道房的郑敬玄……郑沛—郑何，以及跻身太宗亲信集团的郑仁泰，有条件享有某些贵族特权。其他绝大多数人都只能走科举进身之路，其中的绝大多数人也只能止步于六品以下官阶，无论哪一房支都无法长期维持比较显赫的地位，常常会陷入经济上的拮据状态，印证了所谓"草泽望之起家，簪绂望之继世。孤寒失之，其族馁矣；世禄失之，其族绝矣"之说。旧的门阀郡姓到唐代确实只保留了一种身份标识的作用，不能直接变换为现实的政治经济利益。但也正因为如此，人们才会尽最大可能利用这种标识所能带来的任何好处。于是山东大姓才会厚求财货而许婚，衰宗落谱也才会纷纷冒认本宗。

一、家族成员的入幕经历

像唐代科举入仕的很多士人一样，荥阳郑氏家族也有很多成员有入幕经历。由于唐代方镇使府均自行奏授任命僚佐，这些僚佐不仅有正式品级而且通常带朝衔，甚至兼任州县长官，也由于士人在吏部守选过程十分漫长、晋升机会渺茫，而入幕可以使士人立刻摆脱生活困境，而且还有助于他们回朝升迁，所以很多人在仕途的某一阶段，如遇到好的机会，常常会选择到幕府任职，"游宦之士，至以朝廷为闲地，谓幕府为要津，迁腾倏忽，坐致郎省"。①　也有像郑锴那样，应进士举不第，后"寓职以请缗，名挂度支，巡于坤院"。②　在以上调查中，郑氏家族成员中，可以确认，共有四十馀人有出任幕府僚佐的经历。他们的科第出身、出任的方镇，及幕主、所充任的幕职等，均见附表。

如上所述，荥阳郑氏成员的一般仕宦情况并没有明显的特殊性，因此该家族成员的入幕经历也可视为士人入幕情况的一个样本。他们的入幕动机和方式，在选择幕主时是否有地区、人事的倾向性，随后的出路如何，也有助于我们了解唐代士人入幕的一般情况。

以安史之乱为界，唐王朝的使府设置有根本性的变化。唐初只在对外作战时临时设立使府，"戎平师还，并无久镇"。③　景云二年（711）始议设都督府，在开元年间发展为缘边节度使，开元末期又设立具有行政督察权的采访使。到安史之乱爆发后，不但内地设节度使，而且与担当行政监察职能的观察使逐渐合而为一，发展为后来的藩镇。荥阳郑氏家族有成员在早期参加过对外作战中临时设立的使府，更多的是在大历以后加入各地的藩镇。不过，这些藩镇主帅的身份及其与中央政权的关系并不一样。除了在安史乱前已奠定基本格局的西北和西南边疆御边型方镇外，其馀方镇可以大致划分为河朔割据型、中原防遏型以及东南财源型三种不同类型。④　第一类以河北三镇为代表，由安史旧部世袭镇帅，陷于割据状态，在德、顺、宪、穆几朝先后发生叛乱，因此也被视为叛镇。第二类位于中原地区，是唐王朝防御叛镇、控遏中原的主要军事力量所在，

---

① 王谠撰、周勋初校证：《唐语林校证》卷八，北京：中华书局1987年，第693页。
② 杨无朋：《唐故度支云安都监官试大理评事兼监察御史郑府君墓志铭》，毛阳光、余扶危主编：《洛阳流散唐代墓志汇编》，第554页。
③ 杜佑：《通典》卷一四八《兵序》，第3780页。
④ 参见张国刚：《唐代藩镇研究》，北京：中国人民大学出版社2010年，第42页以下。

因此不能不主要任用武人为镇帅，形成"以方镇御方镇"的局面，[①]
但主帅也不免会拥兵自重，又因主帅酷虐或兵将骄纵而屡有兵乱发
生。第三类位于东南地区，是唐王朝的重要财赋来源，主帅均由中
央任命文官担任，在很多情况下还成为宰相的回翔之地。

在郑氏家族成员中，郑云逵在大历中入幽州节度朱泚幕，"客
游两河，以画干于朱泚，泚悦，乃表为节度掌书记"，[②] 并以弟朱滔
女妻之。此时，河北诸镇的形势尚不明朗，朱泚意外获掌节度，率
先上表朝廷，并于大历九年（774）自领步骑入觐，请留京师。[③] 郑
云逵性格果敢，可能对形势的判断比较乐观，所以会有此大胆之
举，开始也深得朱泚赏识。但局势发展并非如他所料，朱滔代泚后
助田悦反叛，郑云逵谕之不从，遂果断弃妻子逃归长安。

此外还有郑澡，在大历初"偶因薄游，滞留河北"，成德军节
度使王武俊"采掇贤彦"，"且以荐用"，初授沧州长芦县尉，迁冀
州信都县尉，辟为节度巡官，贞元九年（793）卒于任上。[④] 王武俊
在建中三年（782）与朱滔、田悦合纵叛乱，到兴元元年（784）归
顺。郑澡虽为朝廷命官，但却无力自拔。墓志称："从建中初，镇
冀之间，自为一秦，颇禁衣冠，不出境界，谓其弃我而欲归还。府
君与夫人男女，戢在匪人之土矣。暂谓隔王化于三千里之外，离我
戚于五十年间，府君至于身殁，不遂却返。"其弟郑瓒亦为成德节
度属官。一直到元和十五年（820）王承元去镇州归国，其子郑杞
才携家人"扶舆出乎虎口"。[⑤] 郑澡也是在大历初到河北，接受了王

① 王谠撰、周勋初校证：《唐语林校证》卷八，第695页。
② 《旧唐书》卷一三七《郑云逵传》，第3770页。
③ 《旧唐书》卷二〇〇《朱泚传》，第5386页。
④ 《唐冀州阜城县令荥阳郑君墓志铭》，《汇编》贞元一一〇，第1916页。
⑤ 王球：《唐故冀州阜城县令兼□□□史赐绯鱼袋荥阳郑府君夫博陵崔氏合祔墓志铭》，
《汇编》大和〇四九，第2130页。

武俊的奏荐而任官。但他与郑云逵的情况还是有所不同，滞留下来，终于难以脱身。当时，安史叛乱初步平定，河北诸道归顺，大概很多人都没有料到此地会形成几十年的割据局面。郑溧所任官职较低，不像郑云逵那样有现实危险，没有很快离去，那知此后衣冠人士竟被禁止离境。以上二人应算是特例，自此以后很少会有士人再冒险前往河北投机。这也是韩愈之所以对董邵南选择往燕赵感慨不已的原因。[①]

另一个比较特殊的人物是郑晃（727—788）。墓志称其精于"阴阳图纬之经，易象精微之术"，"连率闻其风而悦之，访以机要。公算无遗策，言必中綮。当设伏宵军，决之暑候，公进以奇秘，授以神机，故得拾敌如遗，剪凶如草"。[②]据连率酬其以高邑尉、转赵州司法参军来看，此连率当是赵州长官。建中三年（782）成德军李惟岳叛，大将赵州刺史康日知以郡归国，王武俊杀李惟岳，朝廷分成德军为三，以康日知为深赵团练观察使。王武俊怒，遣大将张钟葵寇赵州，康日知击败之，斩其首上献。[③]墓志所述当是此期间战事。其人以阴阳奇术干献，所走的亦非正常仕宦之途。

经过宪宗时期的削藩，河北诸镇归顺。但到穆宗时，河朔再生变数。长庆中，郑道"旅游河朔，求其所伸"，被沧州节度使李全略"縻以军职"。[④]此时全略令子同捷入觐，"乃阴结军士，潜为久

---

① 韩愈：《送董邵南序》，马其昶：《韩昌黎文集校注》卷四，第247页。又，《汇编》贞元一二八《唐莫州唐兴军都虞候兼押衙试鸿胪卿郑府君墓志铭》墓主郑玉为唐兴军都虞候，唐兴军在莫州城内，属幽州节度使。郑玉世系不详，父祖皆为武职，与科第出身者不同。第1931页。
② 《大唐故赵州司法参军郑公墓志铭》，《汇编》贞元〇一九，第1850页。
③ 《旧唐书》卷一四二《李惟岳传》、《王武俊传》，第3869、3873页。
④ 《巨唐故平卢军节度同经略副使承务郎使左金吾卫兵曹参军荥阳郑公墓志铭》，见《补遗》第九辑，第404页。《旧唐书》卷一六《穆宗纪》：长庆二年二月，"沧州节度使王日简赐姓名李全略"。第495页。

计，外示忠顺，内蓄奸谋"，其属下"棣州刺史王稷善抚众，且得其心，全略忌而杀之，仍孥戮其属"。① 可见处境之险恶。墓志称主帅对郑逍"眷遇益深"，军门戎将"靡不趋敬"，而"寻以家私不便，封境多虞，罢职而南"。宝历二年（826）全略卒，同捷欲效河朔事，求代父任，据郡构逆，唐军进讨，逾年诛之。墓志对此含糊带过，不知郑逍在其中如何处身，罢职的具体时间亦不详。郑逍后又入平卢军节度使郑光幕，郑光以外戚贵显，为人鄙俚，唯对郑逍"恩礼转厚"，谓其"不独宗秀，实为国华"，大概因同宗而颇受关照，后官至校节度、同经略副使。

到中原方镇任职的不在少数。如郑忠佐，在弃官期间被滑州节度贾耽奏授河间尉，职参军务，大概是因为他此前曾有"参贰戎幕"的经历；但却非他本志，"盖以国士遇重而俯就焉"。② 又如郑叔规，在河东节度使马燧幕下任掌书记十年，时间当在建中至贞元年间。③ 马燧为当时名将，其间作为唐军主力先后平定河北田悦、朱滔叛乱，河中李怀光叛乱。掌书记是幕府中的重要文职，郑叔规任职长达十年，并擢为北都副守、绛州刺史，可见深受马燧信任。郑叔度任汴宋观察判官，充都统判官，职当副倅，深为节度刘玄佐亲重。④ 南祖房郑儋，贞元间为河东军司马，节度使李说卒后即授儋节度使。⑤ 又如郑鲂，元和年间到忠武军李光颜幕下任支度判官，并参与了讨淮西叛军之战。此外，如郑仲连，先后在河东节度使马

---

① 《旧唐书》卷一四三《李全略传》，第3906页。
② 卢时荣：《大唐故白马县尉郑府君墓志铭》，见《补遗》第八辑，第103页。
③ 王式：《唐故邵州郑使君墓志有铭》，《汇编》大中一三五，第2356页。
④ 崔邠：《唐故朝议郎都督夔州诸军事守夔州刺史赐绯鱼袋荥阳郑公夫人昌黎韩氏合祔墓志铭》，见《补遗》第九辑，第388页。《旧唐书》卷一四五《刘玄佐传》："诏加汴宋节度……赐名玄佐。"贞元八年卒，赠太傅。第3932页。
⑤ 韩愈：《唐故河东节度观察使荥阳郑公神道碑文》，《韩昌黎文集》卷六，第399页。《旧唐书》卷一四六《李说传》：说贞元十六年十月卒。第3959页。

燧、河阳怀州节度使元韶、孟元阳幕下充任武职，又在刘悟幕下任兵马使。[①] 南祖第四房郑当，文宗时被河阳三城节度杨元卿辟为营田巡官，又随元卿移镇汴州。[②]

时值战乱频仍，军务倥偬，藩镇内部亦动乱不断。[③] 在中原兵镇供职，即便是文职，无疑也需要相当出色的才干和临危处变的能力。例如刘玄佐卒后，将佐匿丧，德宗欲任命吴凑，玄佐子婿及亲兵拥立其子刘士宁，杀城将曹金岸等，唯行军卢瑗幸免。士宁随后又被大将李万荣所杀，其后部下作乱，万荣杀伤千馀人。墓志称郑叔度"道洽群帅，义孚豺狼，河朔谧清，氛祲不作，实翳公之略也"，具体情节不详，当躲过此难或已在此之前离开。

又如郑权，释褐泾原从事。[④] 节度使刘昌符病亟，请入觐，度军情必变，以权宽厚容众，俾主留务。待昌符上路，果然发生兵乱。郑权挺身入白刃中，抗辞喻以顺逆，杀首乱者数人，三军

---

① 史方蘧：《唐故昭义节度衙前先锋兵马使荣阳郑府君墓志铭》："遂谒河东节度使、侍中马公……署讨击使。会尚书元公韶拜河阳节度使……留署节度押衙。厥后右仆射孟公董戎三城，署公都虞候，转河清镇遏兵马使。……长庆中，相公彭城王刘公保釐东郊，镇抚襄国，署公先锋兵马使，俄迁泽州都虞候兼防城兵马使。"《汇编》宝历〇一九，第2093页。《旧唐书》卷一二《德宗纪》：大历十四年闰五月，"以河阳三城镇遏使马燧检校工部尚书，兼太原尹、御史大夫、北都留守、河东节度使。"第320页。卷一四《顺宗纪》：贞元二十一年二月，"以河阳三城行军司马元韶为怀州刺史、河阳怀州节度使。"同卷《宪宗纪》：元和元年九月，"河阳三城节度使元韶卒。癸酉，以陈州刺史孟元阳为怀州刺史、河阳三城孟怀节度使"。第405、412页。卷一六《穆宗纪》：长庆三年九月，"泽潞节度使刘悟进位平章事。"第503页。刘悟封彭城郡王，元和十五年入觐，移镇泽潞。
② 韦□：《唐故桂州员外司户荣阳郑府君墓志铭》，《汇编》开成〇三九，第2196页。《旧唐书》卷一七《文宗纪》：宝历二年五月，"以泾原节度杨元卿为河阳三城怀州节度使"。第520页。
③ 参见张国刚：《唐代藩镇研究》第五章《唐代藩镇的动乱特点》，及《唐代藩镇动乱年表》，第60、188页。
④ 泾原被归入边疆御边型方镇，参见张国刚：《唐代藩镇研究》，第45页。但其情况与中原军镇多有相同之处。

畏服。①

　　除以上两类方镇外，郑氏家族还有更多成员曾加入东南及其他各地的方镇。这些方镇的幕主一般为朝中大臣外任，所辟僚佐多是一时文士之选，或有其他亲故关系。其中进士出身的就有 17 人，郑敬、郑纲、郑当并登制科。受辟之士又多是某一方面的干才，除以文章见长外，如郑阐先后被元载、韩滉、窦参擢用，"纲辖以能闻"，"分管山海之务于庐、寿州"。② 转运使刘晏"搜才以济务"，任命郑日华主东都常平。③ 这些外放大臣主幕时间通常为一任，期满或回朝或转任。有些幕僚与幕主有私交，于是随幕主调任。如郑群，佐裴均于江陵；均入朝为尚书左仆射，郑群随之迁为虞部员外郎；均再镇襄阳，以群为副使。④ 郑易因与裴胄"有通世之好"，随其历湖南、江西、荆州幕。胄卒，"因府变而猜隙成"，郑易亦被贬官。⑤

　　出任幕府高层职位，如行军司马、副使、判官等，一般都得到幕主信任，而且有很好的仕途发展机会。在中原军镇，一种可能是，当幕主因故去世时可直接继任。"是时姑息四方诸侯，未尝特命帅守，物故即用行军司马为帅，冀军情厌伏。"⑥ 郑儋就因此继李说为河东节度使。而像郑权那样"得军情者"，也有机会超授官爵：

---

① 《旧唐书》卷一六二《郑权传》，第 4245 页。
② 王公亮《唐故河南府伊阳县令荥阳郑府君墓志铭》，见《补遗》千唐，第 299 页。
③ 杜说：《唐故检校尚书户部员外郎荥阳郑府君墓志铭》，见齐运通编：《洛阳新获七朝墓志》，第 289 页。
④ 韩愈：《唐故朝散大夫尚书库部郎中郑君墓志铭》，马其昶：《韩昌黎文集校注》卷七，第 517 页。
⑤ 李正辞：《唐故朝散大夫尚书工部郎中荥阳郑公墓志铭》，见齐运通编：《洛阳新获七朝墓志》，第 319 页。
⑥ 《旧唐书》卷一四六《严绶传》，第 3960 页。

"时天子厌兵，藩镇将吏得军情者，多超授官爵。"① 郑敬的经历则颇富戏剧性。他在山南西道节度使严震幕下任行军司马，"时使府有疾，朝廷阴诏监军使察人心归者，屡微讽于公。公自以为山东布衣，以文学自进，不愿苟于际会，别有所授，深拒之"。② 兵马使严砺因此获继任。砺在位贪残，士民不堪其苦。更严重的是，朝内谏官、御史以严砺除拜不当，集门下省共议，发论喧然。德宗遣三司使诘之，苗拯等多人皆被贬官。③ 郑敬大概也因此"深惧悔起，不敢赴朝廷"，携家人屏居渚宫四年。

另外一种情况就是回朝任职，顺利的话会有较多的升迁机会，如果原幕主入朝为相，则尤为有利。如裴均入朝为相，郑群亦随之入朝为郎官。郑日华主东都常平，"星岁再周，爰有兰省之拜"。④ 郑居中进士及第后任弘文馆校书、鄠县尉、集贤院校理，被王播辟为淮南节度使从事。入朝，以王播之力授监察御史，以不由御史大夫而除被中丞所拒，分司东都。⑤ 转右补阙、起居舍人、左司郎中。再被王起辟为襄汉节度行军司马，府罢，迁中书舍人。⑥

几位拜相的郑氏族人也有入幕经历。其中郑细被张延赏辟为西川节度书记，入除补阙、起居郎，在内职十三年。⑦ 郑馀庆为山南西道节度严震从事，入朝历左司、兵部员外郎，库部郎中，选为翰

① 《旧唐书》卷一六二《郑权传》，第 4246 页。
② 《唐会要》卷七六制科举，第 1389 页。
③ 《旧唐书》卷一一七《严砺传》，第 3407 页。
④ 杜说：《唐故检校尚书户部员外郎荥阳郑府君墓志铭》，见齐运通编：《洛阳新获七朝墓志》，第 289 页。
⑤ 《旧唐书》卷一六八《独孤朗传》："拜御史中丞……宪府故事，三院御史由大夫、中丞自辟，请命于朝。时崔冕、郑居中不由宪长而除，皆丞相之僚旧也。敕命虽行，朗拒而不纳……居中分司东台。"第 4382 页。
⑥ 高锴《唐故朝散大夫守中书舍人赠礼部侍郎上柱国赐紫金鱼袋荥阳郑府君墓志铭》，《补遗》第八辑，第 156 页。
⑦ 《旧唐书》卷一五九《郑细传》，第 4180 页。

林学士。① 郑畋释褐即为汴宋节度推官，授秘书省校书郎。此后被刘瞻辟为从事，入朝为虞部员外郎。又因党争不放入省，再出为从事。入朝由刘瞻荐为翰林学士，迁中书舍人，历任郎官、侍郎。②

当然，入幕之后仕途便一帆风顺的毕竟是少数。相反之例如郑当，"年未弱冠，誉洽公卿"，举进士，又中吏部博学宏词科，再中制举直言极谏。出为河阳三城节度营田巡官，随幕主杨元卿移镇汴州。元卿卒于镇，郑当此后只好参加吏部常调，授万年尉，"不幸为亲旧所累，贬桂州司户"，卒于贬所。③ 又如郑保玄，出任湖南观察使韩悰推官，寻改支使，"属戎律失守，遂左任随州员外司户"。④据《资治通鉴》大中十二年（858）五月丙寅记事："是日，湖南军乱，都将石载顺等逐观察使韩悰，杀都押牙王桂直。悰待将士不以礼，故及于难。"⑤ 郑保玄作为下属，负有连带责任。

中晚唐时期方镇奏荐官人数愈来愈多，挤占了吏部铨选名额，使吏部无阙可注，致使"贫弱者冻馁滋甚，留滞者喧诉益繁。至有待选十馀年，裹粮千馀里，累驳之后，方敢望官"。⑥ 在吏部守选无望的情况下，无论是科举及第者还是前资官，自然会选择争取方镇奏荐，也就是入幕。而其中的优秀人才，尤其是进士出身者，又往往成为各地方镇争相网罗的对象。入幕于是成为仕途发展不可少的

---

① 《旧唐书》卷一五八《郑馀庆传》，第 4163 页。
② 《旧唐书》卷一七八《郑畋传》，第 4632 页。
③ 韦□：《唐故桂州员外司户荥阳郑府君墓志铭》，《汇编》开成〇三九，第 2196—2197 页。
④ 毛阳光、余扶危主编：《洛阳流散唐代墓志汇编》，第 626 页。
⑤ 《资治通鉴》卷二四九，第 8070 页。韩悰，《新唐书》卷八《宣宗纪》作韩琮，卷六〇《艺文志》："韩琮，字成封，大中湖南观察使。"有诗一卷。第 1612 页。并见《唐诗纪事》、《唐才子传》。
⑥ 《唐会要》卷七四"论选事"宝历二年吏部奏，第 1342 页。有关奏荐制，参见王勋成：《唐代铨选与文学》，北京：中华书局 2001 年，第 212 页以下。

经历："今之俊义，先辟于征镇，次升于朝庭。故幕府之选，下台阁一等。异日入为大夫公卿者，十八九焉。"① 以上有入幕经历的郑氏人物在仕途发展上要更好一些，也完全在情理之中。

二、家庭伦理与家风

从以上调查来看，郑氏家族各房支、各家庭的经济状况显然存在不小的差距，同一家庭在不同阶段生活状况也会有很大变化。富贵者如郑齐望，"自在众职，倾心结士，京都词人，多为食客。尝决遣庶务，谈笑晏如。当是时，太夫人在堂，公有兄弟七人，并居台省。每长筵拜庆，印绶辉映。宾客参贺，车马盈门。廿馀年，光华不绝"。② 其家三世继为丞郎，行事亦颇为张扬。一般士族都有基本的道德观，不会在墓志中一味炫富。不过在史书中，也偶尔可见个别郑氏家族人物富裕的记载。《旧唐书·忠义传》李憕载："憕丰于产业，伊川膏腴，水陆上田，修竹茂树，自城及阙口，别业相望，与吏部侍郎李彭年皆有地癖。郑岩，天宝中仕至绛郡太守，入为少府监，田产亚于憕。"③ 郑岩属郑茂房，其父郑琰官止历城主簿，其家究竟是如何积聚起大量田产，不得而知。

但同为荣阳郑氏，贫困者如郑䜣，坐太子李重俊宫官被贬，"莅汴之后，每五岁不一转，每转又不迁。及暮年，尝欲乞骸骨，草表者数四。而亲族以公居官苦节，储无擔石，强请赴巴路"。④ 到

---

① 白居易：《温尧卿等授官赐绯充沧景江陵判官制》，谢思炜：《白居易文集校注》卷一二，第 564 页。
② 崔颢：《大唐故太子洗马荣阳郑府君墓志铭》，《补遗》千唐，第 218 页。
③ 《旧唐书》卷一八七，第 4889 页。
④ 《唐故通议大夫持节开州诸军事开州刺史上柱国荣阳郑氏墓志铭》，《汇编》开元四四〇，第 1459 页。

任不久，即寝疾而卒。更有像郑恕己那样，因"安史乱常，士庶流离，失其本末，或遁世山谷，或浪迹他邦，乃事农桑"，"或亲播植"。① 如果地位进一步下降，后裔将无力像士人那样营丧，连墓志也不会留下。有不少墓志的墓主子孙不再作官，或年幼失怙，其后嗣无闻，也没有墓志发现，大概已沦落为庶人，该房支也从此湮灭。

学者指出，唐代存在同财共活和同籍别居的复合型家庭，并举出郑氏家族的郑鲁一家作为例证之一。② 郑鲁在其二兄郑敬、郑易卒后，奉先训，养诸孤，"谓京师艰食，终不能衣食嫠幼"，南来荆州，垦郑易佐州时所植不毛之田数百亩，三年后，"而岁入千斛，是岁分命迓二嫂氏洎诸孤于二京"，待诸嫂至，"轩然而作曰：二嫂至矣，吾家毕集矣，吾于今而瞑，庶无愧矣"。③ 这个事例说明，官俸是官员维持生活的主要经济来源。郑敬作刺史、郎中、京兆少尹十几年，郑易也官刺史、郎中，但在去世后家庭生计却陷于困顿。他们在两京附近当亦有田产，但可能数量较少，不足以维持一家人生活。郑鲁终官仓曹参军，此时当已去职，于是只有另谋出路，通过开垦荆州之田来维持整个大家族的生活。这兄弟几人本来分别在各地作官，所以不大可能长期同财生活，但却可以相互依靠，在需要时相互救济。一旦兄长去世，弟弟就自觉承担起照料寡嫂孤幼的责任。

类似的情况如郑崇道，四岁而孤，叔祖郑元毓"嘉其丧感，爱授《孝经》"，也得到亲族的救助。④ 除抚孤之外，完葬也是一件花

① 《唐故郑府君墓志铭》，《汇编》大中一二一，第 2346 页。
② 张国刚：《唐代家庭与社会》，北京：中华书局 2014 年，第 1、12 页。
③ 卢宏宣：《唐故右金吾卫仓曹参军郑府君墓志铭》，《汇编》残志〇三一，第 2558 页。
④ 邵炅：《唐故歙州歙县令郑府君墓志铭》，见《补遗》千唐，第 116 页。

费很大的重要责任。如郑高官至江西道都团练副使，"自天宝以来，四方多故，权窆旅殡，飘寓江淮，未克归葬，十有七八。府君永惟窆窆，疾首疚心，菲薄率先，俭约训下，罄禄俸之资，举两代家事，亲朋仰叹，中外所称"。郑高本人的丧事，因其子年甫成童，且远在南昌，由其弟郑爽主丧，归葬先茔。① 又如郑直及子郑缓先后亡故，其妻卢氏亦婴疾卒。一女党五瘠毁而夭，由其从父兄郑纪、郑缜分别撰、书墓志，为其料理丧事。②

在安史之乱中，郑密自河北赵州弃官归洛阳，"家于鸣皋山南，趣深险以避安禄山之乱，亲故数百家，携老幼往依之。公悉发窆窖，无亲疏皆仰给，饿者窘者，得公全活。先是累岁力耕，致粟至千斛，至是而尽"。③ 所谓"数百家"可能有夸大（或当作"数百人"），这是在特殊危难中对亲故施以援手，时间不可能长久。以唐代的一般情况来看，很难见到类似北朝时的长期聚族筑坞而居。

一些高官俸禄优厚，也会分禄救济亲友。如郑馀庆"仕四朝，其禄悉赒所亲，或济人急，而自奉粗狭，至官府，乃开肆广大。常语人曰：'禄不及亲友而侈仆妾者，吾鄙之。'"④ 郑薰亦"性爱友，纠族百口，廪不充，求外迁"。⑤ 当然，他们的这种作为特别被人称道，也说明并非人人都如此行事。当时人称："元和已后，大僚而睦亲旧者，前辈有司徒郑公，中间有杨詹事凭、柳元公，其后李相国武都公宗闵。"⑥ 只举出四人作为代表。不过，像郑鲁兄弟之间那

---

① 杜信：《大唐故侍御史江西道都团练副使郑府君墓志》，《续集》贞元〇七九，第792页。
② 郑纪：《唐故荣阳郑氏女墓志铭》，《汇编》大和〇八九，第2159页。
③ 独孤及：《唐故商州录事参军郑府君墓志铭》，《毘陵集》卷一二，第5—6页。
④ 《新唐书》卷一六五《郑馀庆传》，第5061页。
⑤ 《新唐书》卷一七七《郑薰传》，第5288页。
⑥ 王谠撰、周勋初校证：《唐语林校证》卷一，第13页。

样互相抚养对方遗属，应是一种普遍的做法，就如同兄弟之间也可以过继对方的子嗣。但这两种情况一般都不会扩大到堂兄弟之间。除照料兄弟遗属之外，也有孀妇回本家，由其子侄照顾。[①] 如郑仁均，"洛阳上东门外有别墅，与弟某及姑子表弟某同居"。[②] 据下文叙事，姑母和表弟均与其同居。

北朝时期，据称："北土重同姓，谓之骨肉。有远来相投者，莫不竭力营赡。若不至者，以为不义，不为乡里所容。"[③] 当时就有因同姓而托为宗族的情况发生。[④] 唐代定氏族，尤重谱牒，山东旧族"每姓第其房望，虽一姓中，高下悬隔"。[⑤] 但也有像李义府那样，既贵之后，自言出赵郡，始与诸李叙昭穆。[⑥] 从墓志材料看，荣阳郑氏除归藏房来源存疑外，三祖七房的世系比较清晰，也未见有谬托昭穆、求为合族的记载。由于郑氏族大人众，不同房支之间自然会有接触。如郑虔曾为南祖房郑承光作墓志。[⑦] 郑馀庆"与从父絪家昭国坊，絪第在南，馀庆第在北，世谓'南郑相'、'北郑相'云"。[⑧]

中晚唐时期的党争影响波及科举取士，有所谓子弟与寒俊之争，反而让一些著姓大族意外中招。凑巧的是，所发生的几次争议都牵连到郑氏家族人物。一次是长庆元年（821），宰相郑珣瑜之子郑朗在钱徽榜下进士及第，段文昌等人原请托于钱徽，而榜出未

---

① 参见张国刚：《唐代家庭与社会》，第21、218页。
② 《太平广记》卷三〇三《郑仁钧》（出《戎幕闲谈》），第2400页。
③ 《宋书》卷四六《王懿传》，第1351页。
④ 参见顾炎武著、陈垣校注：《日知录校注》卷二三，合肥：安徽大学出版社2007年，第1264页。
⑤ 《旧唐书》卷九五《高士廉传》，第3842页。
⑥ 《旧唐书》卷八二《李义府传》，第2768页。
⑦ 《汇编》开元一九四《大唐故江州都昌县令荣阳郑府君墓志铭》，第1292页。
⑧ 《新唐书》卷一六五《郑馀庆传》，第5061页。

中，文昌于内殿面奏，"言徽所放进士郑朗等十四人皆子弟艺薄，不当在选中"，[①] 穆宗敕令重试，郑朗等十人覆落。自此，礼部取士须送中书门下覆核，考官在取士时不能不顾忌物议。武宗会昌四年（844），"宰相延英论言：'主司试艺，不合取宰相与夺。比来贡举艰难，放人绝少，恐非弘访之道。'帝曰：'贡院不会我意。不放子弟，即太过；无论子弟、寒门，但取实艺耳。'李德裕对曰：'郑肃、封敖有好子弟，不敢应举。'帝曰：'我比闻杨虞卿兄弟朋比贵势，妨平人道路。昨杨知至、郑朴之徒，并令落下，抑其太甚耳。'"[②] 到宣宗时，宰相郑涯之子郑延休参加大中元年（847）进士试，礼部侍郎魏扶奏："臣今年所放进士三十三人，其封彦卿、崔琢、郑延休三人，实有词艺，为时所称。皆以父兄见居重位，不得令中选。"[③] 宣宗敕令可放及第，郑延休等人才未被黜落。

陈寅恪认为："所谓士族者，其初并不专用其先代之高官厚禄为其惟一之表征，而实以家学及礼法等标异于其他诸姓。"[④] 根据本书第一章的考察，北朝时期荣阳郑氏家族因与鲜卑皇室通婚、介入高层政治斗争、崇尚武力等原因，家风并无多少可称道之处，并有横暴、贪鄙之恶名。但高门身份以及士族必不可少的经学和文化教育，必然对其家族整体的教养水平和为人处事产生影响。该家族要维持自己的高门身份和所享有的政治经济权益，就不能不以儒家经典所体现的礼法轨范乃至道德原则来治理家务、教导后人，由此也

---

① 《旧唐书》卷一六八《钱徽传》，第4383页。
② 《旧唐书》卷一八《武宗纪》，第602页；又卷一七七《杨严传》："严字凛之，会昌四年进士擢第。是岁仆射王起典贡部，选士三十人。严与杨知至、窦缄、源重、郑朴五人试文合格，物议以子弟非之。起覆奏，武宗敕曰：'杨严一人可及第，馀四人落下。'"第4601页。
③ 《旧唐书》卷一八《宣宗纪》，第617页。
④ 陈寅恪：《唐代政治史述论稿》，第71页。

形成某种可称为家风的传统。郑氏家族内也确实早有人有意识地提倡这样一种传统，对家风沦替深表痛心。如郑幼儒娶高阳王雍女，妻淫荡凶悖，肆行无礼，二子亦不才，幼儒从兄伯猷每谓所亲曰："从弟人才，足为令德，不幸得如此妇，今死复重死，可为悲叹。"① 只是伯猷本人虽博学有文才，为官却更以贪惏闻名。在郑氏家族中较具正面意义的人物是郑述祖，其临终遗言称："吾今老矣，一生富贵足矣，以清白之名遗子孙，死无所恨。"②

入唐以后，与统治集团相对疏远而成为"禁婚家"和民间推重的五甲姓之一，这种身份反而促使该家族更重视官爵以外精神和文化的传承教养，更讲求所谓的礼法家风。于是，祖先曾经说过的"清白"之训也作为重要精神遗产被子孙提倡。郑遘墓志称其父祖"并孝友基身，温恭植性，以道德显父母，以清白遗子孙"。③ 郑元璲墓志称："故任之畿甸，状皆清白。"④ 郑戎墓志称："坐主岑公以清白见称，尤加奖拔。"⑤ 郑䜣墓志称："公守官清白，恭慎忠肃。"⑥ 郑渍墓志称："县民素钦，清白备仰。"⑦ 其实，"清白"（与贪惏相对）是对官员操行的最一般称誉，在唐代经常出现于官员考课评语中。⑧ 因此，在墓志中作为誉词也极为常见。郑述祖之言亦

---

① 《魏书》卷五六《郑羲传》，第 1244 页。
② 《北齐书》卷二九《郑述祖传》，第 398 页。
③ 《大周故黔州石城县主簿郑君墓志铭》，《汇编》圣历〇五二，第 966 页。
④ 韦良嗣：《唐故朝议郎德州司仓郑君墓志铭》，《汇编》开元二一九，第 1308 页。
⑤ 《唐故潭州衡山县令郑府君墓志铭》，《汇编》开元二二九，第 1315 页。
⑥ 《唐故通议大夫持节开州诸军事开州刺史上柱国荣阳郑公墓志铭》，《汇编》开元四四〇，第 1459 页。
⑦ 张玄晏：《唐故楚州盱眙县令荣阳郑府君墓志铭》，《汇编》咸通一一六，第 2468 页。
⑧ 如《汇编》神龙〇二一《大唐故使持节亳州诸军事亳州刺史李府君墓志铭》："服阕，举清白尤异，对策升科。"第 1055 页。《唐会要》卷七四论选事："大和七年五月敕节文：县令、录事参军如在任绩效明著，兼得上下考及清白状及陟状者，许非时放选，仍优与处分。"第 1342 页。

出自东汉杨震："使后世称为清白吏子孙，以此遗之，不亦厚乎！"①
不过，郑遘墓志似明显援引郑述祖之言，该房支与三祖七房的关系
尚不清楚，其说是得自家训还是直接援引史籍，恐怕很难判断。但
无论如何，士族家庭如果有所谓家风礼法，特别是要作为家训世代
相传的话，一般都会用一个相对平实宽泛的词来概括，例如"清
白"（更多的可能用四个字），而不只是一些琐杂的礼仪规定。这些
词当然离不开一些最基本的道德品行概念。

确实有材料证明，郑氏家族在唐代也很讲究礼法。白居易《唐
河南元府君夫人荥阳郑氏墓志铭》记录元稹母亲在夫家的生活：
"元、郑皆大族好合，而姻表滋多。凡中外吉凶之礼有疑议者，皆
质于夫人。夫人从而酌之，靡不中礼。"② 当时人竞求五姓女，除了
门第考量之外，也确实有借此仿效其礼法的动机在内。唐代也确实
有士族家庭以家法训诫子孙，并有文本形式的"家法"流传。元和
时期，卢弘宣还曾"患士庶人家祭无定仪，乃合十二家法，损益其
当，次以为书"。③ 郑叔则墓志称，其家五叶"代以婚姻德义，俱为
家法相授"。④ 但这所谓"家法"恐怕并不是文本形式的"家法"，
没有材料证明郑氏家族有某种正式的家法相传。《新唐书·艺文志》
著录："郑正则《祠享仪》一卷。"⑤《直斋书录解题》卷六亦著录：

---

① 《后汉书》卷五四《杨震传》，第 1760 页。
② 谢思炜：《白居易文集校注》卷五，第 224 页。
③ 《新唐书》卷一九七《循吏传》卢弘宣，第 5633 页。卷五八《艺文志》著录："卢弘
　宣《家祭仪》。卷亡。"参见张国刚：《唐代家庭与社会》，第 320—322 页。不过，这
　条材料说明，当时所谓"家法"与儒家经典的家学传授无关，而就是家庭生活的具
　体礼仪规定。
④ 穆员：《福建观察使郑公墓志铭》，《全唐文》卷七八四，第 8196 页。
⑤ 《新唐书》卷四八《艺文志》，第 1492 页。

"《郑氏祠享礼》一卷，唐侍御史郑正则撰。"① 据韩琦《韩氏参用古今家祭式序》称："自唐末至于五代，兵革相仍，礼乐废缺，故公卿大夫之家，岁时祠享，皆因循便俗，不能少近古制。……因得秘阁所有御史郑正则《祠享仪》……凡七家，详研累月……成十三篇，名曰《韩氏参用古今家祭式》。昔郑御史以年六十三，久疾羸顿，遂著《祠享仪》以示后。"② 可知其内容与卢弘宣所辑大致相同，可算是一种"家法"。郑正则其人虽不见于以上所辑考的郑氏家族世系，但很可能出于这一家族。③ 这类"家法"均无传本可睹，无法了解其具体内容。不过据前人所述以及唐人其他有关婚丧礼仪的一些讨论来看，其内容无非是对经典中各种礼法条文的具体解释，对日常生活中各种仪式化行为细节的讨论斟酌。元稹母亲所谓"从而酌之"，就是承担这一职责。

　　总的来看，郑氏家族的家风在唐代应该说有较大改进，出过一些政声不错或在道德文章方面值得称道的人物。但在上流社会和士人阶层中，很难说该家族在道德或教育方面有什么特别优秀和值得标榜之处。对于小家庭和新进士人来说，他们所能给予的大概就是像元稹母亲那样在礼仪性细节方面的示范和教导。这样一个大家族，有姓名可稽的人物数以千计，出几个优秀人物也完全在情理之中。就历史的一般情况来看，对士族以及各种贵族在道德或品行方面的自我标榜，都不宜给予过高的评价。

---

① 陈振孙：《直斋书录解题》卷六礼注类，《丛书集成》本，北京：中华书局1985年，第179页。
② 韩琦：《安阳集》卷二二，影印文渊阁《四库全书》本，第1089册第338页。
③ 李嘉祐有《送郑正则汉阳迎妇》，郎士元有《送郑正则徐州行营》，《全唐诗》卷二〇七、二四八，北京：中华书局1960年，第2164、2790页。

三、文化和文学活动

由于有良好的教育条件和必要的文化积累，荥阳郑氏家族在唐代也出了一些在文化和文学方面颇有建树的人物。其中最为人熟知的就是被称为诗书画三绝的郑虔。卢季长所撰墓志称："主司拔其秀逸，翰林推其独步。又工于草隶，善于丹青，明于阴阳，邃于算术。百家诸子，如指掌焉。家国以为一宝，朝野谓之三绝。"① "三绝"之说又见于《刘宾客嘉话录》，谓出于唐玄宗："郑广文学书而病无纸，知慈恩寺有柿叶数间屋，遂借僧房居止，日取红叶学书，岁久殆遍。后自写所制诗并画，同为一卷，封进玄宗，御笔书其尾曰：郑虔三绝。"② 郑虔著述宏富，不限于艺文一途。据《新唐书·文艺传》郑虔载："初，虔追绅故书可志者得四十馀篇，国子司业苏源明名其书为《会粹》。""虔学长于地理，山川险易、方隅物产、兵戎众寡无不详。尝为《天宝军防录》，言典事该。"③ 同书《艺文志》著录："郑虔《天宝军防录》，卷亡。""郑虔《胡本草》七卷。"④ 关于《会粹》的成书过程，《封氏闻见记》载：

> 天宝初，协律郎郑虔采集异闻，著书八十馀卷。人有窃窥其草稿，告虔私修国史，虔闻而遽焚之。由是贬谪十馀年，方从调选，受广文馆博士。虔所焚书既无别本，后更纂录，率多

---

① 卢季长《大唐故著作郎贬台州司户荥阳郑府君并夫人琅邪王氏墓志铭》，《补遗》千唐，第 249 页。
② 韦绚：《刘宾客嘉话录》，《丛书集成》本，北京：中华书局 1985 年，第 15 页。亦见《太平广记》卷二〇八《郑广文》，注出《尚书故实》。
③ 《新唐书》卷二〇二《文艺传》，第 5766、5767 页。
④ 《新唐书》卷五九《艺文志》，第 1551、1571 页。

遗忘，犹存四十馀卷。书未有名，及为广文博士，询于国子监司业苏元明。元明请名《会粹》，取《尔雅》序"会粹旧说"也。西河太守卢象赠虞诗云："书名会粹才偏逸，酒号屠苏味更醇。"即此之谓也。①

墓志所见，郑绩充吐蕃分界使、职方员外郎，撰《拓州记》一卷、《新文类聚》一百五十卷、《甲子纪》七十篇、《古今录》二百卷。② 肃宗初建储君，郑洵"撰《东宫要录》十卷奉进，存于秘阁"，洵"擅《九弄》，更修其谱。所著述及诗赋共成二十卷"。③ 郑锴"好归藏书，得消息道，因六十四卦，著五六万言"。④

《新唐书·艺文志》著录："郑世翼《交游传》二卷。"⑤ 世翼武德、贞观间人，《旧唐书》入《文苑传》。又："郑昈《史僎》十卷"，"郑昈《益州理乱记》三卷"。⑥ 郑全济《华岳题名》有"华阴县尉郑昈"，贞元十三年三月廿四日题记。⑦

又："郑澥《凉国公平蔡录》一卷。字蕴士，李愬山南东道掌书记，开州刺史。"⑧ 郑澥为李愬判官，见《旧唐书·李愬传》。⑨ 又："郑樵《彭门纪乱》三卷。庞勋事。"⑩ 此郑樵别无见。

---

① 封演撰、赵贞信校注：《封氏闻见记校注》卷一〇，第 94 页。
② 贺知章《大唐故中散大夫尚书比部郎中郑公墓志铭》，《补遗》第一辑，第 116 页。
③ 柳识：《唐故朝议郎行监察御史上柱国郑府君墓志铭》，《补遗》第七辑，第 63 页。
④ 杨无朋：《唐故度支云安都监官试大理评事兼监察御史郑府君墓志铭》，毛阳光、余扶危主编：《洛阳流散唐代墓志汇编》，第 554 页。
⑤ 《新唐书》卷四八《艺文志》，第 1483 页。
⑥ 《新唐书》卷四八《艺文志》，第 1466、1507 页。
⑦ 陈尚君辑校：《全唐文补编》卷五五据《金石萃编》卷八〇、《八琼室金石补正》卷五五，北京：中华书局 2005 年，第 669 页。
⑧ 《新唐书》卷四八《艺文志》，第 1486 页。
⑨ 《旧唐书》卷一三三，第 3680 页。
⑩ 《新唐书》卷四八《艺文志》，第 1469 页。

又："《郑氏书仪》二卷。郑馀庆。"① 敦煌所见有郑馀庆《大唐新定吉凶书仪一部并序》（S. 6537），存 178 行，包括序言和三十篇篇目。②

郑姓诗人中，《全唐诗》录郑愔诗一卷、郑巢诗一卷、郑谷诗四卷。不过，《新表》以郑愔为沧州人，景龙三年（709）拜相，次年因与谯王重福谋反被诛。③ 郑巢，《唐才子传》卷八谓："钱塘人。大中间举进士。时姚合号诗宗，为杭州刺史，巢献所业。"④ 郑谷为袁州人。此外还有不足一卷的郑姓诗人若干，诗歌计一百馀首。在唐人选唐诗中，《国秀集》存二人 2 首，分别为郑审、郑绍。《御览诗》存二人 14 首：郑鏦 4 首，郑锡 10 首。《中兴间气集》存二人 5 首：郑常 3 首，郑丹 2 首。《又玄集》存三人 4 首：郑常 1 首，郑谷 2 首，郑锡 1 首。《才调集》存三人 16 首：郑常 1 首，郑谷 11 首，郑准 4 首。《搜玉小集》存郑愔 3 首。

据《新唐书·艺文志》著录，有集传世的郑姓人物计有：《郑世翼集》八卷、《郑秀集》十二卷、《郑馀庆集》五十卷、《郑絪集》三十卷、郑畋《玉堂集》五卷又《凤池稿草》三十卷《续凤池稿草》三十卷、《郑诚集》卷亡、《郑賔集》十卷、《郑氏贻孙集》四卷、《郑常诗》一卷、郑嵎《津阳门诗》一卷、郑谷《云台编》三卷又《宜阳集》三卷、郑良士《白岩集》十卷、《郑云叟诗集》三卷、郑准《渚宫集》一卷、郑宽《百道判》一卷。又《旧唐书·郑澣传》称"有文集制诰共三十卷"。⑤ 据墓志所见，郑齐望有文集二

---

① 《新唐书》卷四八《艺文志》，第 1493 页。
② 参见周一良、赵和平：《唐五代书仪研究》，北京：中国社会科学出版社 1995 年，第 4 页以下。
③ 《新唐书》卷六一《宰相表》，第 1675 页；卷五《睿宗纪》，第 117 页。
④ 傅璇琮主编：《唐才子传校笺》第三册，北京：中华书局 1990 年，第 421 页。
⑤ 《旧唐书》卷一五八，第 4168 页。

十卷，郑绩有集五十卷，郑洄有集二十卷。但以上各集都已失传，《全唐文》收郑姓人物文章计一百二十馀篇。

其他如白居易为郑旷所撰墓志，称其"尤善五言诗，与王昌龄、王之涣、崔国辅辈联唱迭和，名动一时，逮今著乐词、播人口非一"。①《全唐诗》王之涣小传亦采其事。郑叔度墓志称其"精博儒术，尤工五言，雅量风标，迥冠群粹"。②郑锴墓志称其"根乎六义，业彼五言，丽句佳篇，散在人口"。③总之，工诗业文是唐代士人的基本文化素养，能诗士子的数量远多于有著述传世的学者。有文集行世的则大多是曾执掌纶言制诏的学士之流，一般文人能够自编文集的当是创作数量可观并达到较高水准。

只有零散篇章存留的诗人，很难从诗中了解他们的思想生活面貌，也无法全面评价他们的创作成就。以下举两篇在当时为人推重的作品。一篇是郑繇的《失白鹰》：

> 白锦文章乱，丹霄羽翮齐。云中呼暂下，雪里放还迷。梁苑惊池鹜，陈仓拂野鸡。不知寥廓外，何处独依栖。④

这首诗因岐王李范而作，在当时受称道，可能与岐王雅爱文章之士，而驸马裴虚己等皆坐与范游宴被贬黜有关。诗咏白鹰"放还迷"、"独依栖"，似有寓托而又比较含蓄，使人不禁反复吟咏而心

---

① 白居易《故滁州刺史赠刑部尚书荣阳郑公墓志铭》，谢思炜：《白居易文集校注》卷五，第 216 页。

② 崔祁：《唐故朝议郎都督夔州诸军事守夔州刺史赐绯鱼袋荣阳郑公夫人昌黎韩氏合祔墓志铭》，见《补遗》第九辑，第 388 页。

③ 杨无朋：《唐故度支云安都监官试大理评事兼监察御史郑府君墓志铭》，毛阳光、余扶危主编：《洛阳流散唐代墓志汇编》，第 554 页。

④ 《全唐诗》卷一一〇，第 1132 页。

有戚戚。

另一篇是郑昉的《落花诗》：

> 早春见花枝，朝朝恨发迟。直看花落尽，却意未开时。以
> 此方人世，弥令感盛衰。始知山简绕，频向习家池。①

此诗也保持了唐诗一贯的明白晓畅的风格，由花之开落直接引向人
世盛衰之感，情感表达自然，没有多馀的铺排和曲折，容易引发读
者的同鸣。其主题可以令人联想起更早的刘希夷《代悲白头翁》等
作品，但形式却更为简单，伤感也不是那么痛彻。

此外，郑谷是晚唐重要诗人，相关评论较多，这里就不再
赘述。

四、郑氏人物的文学交游圈

除了这些人物本人的文学创作外，由于荥阳郑氏在唐代列为甲
族且族大人众，所以该家族还有不少人与各个时期的一些著名诗人
来往，为各种文人交游圈或文学小团体接纳，在很多相互唱酬之作
中留下了他们的身影。借助对相关线索的考察，可以帮助我们了解
一些重要诗人的生平活动，解开其中某些疑点。

唐初武德中，有郑世翼，“数以言辞忤物，称为轻薄。时崔信
明自谓文章独步，多所凌轹，世翼遇诸江中，谓之曰：‘尝闻“枫
落吴江冷”。’信明欣然示百馀篇。世翼览之未终，曰：‘所见不如

---

① 《全唐诗》卷二七二，第3064页。

所闻。'投之于江。信明不能对,拥楫而去"。①

　　此后,值得关注的是郑旷与王昌龄的交往。王昌龄诗享有盛名,且经历丰富,交游广泛,但有关记述却很少,使他的生平面貌十分模糊。据学者考证,他在开元二十八年(740)冬贬江宁丞,天宝二年、三载(743—744)间曾经到过长安,而他贬龙标尉的时间则不详,最早可能在天宝二年或三载的秋天。② 现在根据他与郑旷的交往,我们可以更准确地确定这一时间点。王昌龄有《送郑判官》诗云:

　　　　东楚吴山驿树微,辎车衔命奉恩辉。英僚携出新丰酒,半道遥看骢马归。③

此郑判官就是郑旷。郑旷曾出任岭南五府经略使判官,此诗即是为送他赴任而作。而且从诗的内容来看,送行不是发生在郑判官出发时,而是他在赴任途中经过王昌龄任官之所,二人小聚后为其送行。据"东楚吴山"句,可知此时王昌龄还在江宁丞任上。那么,郑旷出任此官究竟是在哪一年呢?白居易所作郑旷墓志云:"采访使奇之,奏署支使。改浚仪主簿,转大理评事,兼佐漕务。彭果领五府,奏公为节度判官。"④ 据任职,文中的彭果即彭杲,两《唐书》、《资治通鉴》中此人名即杲、果互见,《唐御史台精舍题名考》

---

① 《旧唐书》卷一九〇《文苑传》,第 4988 页。
② 傅璇琮:《王昌龄事迹考略》,收入《唐代诗人丛考》,北京:中华书局 1980 年,第 125 页以下。
③ 《全唐诗》卷一四三,第 1451 页。
④ 白居易:《故滁州刺史赠刑部尚书荥阳郑公墓志铭》,谢思炜:《白居易文集校注》卷五,第 216 页。

已有考证。^① 据《资治通鉴》天宝四载三月记事："乙巳，以刑部尚书裴敦复充岭南五府经略等使。五月壬申，敦复坐逗留不之官，贬淄川太守。以光禄少卿彭杲代之。"^② 彭杲罢职，则在天宝六载。《旧唐书·玄宗纪》："三月戊戌，南海太守彭杲坐赃，决杖，长流溱溪郡，死于路。"^③ 由此可以推知，郑旷出任岭南判官必在天宝四载五月后。由此可知，此年夏季王昌龄还在江宁丞任上。

另外需要讨论的，就是平简公房郑虔等人与杜甫的交往。杜甫为郑虔写下了若干著名诗篇，有关二人的交往，学者已有比较全面的研究。但其中还有一个值得关注的人物，就是郑虔之侄、驸马郑潜曜，其母为代国长公主，本人尚玄宗第十二女临晋公主。杜甫认识郑潜曜还要早于郑虔，因为他早在天宝五载就为临晋公主之母作《唐故德仪赠淑妃皇甫氏神道碑》，并有《郑驸马宅宴洞中》等诗作。^④ 由此可知，杜甫此年西还到长安后，郑潜曜是他最早往来结识的贵族上流人物之一。而郑虔最早是在杜甫《陪郑广文游何将军园林十首》诗中出现，黄鹤注系于天宝十二载，^⑤ 此时郑虔已就任广文馆博士。据《封氏闻见记》（《新唐书·文艺传》采其说），天宝初郑虔在协律郎任上因被告发私修国史，贬谪十馀年，方从调选，授广文馆博士。据卢季长所撰墓志："四除太常寺协律郎，五

---

① 赵钺、劳格：《唐御史台精舍题名考》卷二，北京：中华书局1997年，第76页。近年有人根据新发现彭杲所进银铤，认为彭杲、彭果为二人，但该观点已被否定。参见霍宏伟、董清：《中国国家博物馆藏唐代彭杲银铤考》，《中国钱币》2011年第2期。彭杲之孙彭涗的墓志已发现，志中其名亦作杲。见《汇编》建中〇一六王谏：《唐故瀛州景城县主簿彭君权殡志铭》，第1832页。

② 《资治通鉴》卷二一五，第6983页。

③ 《旧唐书》卷九，第221页。

④ 《杜工部集》卷二〇、卷九，谢思炜：《杜甫集校注》，第3040、1399页。

⑤ 《杜工部集》卷九，谢思炜：《杜甫集校注》，第1457页。洪业《中国最伟大的诗人》系此诗于天宝十载，曾祥波译，上海：上海古籍出版社2011年，第67页。

授左清道率府长史，六移广文馆博士。"① 协律郎正八品上，左右清道率府长史从八品上，郑虔贬谪大概即降此职，但不需要离开长安，中间可能还有候选时间，其间是否一直在长安不详。② 杜甫应该早就听说并仰慕郑虔其人，同他在《饮中八仙歌》中所歌咏的那些人物一样。但郑虔年长杜甫二十馀岁，而郑潜曜应当和杜甫年龄相近，为二人介绍引荐几乎是情理中不得不然之事。

天宝十载，杜甫还完成了另一件大事——投延恩匦进献三大礼赋，获得玄宗青睐，于是送隶有司，参列选序。据学者考证，其间有一个人发挥了重要作用，即张说之子、玄宗之婿张垍。③ 杜甫又有《奉赠太常张卿二十韵》，题注"均"，又作"垍"。黄鹤注等以为当是赠张垍之作。④ 值得一提的是，张垍的长女就嫁给了郑茂房郑岩之子郑泌（715—763）。⑤ 之所以有这段姻缘，又因为其父郑岩娶张说之女。《旧唐书·李憕传》："时张说自紫微令、燕国公出为相州刺史、河北按察使，有洺州刘行善相人，说问：'寮宷后谁贵达？'行乃称憕及临河尉郑岩。说乃以女妻岩，妹婿阴行真女妻于憕。"⑥ 可见郑泌所娶乃其舅之女。《李憕传》称郑岩"田产亚于憕"，可知亦为豪富之家。据《新表》和卢珮所撰郑泌墓志，郑岩终官京兆少尹。郑泌在天宝年间任鄠县尉。泌有嗣侄郑錬，官洛阳

---

① 卢季长：《大唐故著作郎贬台州司户荥阳郑府君并夫人琅琊王氏墓志铭》，《补遗》千唐，第 249 页。

② 一种意见认为，郑虔被贬并没有十年之久，出任协律郎时间应更早，当在开元二十五年（737）左右，贬谪则发生在任协律郎之前，尚乘直长任上。见陈尚君：《郑虔墓志考释》，《传统中国研究辑刊》第三辑，上海：上海人民出版社 2007 年，第 315—334 页。

③ 参见陈贻焮：《杜甫评传》上册，上海：上海古籍出版社 1988 年，第 168—181 页。

④ 《杜工部集》卷九，谢思炜：《杜甫集校注》，第 1376 页。

⑤ 卢珮：《唐故长安县尉郑府君墓志铭》，《补遗》千唐，第 266 页。

⑥ 《旧唐书》卷一八七《忠义传》，第 4887 页。参劳格、赵钺：《唐尚书省郎官石柱题名考》卷一二户部员外郎，北京：中华书局 1992 年，第 613 页。

尉，当是过继于郑泌为嗣。杜甫有《赠别郑錬赴襄阳》、《重赠郑錬绝句》，旧注系于宝应元年（762）。[①] 诗云："郑子将行罢使臣，襄无一物献尊亲。"提到了他的父亲，应是杜甫在长安的旧识。据墓志，郑泌"属宦者朱光辉弄回天之权，升敝日之气，同恶丑直，构陷忠贤，君出为大庾尉，移襄州司法参军，俄复长安尉而殁"。[②] 可见郑錬赴襄阳，正是去探望当时移襄州司法参军的郑泌，很快郑泌即殁于长安。杜甫究竟是因郑泌的关系而投赠张垍，还是因其他关系认识张垍而后又认识郑泌，已难详考。但可知他在长安的交游圈子中有多位郑氏家族人物。

元稹《叙诗寄乐天书》云："有人以陈子昂《感遇诗》相示，吟玩激烈，即日为《寄思玄子诗》二十首。故郑京兆于仆为外诸翁，深赐怜奖，因以所赋呈献京兆翁，深相骇异。……又久之，得杜甫诗数百首，爱其浩荡津涯，处处臻到，始病沈宋之不存寄兴，而讶子昂之未暇旁备矣。"[③] 郑京兆即郑云逵，在元稹的诗学传承中，郑云逵应该起到不小的作用，而云逵为郑虔之侄。杜甫诗名到贞元、元和间先后受到韩愈和元稹、白居易的大力推崇，得以"光焰万丈长"。这其中恐怕也有郑氏家族成员起到一定的媒介作用。

再来看襄城公房郑洵与刘长卿的交往。刘长卿的生平同样有许多不能详知之处，与他来往的也有多位郑氏人物，如郑协律、郑司直、郑判官、郑山人、郑中丞、郑侍御等，其中只有郑洵、郑说具名，其馀只能推测。刘长卿有《巡去岳阳却归鄂州使院留别郑洵侍

① 《杜工部集》卷一一，谢思炜：《杜甫集校注》，第1890、1891页。
② 肃宗崩，张皇后引越王係于宫中，将图废立，太子收捕越王係及内官朱光辉等，见《旧唐书·代宗纪》。代宗即位，当予昭雪，故郑泌得复长安尉。
③ 《元稹集》卷三〇，第351页。

御侍御先曾谪居此州》：

> 何事长沙谪，相逢楚水秋。暮帆归夏口，寒雨对巴丘。帝子椒浆奠，骚人木叶愁。谁怜万里外，离别洞庭头。[1]

据柳识所撰墓志：郑洄以裴仆射冕荐，授监察御史、盩厔县令，"未经考，王师西备犬戎，军储是切，诏授太子舍人、兼监察御史、充京西军粮使。无何，监察正名，使务仍旧。居数月，以直道为谗巧所嫉，贬岳州沅江县尉。……以大历四年三月既望，寝疾终于岳州官舍，时年五十六"。[2] 郑深所撰墓志："唐大历四年三月廿七日，前监察御史、贬岳州沅江县尉荥阳郑府君讳洄，春秋五十三，卒于巴陵之官舍。"[3] 裴冕广德二年（764）二月为左仆射，"西备犬戎"指此年十月仆固怀恩引吐蕃寇邠州、奉天，京师戒严。次年（永泰元年，公元765年）九月又寇京西，大掠京畿男女数万。此后不久，郑洄即被贬岳州。《新唐书·艺文志》载，刘长卿在任转运使判官、知淮西鄂岳转运留后时，曾被鄂岳观察使吴仲孺诬奏，贬潘州南巴尉，而高仲武《中兴间气集》卷下则记刘长卿"刚而犯上，两遭迁谪"。后据学者考证，刘长卿第一次贬谪是自长洲尉贬南巴，时间在至德三年（758），而任鄂岳转运留后则大概在大历五、六年间。[4] 现据郑洄墓志及两人相遇时间，可知至少在大历三年（768）秋之前，刘长卿已在鄂岳转运留后任上。

又据诗意，郑洄与刘长卿应是旧识。独孤及《郑县刘少府兄宅

---

① 储仲君笺注：《刘长卿诗编年笺注》，北京：中华书局1996年，第376页。

② 柳识：《唐故朝议郎行监察御史上柱国郑府君墓志铭》，《补遗》第七辑，第63页。

③ 郑深：《唐故监察御史贬岳州沅江县尉荥阳郑府君墓志铭》，《补遗》第八辑，第79页。

④ 傅璇琮：《刘长卿事迹考辨》，收入《唐代诗人丛考》，第238—268页。

月夜登台宴集序》："故数君子称觞焉。其谁同之？有若功曹陇西李华、参军荥阳郑洵、琅琊王休、河东裴觊、郑尉京兆韦造，皆卿才也。"①郑洵墓志称："天宝十一年，判超等，补华阴郡参军，众推知郑县事。"②恰好可为独孤及此文的写作时间提供佐证。而《毗陵集》同卷另有一篇《送长洲刘少府贬南巴使牒留洪州序》，经学者考证，"长洲刘少府"即刘长卿，该文也是证明刘长卿第一次贬谪经历的重要材料。③刘长卿在中第前后的经历不详，但在长安期间或途经华州，都有可能与独孤及以及郑洵过往相交。

另一个值得注意的线索是，刘长卿有两首诗提到郑协律，据诗意当作于自长洲迁谪时。一首是《听笛歌留别郑协律》：

> 旧游怜我长沙谪，载酒沙头送迁客。天涯望月自沾衣，江上何人复吹笛。横笛能令孤客愁，渌波淡淡如不流。商声寥亮羽声苦，江天寂历江枫秋。静听关山闻一叫，三湘月色悲猿啸。又吹杨柳激繁音，千里春色伤人心。随风飘向何处落，唯见曲尽平湖深。明发与君离别后，马上一声堪白首。④

另一首是《逢郴州使因寄郑协律》：

> 相思楚天外，梦寐楚猿吟。更落淮南叶，难为江上心。衡

---

① 《毗陵集》卷一四，《四部丛刊》初编本，第 8 页。《文苑英华》卷七一〇洵下衍"卿"字，第 3666 页。
② 柳识：《唐故朝议郎行监察御史上柱国郑府君墓志铭》，《补遗》第七辑，第 63 页。郑深所撰墓志只称："以才望参华州军事。"
③ 傅璇琮：《刘长卿事迹考辨》，收入《唐代诗人丛考》，第 238—268 页。
④ 储仲君笺注：《刘长卿诗编年笺注》，第 187 页。

　　阳问人远，湘水向君深。欲逐孤帆去，茫茫何处寻。[①]

据诗意，前诗写于临行之前，后诗写于将要到达贬所之时。据郑洎墓志："监察御史李华雅有才望，知君文学政术，邀充河东道点骁骑使判官。……秩满，应科目超绝入上等，授奉常寺协律郎。……肃宗匡复，同州刺史颜公真卿表贞义，奏摄同州录事参军，引在幕下。俄拜大理评事，除万年县丞。"[②] 据"秩满"语，郑洎授协律郎当在天宝十四载。不过，墓志没有提供郑洎此期间曾往江南的线索，所以无法肯定即是此郑协律。

　　刘长卿诗中还出现一位郑判官，一首是《送青苗郑判官归江西》：

　　　　三苗馀古地，五稼满秋田。来问周公税，归输汉俸钱。江城寒背日，溢水暮连天。南楚凋残后，疲民赖尔怜。[③]

另一首是《送营田判官郑侍御赴上都》：

　　　　上国三千里，西还及岁芳。故山经乱在，春日送归长。晓奏趋双阙，秋成报万箱。幸论开济力，已实海陵仓。[④]

根据墓志材料，此郑判官当是郑闻。据郑闻墓志："时户部郎中元公载实司邦赋，知公之深。元公符节领洪州，分镇江西道，特表公

①　储仲君笺注：《刘长卿诗编年笺注》，第515页。
②　柳识：《唐故朝议郎行监察御史上柱国郑府君墓志铭》，《补遗》第七辑，第63页。
③　储仲君笺注：《刘长卿诗编年笺注》，第274页。
④　储仲君笺注：《刘长卿诗编年笺注》，第324页。

超迁洪州录事参军，纲辖以能闻。累至江阴、海陵二县令。其在海陵也，用刚健以肃豪暴，由贞蛊以止邪黩。于是君子以便而小人不宁，群丑嗤嗤，构衅于长吏。矫诬上达，谪于新州；称冤之口，喧于海内。代宗临朝，御下以察。公未达江岭，遂优诏除润州司户参军。"① 据《资治通鉴》肃宗上元二年（761）建子月："御史中丞元载为户部侍郎，充句当度支、铸钱、盐铁兼江淮转运等使。"② 元载先任洪州刺史，收复两京后入为度支郎中。据墓志所述，郑闿在元载任洪州刺史时就已被擢为录事参军，《送青苗郑判官归江西》应作于此期间。郑闿出任海陵令则在宝应元年（762）代宗即位前，《送营田判官郑侍御赴上都》亦作于此前。

　　又据郑闿墓志："韩相国统两浙镇朱方也，公已解龟优游矣。韩公挹风聆德，辟为府从事，表授大理司直。窦中书掌邦赋，擢公著作佐郎、监察御史，分管山海之务于庐、寿州。"③ 据《资治通鉴》，韩滉任苏州刺史、浙江东西观察使在大历十四年（779）十一月。④ 刘长卿有《送郑司直归上都》：

　　　　岁岁逢离别，蹉跎江海滨。宦游成楚老，乡思逐秦人。马首归何日，莺啼又一春。因君报情旧，闲慢欲垂纶。⑤

郑司直很可能就是郑闿。据学者考证，大历末、建中初刘长卿还在睦州。⑥ 浙西观察使治所在润州，睦州属浙东，郑闿或以事至睦州

<hr />

① 王公亮：《唐故河南府伊阳县令荥阳郑府君墓志铭》，《补遗》千唐，第 299—300 页。
② 《资治通鉴》卷二二二，第 7117 页。
③ 王公亮：《唐故河南府伊阳县令荥阳郑府君墓志铭》，《补遗》千唐，第 299—300 页。
④ 《资治通鉴》卷二二六，第 7272 页。
⑤ 储仲君笺注：《刘长卿诗编年笺注》，第 259 页。
⑥ 傅璇琮：《刘长卿事迹考辨》，收入《唐代诗人丛考》，第 238—268 页。

（或刘长卿往浙西），再与老友相逢。诗云"又一春"，则当作于大历十四年以后，建中元年或二年。

以上是根据墓志材料所考察的郑氏家族的几个人物与几位重要诗人交往的情况。有关郑鲂与元稹、白居易等人的交游情况，见下节。

五、郑鲂墓志解读

北祖郑茂房郑鲂，其名曾见于元稹、白居易等人诗文。根据新出墓志对其世系所做订正，已见前文。由于两篇相关墓志叙事详细，除可资考证外，也相当全面地展现了一个普通郑氏家族人物的生平活动。以下先据《洛阳新获七朝墓志》所收图版过录二文，然后试作解读。一篇为郑鲂墓志：

唐故尚书仓部郎中荥阳郑府君墓志铭并序

尚书水部员外郎分司东都上柱国陈商撰

府君讳鲂，字嘉鱼，荥阳人。世以礼法自名。祖守广，昇州司仓。父早，富平尉，赠考功郎中。皆有德器。考功娶清河崔氏，生府君，内外清门。少质厚，喜学为江湖闲人，常语所亲曰："吾士家能读书为文，保素业，老足矣，焉能竞求名辈耶？"以是几壮，寄吴楚。或责之，即危冠布衣西来，人指目曰，是求名疏乎？君扬扬然不为顾。居止荒园，屋两间，晓暮经史，待有司试。始一二年不合，人益笑，君益不顾。既四五年，人杂然而声之，礼部侍郎许公遽登君名科。君弊裘羸僮，迹益高，公卿大夫咸愿交而不可得而见也。释褐奉礼郎。时李仆射光颜师陈许，率众淮右，币致君于幕下，奏授秘省校书、充支度判官，改协律郎。每有裁正，李公危坐而听。时贼势盛，诸将兵不一。李公将持重俟其变，宪宗促其成功，中使属于道。府君度上意切，骤入谏李公，语数四，兵未即出。府君嗔目呼曰："仗大顺，天助我公，何慄哉？"置手板，长揖释去，暮出境。李公惧，以所乘马鞭、盒酒糗谢府君。君感泣，遽反。终辞职，调于有司。有司高府君之义，张吏籍以示，唯所求。君颇得疲人而苏息之。补寿州霍山令，未赴任。相国崔公在湖南，奏为观察判官，授大理评事。数月，府君罢居洛中。长庆初，汝州防御使刘使君述古虚右职请君，改授司直。君孤幼满家无宅居，至是得间田于汝水之阴，躬稼穑。又于都依仁里，卜数亩之地，种竹果，凿渠水，立堂室宾舍，园蔬蓊蓊，为高人居也。浙东廉察使元公稹闻其贤，奏为观察判官，授监察御史，转殿中，赐绯银鱼。移团练判官，迁右补阙。君忠悃敢直言，素所蕴蓄，咸切时病。谏书屡奏，闻者壮之。满秩，除侍御史，留台东都，入为尚书屯田员外郎。公雅以长人施化为心，郎吏优简，非吾安也。求典郡以自效，除权知江州刺史。能通事理，以直其法，谤欺屏息，德泽布溥。政成即真，寻以仓部郎中征赴阙。至池州感疾，大和八年八月廿四日，终于旅馆，享年五十八。君有开济之业，能弛张治道，弘通周密，而勇以将之，乃相才也。为诗七百篇，及陈许行营功状，思理宏博，识者见其志焉。夫人范阳卢氏，前修武尉慎修之女。男二人，思诲、处讷。女三人，长适进士卢后闵，次入道，幼在室。府君有四昆弟，长兄忠，不仕；仲曰鲔，北海令；次弟鲵；季曰鲲，举秀才。君子谓府君有令妻孝子贤昆弟，以缉和其六亲，以持其家。既孤有归，虽贫不亡。缙绅之伦，以贺以称。冬十月，輀车至洛师。秀才鲲与二孤，将以明年四月廿二日，葬府君于先茔河南县伊汭乡之万安山。谓商与府君游也久，请刻遗烈于石。商退以为朋友作谥号，或诔或表，光明美业，古道也，不可辞。铭曰：

艰勤立家，士子法程。謇谔居官，王猷允经。长才伟名，行峻洁清。仕而不荣，直道以明。

圣善僧宝谛书①

另一篇为郑鲂与卢夫人合祔墓志：

唐故仓部郎中郑公卢夫人合祔墓志铭并序

三从甥天平军节度副使朝议郎检校尚书兵部
郎中兼御史中丞柱国赐紫金鱼袋李景庄撰

仓部郎中郑公府君讳鲂，字嘉鱼，北祖第二房，为天下鼎族。由周厉王少子宣，封郑周畿内，因得姓焉。世称小白公茂甲族，公其后也。元和七年，兵部侍郎许公孟容下升进士第，其首故相国李公固言。得人之盛，至今称之。公业古诗，寒苦不易。词人孟郊、李贺，为酬唱侣。言进士者，巨人词客，从之游。谚曰：不识郑嘉鱼，不名为进士。公其人也。正直不回，人多忌之。祖皇昇州司仓参军讳守广，祖妣清河崔氏。考遭贼李希烈乱，忠闻，由京兆府富平县尉除大理廷评，赠工部郎中，讳早。妣清河崔氏，追封清河县太君。公由进士既筮仕，寻为相国故清河公群弓旌之辟，旋又为浙东元稹相辟，竟应元命。或者云："崔公大贤盛德，元公文章之美尚浮艳，何遽舍崔公而就元公？"公曰："前敕破后敕，吾但奉诏，不知其

---

① 齐运通编：《洛阳新获七朝墓志》，第333页。

他。"由是论者大息。公之兄讳忠，一子曰建。次兄讳鲔，皇长沙县令，娶夫人陇西李氏，三子七女。弟名鲵，不婚，男子子三人。次弟讳鲲，不婚，四子。子未娶，女子适卢氏。郎中夫人范阳卢氏，得姓于齐，为世著姓。北祖大房，汉侍中讳植、晋侍中讳广、魏吏部尚书讳阳乌之后，昭彰图牒，郁为鼎族。语曰：卢阳乌、郑述祖，非斯二家，孰曰门户？其阀阅可知矣。夫人曾祖讳播，皇任河南府阳翟县令。祖妣陇西李氏。祖讳藏密，皇任汝州襄城县令。祖妣清河崔氏。考讳慎修，皇亳州司兵参军。妣绛郡李氏，祖讳仲宣，皇齐州全节尉。夫人一姐一弟两妹。姐适王递；弟纺，前仕宣州宣城县丞。妹适武翊黄，翊黄以恃科第强傲，纵仆妾不法轻妻，贬谪遏傲。妻竟离，衔冤入道。人皆叹其妻之不辜，而怒翊黄一无士行。又一妹适李裔。夫人，司兵之第二女，与姐弟妹皆李夫人出。夫人执性淑顺，守正居柔，为六亲内则。男子二人，其长曰长晦，皇泗州临淮县尉，娶博陵崔渠之女。女子子四人，长适进士卢后闵，次奉黄老入道，次适阳翟县尉清河崔行规，皆他出。其第二子长言，有出身未选，娶妻范阳卢氏。第三女子子适敦煌李景庄。景庄承外家重叠，及是三世。长言及第三女皆夫人出。郎中先夫人三十五年终于路次，其旧志尚存，故不异载。夫人年六十四岁，咸通九年岁次戊子九月辛卯朔廿三日癸丑，得痢血，医占祈祷，虽千计不效。其月卅日庚申，终于子婿崔行规东都立行坊之故里第。内孙十六人，外孙十九人。内孙两人，皆有选门之地。其内孙女适景庄，福建观察家兄景温之第二子。呜呼！郎中家素有村墅，有名第。夫人终于子婿里第，男子、女子六人。今独长言及雉妇崔氏、娣妇卢氏主丧事。祀事穷困，膻粥往往出亲亲家。呜呼痛哉！景庄为甥无服，今以子婿服缌麻，命男詠、珮辈为位恸哭。既成服，遣詠奉金帛赗赠。其年十二月庚申朔七日景寅，归祔河南府河南县尹樊村伊汭乡大茔，礼也。伏以外氏，弈世姻旧。景庄不肖，尝蒙采录。寻属伤悼，衔哀不文。承命不得辞，直书铭云：

郎中文德，夫人令名。师资母仪，不朽作程。不及上寿，大命其倾。嗣子孑然，号天血缨。二妇哀叫，割裂五情。孤子呱呱，所不忍听。龟筮叶吉，閟于佳城。坟树虽古，淑德日馨。愚悲不胜，泪笔以铭。

堂侄乡贡进士珪奉外兄天平军副使中丞廿四兄远笔命书。握管呜咽，几不胜情，苦痛深，悲痛深！咸通九年十二月三日珪书①

郑鲂生于大历十二年（777），卒于大和八年（834）。卢夫人卒于咸通九年（868），年六十四，则小于郑鲂二十八岁。

前志和后志记事详略各有不同。据前志，郑鲂少时寄吴楚，不屑竞求名辈，不过后来还是来到长安，准备应举，当是已通过乡试，取得了贡举资格。但他考进士并不顺利，一考就是四五年，终于在元和七年（812）许孟荣门下及第。这一年状元是李固言，一共取进士29人。孟郊在此后三年去世（元和十年，公元815年），李贺又过两年也去世了（元和十二年，公元817年）。孟郊有一首《赠郑夫子鲂》：

天地入胸臆，吁嗟生风雷。文章得其微，物象由我裁。宋玉逞大句，李白飞狂才。苟非圣贤心，孰与造化该。勉矣郑夫

---

① 齐运通编：《洛阳新获七朝墓志》，第371页。

子，骊珠今始胎。①

　　按，孟郊在贞元十二年（796）中进士后授溧阳尉，后辞官居洛阳，元和元年（806）由李翱荐于河南尹郑馀庆，辟为宾佐。此诗当作于郑鲂登第前，也许郑鲂在西入长安时路经洛阳而得其勉励。郑鲂当时也就三十岁左右，孟郊径以夫子相称，看来颇有老成之器。郑鲂与李贺交往情况不详。李贺生年有贞元六年（790）和贞元七年两说，小郑鲂十馀岁。因李贺元和年间居长安时间较长，两人有可能是在长安相识。

　　郑鲂入李光颜幕，当在元和九年（814），也就是说在释褐奉礼郎后很快便受邀入幕。此年，宪宗准备讨伐淮西吴元济叛乱，九月，以李光颜为陈州刺史、忠武军都知兵马使。元和十年正月，诸镇师次蔡州界，制削夺吴元济在身官爵。三月，李光颜破贼于南顿。五月，李光颜大破贼党于洄曲。自兴兵讨蔡，凡十馀镇之师环于申、蔡，未立战功，唯光颜见义能勇，至是告捷。② 墓志所称"宪宗促其成功，中使属于道"，就发生于这期间。墓志对郑鲂激愤骤谏之举颇事渲染，当非杜撰。尽管李光颜进兵与否的决定，未必直接受此影响。

　　郑鲂第二次入幕，是受崔群之辟。崔群罢相出为潭州刺史、湖南观察使，在元和十四年（819）十二月。时崔群为皇甫镈所谮，及群被贬，人皆切齿于镈。③ 至次年九月，崔群已改徐州刺史、充

---

① 华忱之、喻学才：《孟郊诗集校注》卷六，北京：人民文学出版社 1995 年，第294 页。
② 《旧唐书》卷一五《宪宗纪》，第 450、451 页。
③ 《旧唐书》卷一五《宪宗纪》，第 471 页。

宣武军节度使。^① 郑鲂受辟数月之后，即罢居洛中。长庆初年，又入汝州防御使刘述古幕。此次入幕，可能时间较长。此后，再入元稹浙东幕，则在长庆三年（823）八月以后。^② 至长庆四年九月，元稹在越州有《酬郑从事四年九月宴望海亭次用旧韵》，郑从事即郑鲂。^③ 郑鲂在元稹幕中，同时还有卢简求、窦巩、韩杼材、陆洿等人。《旧唐书·元稹传》称："会稽山水奇秀，稹所辟幕职，皆当时文士，而镜湖、秦望之游，月三四焉。而讽咏诗什，动盈卷帙。"^④ 他们于宝历二年（826）秋合作的《禹穴碑》，即由郑鲂撰序，元稹为铭，韩杼材行书，陆洿篆额。^⑤ 时元稹、白居易来往唱和，白居易大和年间在长安还有《和酬郑侍御东阳春闷放怀追越游见寄》、《酬郑侍御多雨春空过诗三十韵》。^⑥

由以上经历可知，郑鲂自崔群湖南幕罢职到再入元稹幕，前后相距四年，中间还有入刘述古幕一事。后志所记述的有人质问他"何遽舍崔公而就元公"，是否确有其事？又为何引来如此质问？据史载，长庆二年六月，元稹因与裴度有隙，李逢吉乘间，诬其结客欲刺杀裴度，结果稹与裴度同罢相，稹贬同州刺史，次年调任浙东观察使。如果有此质问的话，唯一可能就是问郑鲂为何没有随崔群转任徐州，而后却接受元稹辟命？中间则省略了入刘述古幕一事。此问的缘由大概即因元稹由穆宗非次擢拔，急于建功以报上，在当时颇招朝中忌恨，而且元稹为官"稍不修边幅，以渎货闻于时"，

① 《旧唐书》卷一六《穆宗纪》，第481页。
② 见《会稽掇英总集》卷一八唐太守题名记，参周相录：《元稹年谱新编》，上海：上海古籍出版社2004年，第228页。
③ 《元稹集》卷二六，第311页。
④ 《旧唐书》卷一六六《元稹传》，第4336页。
⑤ 《嘉泰会稽志》卷一六碑刻，《宋元方志丛刊》第七册，中华书局1990年，第7021页。
⑥ 谢思炜：《白居易诗集校注》卷二二、二六，北京：中华书局2006年，第1752、2070页。

"素无检操，人情不厌服"，① 不像崔群为时贤相，清议所归。刘述古没有这二人那么有名，所以被问者有意省略了。另外，问者径谓元稹"文章之美尚浮艳"，大概元、白文章"浅切"、"淫靡"已成一时口实，问者便直接拿来与崔相的大贤盛德相对比。郑鲂的回答颇有王顾左右而言他的意味，有意回避对二人有所轩轾。揣测其真实想法，应该说还是十分满意与元稹宾主相得的这段经历。墓志郑重载入此问答，既是为回答世人对郑鲂选择的质疑，也是为显示其潇洒自得、不为流议所动的风貌。

郑鲂何时离开元稹幕不详，大概即在宝历二年后，入朝为右补阙，秩满迁侍御史，留台东都，入为屯田员外郎。白居易《和酬郑侍御东阳春闷放怀追越游见寄》作于大和三年（829），诗云："昨日嘉鱼来访我，方驾同出何所之？乐游原头春尚早，百舌新语声桦桦。"当在入为屯田员外郎前。此后外放江州刺史，至大和八年去世。墓志称其在谏官任上"忠恪敢直言"、"谏书屡奏"，详情不能得知。不过，文宗初年"知两朝之积弊，此时厘革，并出宸衷，士民相庆"。② 郑鲂恰在此时任谏官，至少应该得到文宗本人或某位执政大臣的信任，有恪尽谏职的机会。

两篇墓志还详细记载了郑鲂及其家族的婚姻情况，共计有 10 例婚姻：

郑早	清河崔氏
郑鲔	陇西李氏
郑鲂	范阳卢慎修女

---

① 《旧唐书》卷一六六《元稹传》，第 4336 页。
② 《旧唐书》卷一七《文宗纪》，第 524 页。

郑鲲女	范阳卢氏
郑鲂女	范阳卢后闵，进士
郑鲂女	清河崔行规，阳翟县尉
郑鲂女	陇西李景庄，天平军节度副使
郑长海	博陵崔渠女
郑长言	范阳卢氏
郑鲂孙女	陇西李景温子

从所有 10 个婚例来看，郑鲂家族实行严格的五姓通婚，没有一例例外。尤可注意的是，郑鲂的弟弟郑鲵、郑鲲都号称不婚，但是又有子女。推究其原因，很可能是因为他们没有在五姓内找到合适的婚配对象，所以只是纳妾生子。这就更可见该家族对五姓通婚的重视。郑鲂夫人卢氏，为阳乌之后，世系见《新表》卢氏北祖大房。[1] 该房出有宰相卢商、卢承庆，诗人卢思道、卢藏用等人。据后志，卢夫人所生为第二子长言和第三女（李景庄妻），长子郑长海（晦）和另三个女儿皆他出。前志记述郑鲂卒时有二子三女，后志则谓夫人有四女。后志在记述四女情况时有含混，称"第三女子子适敦煌李景庄"，实际应是第四女适李景庄，可能是未将出家的次女算在内。四女的正确排行应是：长女卢后闵妻，次女出家，三女崔行规妻郑娟，四女李景庄妻。据郑娟墓志，知其出生于长庆元年（821），亦称其为"司庚之次女"，未将其上的出家女包括在内。[2] 其长兄长海和另两个姐姐，都应在此前出生。时卢夫人年十

---

① 《新唐书》卷七三上《宰相世系表三上》，第 2885—2894 页，但只载至藏密，无慎修名，可据墓志补。
② 崔晔：《唐守河南阳翟县尉崔君故夫人荥阳郑氏墓志铭》，《汇编》咸通〇四四，第 2412 页。

七，她出嫁郑鲂很可能在这之后。

在郑鲂的六个子女中，只有两个是卢夫人所出，而且很可能是最小的两个。看来郑鲂的情况和他的两个弟弟有些类似，在未正式结婚前为了延续子嗣而纳妾。之所以迟迟未婚，只能是因为未在五姓内遇到合适的婚姻对象。郑鲂兄弟几人的这种做法，在唐代并不算特别。不仅五姓家族的男子有这种情况，其他大家族出身的士子也往往要等到有合适的五姓女或其他大姓之女，才正式议婚。因为不了解这一点，过去有学者遇到唐代士人晚婚的情况而深感诧异。大量新出墓志证明了这种情况的普遍性。

上述墓志还涉及到卢夫人家族的婚姻情况。其中令人意外的是，特别花费笔墨记述了卢夫人妹嫁武翊黄、翊黄纵仆妾不法轻妻以至被贬谪退僦之事，妻子因此离异，衔冤入道。武翊黄事又载《唐语林》，看来在当时颇引起轰动：

> 武翊黄府送为解头，及第为状头，宏词为敕头，时谓"武三头"，冠于一时。后惑于媵婢薛荔，苦其冢妇卢氏，虽新昌李相绅以同年蔽之，而众论不容，终至流窜。[1]

武翊黄为名相武元衡子，且科第状元，才名冠于一时。李绅因与其是同榜进士，出面为其开解，仍为众论所不容。墓志为此事提供了卢氏一方的详细背景材料，读之令人扼腕。墓志记录此事可能还有一层用意，即以此反衬郑鲂作为卢氏佳婿而深得赞许，并以此来强调坚持五姓自婚这一传统的意义。

郑鲂幼女所嫁李景庄，出于陇西李氏敦煌房。其曾祖李憕入新

---

[1] 《唐语林校证》卷六，第 598 页。

旧《唐书·忠义传》，官礼部尚书、东京留守，安史乱中与数子皆被安禄山所杀，只有景庄祖父李彭及叔祖李源幸免得脱，李源后守志出家。其兄李景让传亦见《新唐书》，弟景温、景庄附见。三兄弟早孤，年幼食贫，母治家甚严，不昧拾金，不容小过，元和间相继登进士第。景让官至太子少保、分司东都，景温官至尚书右丞，景庄官至天平军副使。《新唐书·李景让传》载：

> 母郑，治家严，身训勤诸子。始，贫乏时，治墙得积钱，僮婢奔告，母曰："士不勤而禄，犹菑其身，况无妄而得，我何取？"亟使闭坎。景让自右散骑常侍出为浙西观察使，母问行日，景让率然对："有日。"郑曰："如是，吾方有事，未及行。"盖怒其不尝告也。且曰："已贵，何庸母行？"景让重请罪，乃赦。故虽老犹加箠敕，已起，欣欣如初。尝怒牙将，杖杀之，军且谋变，母欲息众讙，召景让廷责曰："尔填抚方面而用轻用刑，一夫不宁，岂特上负天子，亦使百岁母衔羞泉下，何面目见先大夫乎？"将鞭其背，吏大将再拜请，不许，皆泣谢，乃罢，一军遂定。①

这可能是唐史中记录的最有名的教子故事了，占了李景让传的三分之一篇幅。《资治通鉴》还载有李景庄中举事：

> 景庄老于场屋，每被黜，母辄挞景让。然景让终不肯属主司，曰："朝廷取士自有公道，岂敢效人求关节乎？"久之，宰相谓主司曰："李景庄今岁不可不收，可怜彼翁每岁受挞。"由

---

① 《新唐书》卷一七七《李景让传》，第5290页。

是始及第。①

此事颇富戏剧性，老母严厉而近专横，景让秉公而甘受戮辱，世人竟传为美谈。该家族与卢氏大房、郑氏家族有世代通婚的传统。后志称："景庄承外家重叠，及是三世。"据李景庄为其第二女所撰《唐常州无锡裴长官陇西李夫人墓志铭》，其祖父李彭、父李宏及景庄，均娶荣阳郑氏北祖第二房，即郑茂房。也就是说其祖母、母亲和妻子，均出于郑鲂家族。此外，景庄的长子李詠亦娶荣阳郑氏北祖第二房，还是出于郑鲂家族。景庄长兄景让娶荣阳郑氏第七房，即郑羲房，入唐以后主要为平简公房。② 又据郑鲂后志，郑鲂孙女亦适景庄兄景温第二子。这样就成了四世重叠。有关郑氏家族与这几个家族的世代通婚，本书下编还有进一步的讨论。

卢氏夫人咸通九年（868）卒于女婿崔行规洛阳立行坊第。此前三年，其女郑娟已去世，并留下六子一女。此时其亲生子长言尚在世（长子长诲已卒），长言"有出身未选"。卢夫人为何没有与他一起生活，原因不明。某些家庭生活的变故，在墓志中也没有留下痕迹。

---

① 《资治通鉴》卷二四八会昌六年九月，第 8027 页。
② 《补遗》第八辑，第 221 页。

附表：荥阳郑氏入幕人物

姓名	生卒	科第	幕职	方镇	幕主	终官
郑孝本	632—698	明经	支度营田	平州		沧州刺史
郑玄	652—718		副使	丰安军		岐州望云府折冲
郑温球	667—724			讨南诏	元行冲	宁州义丰县令
郑承元				讨高句丽	杨师道	陪戎副尉
郑谌	651—734	明经	判官		廉察使	青州刺史
郑旷	700—777	进士	判官 判官 判官	岭南 河南	彭杲 李光弼 王缙	滁州刺史、团练使
郑宇	709—753	孝廉	采访支使	山南	韦幼成	
郑洵	714—769	明经吏科	判官 录事参军 军粮使	河东 同州 京西	李华 颜真卿	岳州沅江尉
郑叔则	722—792	明经	节度副使	天平军①		福建团练观察使
郑叔规			掌书记 行军司马	河东	马燧	绛州刺史
郑忠佐	730—795			义成军	贾耽	白马县尉

---

① 穆员：《福建观察使郑公墓志铭》："两河不开，命帅梁汴，所求郄穀之比，为其中军，授检校秘书少监、兼御史中丞，充天平军节度副使之官，拜御史中丞、廉问东夏。"《全唐文》卷七八四，第8196页。按，天平军置于元和十五年（820），墓志有误。郑叔则当先为汴帅之"中军"，后为节度副使。建中年间宣武军节度为刘洽。

姓名	生卒	科第	幕　职	方　镇	幕主	终　官
郑濡	？—796			成德军	王武俊	冀州阜城县令
郑瓒				成德军	王武俊	
郑高	745—805	进士	推官支使团练副使	鄂岳江西	何士干李巽	江西道都团练副使
郑叔度	747—810	门荫	从事判官	浙东汴宋	刘玄佐	夔州刺史
郑儋	？—800	进士	参谋行军司马	山南东道河东	樊泽李说	河东节度使
郑云逵	？—810	进士	掌书记	幽州	朱泚	京兆尹
郑易	？—818	明经	从事	湖南江西荆州	裴胄	尚书工部郎中
郑晁	727—788			深赵	康日知	赵州司法参军
郑承庆			推官	山南西道		山南西道节度推官
郑闽	730—800	门荫	录事参军从事	江西两浙度支盐铁	元载韩滉窦参	河南府伊阳县令
郑日华	733—784	门荫	判官	朔方转运使	路嗣恭刘晏	检校尚书户部员外郎
郑玉	735—802		左虞候	唐兴军		唐兴军都虞候
郑馀庆	748—820	进士	从事	山南西道	严震	中书侍郎平章事

续　表

姓名	生卒	科第	幕职	方镇	幕主	终官
郑絪	752—829	进士吏科	掌书记	剑南西川	张延赏	门下侍郎平章事
郑权	?—824	进士	从事、行军司马	泾源	刘昌符	岭南节度使
郑敬	759—817	进士制科	支使、行军司马	山南	严震	京兆少尹绛州刺史
郑锴	759—830		云安都监	度支使		度支云安都监
郑群	762—821	进士	副使	鄂岳荆南山南东道	裴均李夷简	库部郎中
郑仲连	765—826		讨击使节度押衙兵马使兵马使	河东河阳河阳昭义军	马燧元韶孟元阳刘悟	泽州都虞候
郑鲂	777—834	进士	支度判官观察判官副使观察判官	忠武军湖南汝州浙东	李光颜崔群刘述古元稹	江州刺史
郑居中	784—837	进士	从事行军司马	淮南襄汉	王播王起	中书舍人
郑当	792—839	进士吏科制科	营田巡官	汴宋	杨元卿	桂州司户
郑恭楚	798—853	门荫	营田使衙前兵马使	天平军		天平军左厢营田使
郑道	799—848		经略副使	横海军平卢军	李全略郑光	平卢军同经略副使

姓名	生卒	科第	幕　职	方　镇	幕主	终　官
郑保玄	821—866	进士	观察推官 支使	湖南	韩惊	大理评事
郑仁表		进士	掌书记	河中 潼关防御	杜审权 赵骘	起居郎
郑简柔			判官	岭南西道		岭南西道节度 判官
郑畋	825—883	进士 吏科	推官 从事	宣武军 河东	刘瞻	吏部侍郎同平 章事

下编　荥阳郑氏婚姻关系考

第四章　唐前荥阳郑氏的婚姻关系

从晋代开始，荥阳郑氏的婚姻情况已见于史料文献，虽然比较零散，但亦透露出郑氏家族婚姻关系的发展。

一、晋代的婚姻

《晋书》所载晋室后妃中，唯郑阿春一人出于荥阳郑氏。阿春之父郑恺为安丰太守，太守掌一郡之治理、选官、讼决，是郡最高长官。母亲濮阳吴氏，亦是当时望族，且出过多位皇亲。从郑阿春父亲官职、母亲郡望以及其婚配东晋开国皇帝司马睿这三点看，阿春一支应是随晋室南渡的士族。郑阿春在司马睿即位前被纳为妃，后封为夫人，深得宠幸，司马睿甚至曾因阿春生病而荒废朝政，不理劝谏。① 阿春与司马睿育有两子一女，其中司马昱即简文帝，阿春也被司马昱追封简文宣太后，母因子贵，光耀家门。郑阿春家族

---

① 《晋书》卷六八："时帝所幸郑贵嫔有疾，以祈祷颇废万机。"第1204页。

当时虽非权贵重卿，但也堪称高门，对婚姻门第十分看重。从郑阿春父郑恺婚于濮阳吴氏之例，也可窥见郑氏在高门婚姻中占有的一席之地。

阿春曾托晋元帝为其三个妹妹安排婚姻，使其三妹均得以嫁入旧门。这体现了南渡后的荥阳郑氏婚姻非常显著的一个特点——重旧门。所谓"旧门"，是指随晋室南迁的汉魏旧族。在司马睿的帮助下，阿春二妹嫁长沙王氏王褒。晋朝当时权势最盛者莫如琅琊王氏，王导、王敦兄弟与司马氏几成"王与马，共天下"的格局。长沙王氏虽与琅琊王氏关联不大，且远不如琅琊王氏显赫，但亦应属旧族之列。三妹嫁刘隗从子刘佣，刘隗是司马睿的心腹。刘隗出彭城刘氏，汉代皇室即出于彭城。彭城刘氏根基雄厚，在晋及南北朝一直高居名门望族。四妹嫁汉中李氏，即后来赵郡李氏之汉中房。《新唐书·宰相世系表》载汉中李氏世系，其祖为后汉博士李颉。①由于后魏时始置赵郡，汉中李氏与后来的赵郡李氏关系相当疏远，但并不影响汉中李氏原有的旧族地位。

郑阿春的三个妹妹一直姗姗待嫁，也是在寻找与旧门联姻的合适机会，由此也可见该家族对高门旧族联姻的重视。当然，反过来也说明晋室南渡初北方旧族与南方本地士族的关系相当冷淡。

婚姻重旧门、重礼法门风，在郑氏家族其他房支中也有体现。如郑袤仕魏、晋二朝，曾与徐幹同任临淄侯文学，受王朗举荐，得司马师、司马炎赏识，官至光禄大夫。有郑默等六子，均官至九卿，一家四代十人均居高位。郑袤妻曹氏，见《晋书·列女传》：

---

① 《新唐书》卷七二上："汉中李氏：汉东郡太守、太常卿武，孙颉，后汉博士，始居汉中南郑。……赵郡李氏定著六房：其一曰南祖，二曰东祖，三曰西祖，四曰辽东，五曰江夏，六曰汉中。"第2598、2599页。

"郑袤妻曹氏，鲁国薛人也。"① 薛县晋属兖州。曹姓为魏国姓，但薛县曹姓与谯县曹姓的关系不可考，薛县曹姓也很少见诸史册，并非显赫。然郑袤妻曹氏事姑舅甚孝，叔妹群娣间必尽礼节，在料理郑袤与元配孙氏丧事时也恪尽礼法，不避远道完成合葬。曹氏深惧盛满，食无重味，禄秩颁散于亲姻，家无馀赀。

郑袤子郑舒，娶城阳黔陬刘氏，魏琅琊太守刘谟之孙、晋并州刺史刘钦之女。② 城阳郡属北海，汉初刘邦之孙刘章封城阳王。其后历代城阳王均为刘章之后。郑舒夫人刘氏亦是汉国姓，家世不可考。但从其祖、父的官职来判断，也属于显贵之家。

郑袤子郑默，婚姻对象不可考。但据《晋书·郑默传》记载：

> 后父杨骏先欲以女妻默子豫，默曰："吾每读《隽不疑传》，常想其人。畏远权贵，奕世所守。"遂辞之。骏深为恨。③

郑默以畏远权贵为理由，拒绝与杨骏通婚，显示了他不慕权势、谨守礼法的态度。《晋书》称其"宽冲博爱，谦虚温谨，不以才地矜物"，足为人称道。

除以上郑氏两房支的婚姻情况外，《晋书·列女传》还载有郑休妻石氏事迹。④ 总的来看，在门阀林立的两晋，尤其是与王、谢这样的世家大族相比，荣阳郑氏家族算不上十分显耀，有关其家族婚姻关系的记载也比较少见，可见尚未形成一个有较大势力和持久

---

① 《晋书》卷九六，第 1675 页。
② 郑舒夫人墓志："晋故大司农关中侯郑舒夫人城阳黔陬刘氏，魏琅耶太守谟之孙，晋使持节领护匈奴中郎将鹰扬将军并州刺史营丘烈男钦之女。"赵超：《汉魏南北朝墓志汇编》，第 17 页。
③ 《晋书》卷四四，第 823 页。
④ 《晋书》卷九六，第 1676 页。

影响的家族婚姻关系网络。

二、与北朝皇室的婚姻

永嘉之乱后，荥阳郑氏家族除一部分跟随晋室南渡外，其馀大部分仍留居北方，此后通过入朝为官、建立军功等方式逐渐获得上升途径。在此过程中，与著姓大族通婚，尤其是与鲜卑皇室通婚，对该家族的兴盛起到了极为关键的作用。其中北魏郑羲之女被孝文帝纳为妃，又是一个转折点。本书第一章对此已有说明。此后，有关郑氏家族的婚姻情况频繁见于史书，墓志材料等对此亦有补充。

北魏孝文帝不仅自己纳四姓女，而且对皇室婚娶做出规定："于时，王国舍人应娶八族及清修之门，禧娶任城王隶户为之，深为高祖所责。"① 不仅如此，孝文帝还下诏为他的六个弟弟指定了与高门婚配的对象。在此背景下，作为四姓之一的荥阳郑氏与北魏皇室、其后又与北齐、北周皇室频繁联姻。史料记载可考的计有：

1. 郑羲女，适孝文帝，为嫔。②

2. 郑胤伯女，适孝文帝，为嫔。③

3. 郑平城女，适广陵王元羽（献文帝子），为妃。④

---

① 《魏书》卷二一《咸阳王禧传》，第534页。
② 《魏书》卷五六《郑羲传》："文明太后为高祖纳其女为嫔。"第834页。
③ 《北史》卷三〇《郑羲传》："胤伯，有当世器干，孝文帝纳其女为嫔。"第711页。
④ 《资治通鉴》卷一四〇，第4473页。元羽之子元恭后被尔朱氏立以代庄帝，即节闵帝（前废帝），"母曰王氏……事祖母嫡母以孝闻"，《魏书》卷一一《废出三帝纪》，第273页。"嫡母"即指郑氏。《魏故假节督南青州诸军事征虏将军南青州刺史郑使君夫人李氏墓志铭》："夫人讳晖仪，陇西狄道人。……祖宝。……父承，雍州刺史、姑臧穆侯。……长女上太妃，小宗之嫡，实为君母。"晖仪即郑平城之妻，长女即元羽之妃。罗新：《跋北魏郑平城妻李晖仪墓志》，《中国历史文物》2005年第6期。

4. 郑懿女，适北海王元详（献文帝子）。①

5. 郑懿女，为孝文帝废太子恂右孺子。②

6. 郑幼儒，娶高阳王雍（献文帝第四子）女。③

7. 郑伯猷，娶安丰王延明（文成帝子安丰王猛子）女。④

8. 郑遵道，后魏驸马都尉，所娶不详。⑤

9. 郑大车，郑严祖女，初适魏广平王，后齐神武帝纳之。⑥

10. 郑氏，娶城阳王徽妹。⑦

11. 郑氏，适赵郡王琛（齐神武帝弟），为赵郡王叡生母。⑧

12. 郑述祖女，适赵郡王叡。

13. 郑道荫女，适赵郡王叡。⑨

14. 郑雏女，为齐文宣太子良娣。⑩

15. 郑氏，齐景思王浟（神武帝子）妃。⑪

---

① 《资治通鉴》卷一四〇，第4473页。
② 《魏书》卷二二《废太子恂传》："初，高祖将为恂娶司徒冯诞长女，以女幼，待年长。先为聘彭城刘长文、荥阳郑懿女为左右孺子。"第589页。
③ 《魏书》卷五六《郑羲传》："幼儒，好学修谨，时望甚优。丞相、高阳王雍以女妻之。"第837页。
④ 《魏书》卷五六《郑羲传》："伯猷，博学有文采，早知名。……在州贪淋，妻安丰王元延明女，专为聚敛。"第838页。
⑤ 郑薿《有唐故特进检校左散骑常侍驸马都尉赠工部尚书荥阳县开国公郑府君墓志铭》，《补遗》第七辑，第70页。据其历仕魏、齐两朝来看，时间当在东魏。
⑥ 《北史》卷一四《后妃传》："冯翊太妃郑氏，名大车，严祖妹也。初为魏广平王妃。迁邺后，神武纳之，宠冠后庭。"第337页。妹为女之误，见《校勘记》。
⑦ 《魏故使持节侍中太保大司马录尚书事司州牧城阳王墓志铭》："妹适荥阳郑氏。"赵超：《汉魏南北朝墓志汇编》，第300页。
⑧ 《北齐书》卷一三《高叡传》："至四岁，未尝识母，其母则魏华阳公主也。有郑氏者，叡母之从母姊妹之女，戏语叡曰：'汝是我姨儿，何因倒亲游氏？'"第170页。
⑨ 《北齐书》卷二九《郑述祖传》："述祖女为赵郡王叡妃……妃薨后，王更娶郑道荫女。"第398页。
⑩ 《北史》卷三五《郑述祖传》："述祖族子雏……初，齐文宣为皇太子纳其女为良娣。"第1317页。
⑪ 《北齐书》卷一〇《彭城景思王浟传》："初，浟未被劫前，其妃郑氏梦人斩浟头持去。"第135页。

16. 郑氏，齐兰陵武王孝瓘（长恭，文襄帝子）妃。①

17. 郑氏，齐南阳王绰（武成帝子）妃。②

18. 郑文宽，娶魏平阳公主（广平王怀女）。③

19. 郑氏，周武帝姬。④

20. 郑孝穆（道邕）女，适周安昌公元则。⑤

此外，郑术墓志记载其三女适"皇宗"。⑥ 郑术世系不明，任武职。其女所适对象在周宗室中的系属不详，与皇室的关系大概十分疏远，仅止同族而已。

以上荥阳郑氏各房支与北魏皇室通婚的情况如下：

表 4—1—1

郑茂			
胤伯		平城	
幼儒 娶高阳王女	女 孝文帝嫔	伯猷 娶安丰王女	女 广陵王妃

表 4—1—2

郑羲			
郑懿		道昭	女 孝文帝嫔

---

① 《北齐书》卷一一《兰陵武王孝瓘传》："帝使徐之范饮以毒药，长恭对妃郑氏曰。"第 147 页。

② 《北齐书》卷一二《南阳王绰传》："齐亡，妃郑氏为周武帝所幸。"第 160 页。

③ 《隋书》卷三八《郑译传》，第 756 页。

④ 《周书》卷一三《文闵明武宣诸子传》："武帝七男……郑姬生荆王元。"第 207 页。

⑤ 庾信《周安昌公夫人郑氏墓志铭》："夫人讳某，荥阳阳武人也。……祖琼，太常、恭侯。父穆，司空、贞公。"穆即孝穆之省。倪璠注：《庾子山集注》卷一六，第 1041 页。

⑥ 《大周使持节骠骑大将军开府仪同三司大都督始州刺史清渊侯郑君墓志》："君讳术，字博道，荥阳开封人。……第二女适皇宗宇文谐，帅都督。第三女适皇宗宇文谈，宗师大夫。……第五女适皇宗宇文弘，□府记室。"见任平、宋镇：《北周〈郑术墓志〉考略》，《文博》2003 年第 6 期。罗新、叶炜：《新出魏晋南北朝墓志疏证》，第 261 页。

女 北海王妃	女 太子恂孺子	严祖	
		郑大车 广平王妃	

由表中可见，与北魏皇室通婚的仅限于郑茂房与郑羲房。[1] 郑羲因与李冲姻好，其女被孝文帝纳为妃，已见前述。郑茂房胤伯后代最盛，而其兴盛则亦当自北魏孝文时与皇室联姻开始。值得注意的是，郑羲与胤伯为叔侄，而二人之女均被孝文帝纳为妃。这说明北魏皇室纳妃不讲辈行，另一方面也说明此两房关系未必密切，所以孝文帝认为只纳其中一房之女还不足够，需要对两房均予以关照。其他婚例多半是孝文帝的弟、子纳郑氏女，均出于孝文帝的安排。只有郑幼儒娶高阳王雍女、郑伯猷娶安丰王延明女，是郑氏子弟娶皇室女（仅限诸王女），而且均为郑茂房。据推测，北魏皇室对此不应有所弃嫌，不知是否由于郑羲房对此有所顾忌。因为如前所述，仅有的纳鲜卑皇室女的婚例，给郑氏家族门风已造成严重影响。相反，嫁女除了给家族带来明显的政治经济利益外，对家族本身不会有其他方面的冲击，受委屈的只限于女儿自身。另一婚例则可能与北魏末年皇室内部的斗争有关。城阳王徽，先在灵太后专制时与郑俨阿党，尔朱荣乱后在庄帝朝挟内外之势，宗室莫与比。[2] 其妹婿郑氏名不具，疑与郑俨之族有关，故墓志讳其名。

到北齐时，郑氏仍维持与皇室联姻。其中郑大车被神武帝高欢所纳，并生冯翊王高润，显然与家族意愿无关。赵郡王叡娶郑述祖女，世宗文襄帝对他说："我为尔娶郑述祖女，门阀甚高，汝何所

---

[1] 洞林房郑文宽娶广平王怀（孝文帝子）女魏平阳公主，但其身份为周太祖（文帝）元后之妹。

[2] 《魏书》卷一九《城阳王传》，第510页。

嫌而精神不乐?"① 述祖为郑羲之孙,文宣帝太子良娣则为述祖族子郑雒之女。可见在北魏皇室传统影响下,竞娶郑氏女似已形成风气。"妃薨后,王更娶郑道荫女。王坐受道荫拜,王命坐,乃敢坐。王谓道荫曰:'郑尚书风德如此,又贵重宿旧,君不得譬之。'"② 道荫属郑德玄支,与郑羲房的关系还是比较近的,但高叡的态度却有明显不同。此外,景思王浟妃、兰陵武王孝瓘妃、南阳王高绰妃,三人房支不明。已知婚例全部为郑氏女嫁入宗室。

郑茂房、郑羲房均留仕东魏、北齐,只有洞林房郑道邕、郑文宽随出帝入关。后连山房郑伟亦西附。这几房均无与皇室联姻的传统。周武帝宇文邕郑姬,生荆王宇文元,当即齐南阳王高绰妃。宇文邕灭北齐后纳之,自然也与郑氏家族的意愿无关。安昌公元则,名附见《周书·元伟传》,与元伟等均为元魏宗室后裔,宇文泰仍予礼遇。③ 郑道邕与其结亲,当亦出于宇文泰旨意。同时郑文宽娶宇文泰元后之妹魏平阳公主,无子,而宇文泰命道邕子郑译继之,可见该家族颇受宇文泰恩宠。但郑氏家族始终未成为周、隋两朝皇室的通婚对象。隋朝杨氏的通婚对象为独孤氏、尉迟氏、元氏、云氏、陈氏、萧氏等,或出于代北房姓和关陇贵族集团,或为敌国之女。关陇贵族集团在总体上对包括郑氏在内的山东士族采取排抑态度,一直延续到唐初。

三、五姓自婚

孝文帝改制当时,"以范阳卢敏、清河崔宗伯、荥阳郑羲、太

---

① 《北齐书》卷一三,第116页。
② 《北齐书》卷二九,第276页。
③ 《周书》卷三八,第689页。庾信撰《周安昌公夫人郑氏墓志铭》亦不叙元则世系。

原王琼四姓，衣冠所推，咸纳其女以充后宫。陇西李冲以才识见任，当朝贵重，所结姻娅，莫非清望；帝亦以其女为夫人"。[①]与此同时，崔、卢、郑、王及李氏家族之间也相互通婚，五姓自婚的雏型自此形成。此外，姑表亲（姑舅亲）和姊娣继室在其中也占有相当比例，以致中外重叠、亲上作亲，形成了一个世代延续、相对固定的婚姻圈。但在五姓婚姻圈内，也各自有亲疏不同。荥阳郑氏与太原王氏很少有交集，也未见有通婚之例。就史书及墓志材料所见，荥阳郑氏婚姻中属于五姓自婚的有：

1. 郑羲，娶尚书李孝伯女。李孝伯，赵郡李氏东祖房，高平公李顺从父弟。[②]

2. 郑德玄女，适李冲。[③]德玄，郑羲从父兄。

3. 郑定宗女，适李佐。[④]李佐，李宝第四子，李冲兄。定宗之名别无见，然李冲家族与郑羲房、郑茂房结姻，故此女很可能出于郑羲五兄之一，定宗或是某人之字。

4. 郑平城，娶李承女李晖仪。李承，李宝长子，李冲长兄。[⑤]

---

① 《资治通鉴》卷一四〇，北京：中华书局 2011 年，第 4472—4473 页。

② 《魏书》卷五六《郑羲传》："弱冠举秀才，尚书李孝伯以女妻之。"第 1237 页。李孝伯传见《魏书》卷五三。

③ 《魏故使持节假黄钺侍中太师领司徒都督中外诸军事彭城武宣王妃李氏墓志铭》："亡父讳冲，司空清渊文穆公。夫人荥阳郑氏，父德玄，字文通。"赵超：《汉魏南北朝墓志汇编》，第 148 页。

④ 《魏故国子学生李伯钦墓志铭》："父佐，使持节安南将军、怀相荆秦四州刺史……后夫人荥阳郑氏，父定宗。"罗新、叶炜：《新出魏晋南北朝墓志疏证》，第 58 页。

⑤ 《魏故假节督南青州诸军事征虏将军南青州刺史郑使君夫人李氏墓志铭》："夫人讳晖仪，陇西狄道人。……祖宝。……父承，雍州刺史、姑臧穆侯。……长女上太妃，小宗之嫡，实为君母。……及大息伯猷由散骑常侍而为国子祭酒，时论以外戚相拟。"其子为郑伯猷，夫当为郑平城。罗新：《跋北魏郑平城妻李晖仪墓志》，《中国历史文物》2005 年第 6 期。李宝六子，承居长，字伯业，以自有爵，让封于弟茂。见《魏书》卷三九《李宝传》，第 886 页。

5. 郑道昭，娶李冲长女李长妃。① 道昭，郑羲子。

6. 郑洪建，娶李冲次女李仲玉。② 洪建，郑德玄孙。

7. 郑道昭女，嫁范阳卢道约。③ 道约，卢渊子，太傅李延寔妻弟，除卫大将军，兖州刺史。女为孝明帝世妇。④

8. 郑严祖妹，适范阳卢元明。⑤ 元明，昶子，拜尚书右丞。元明凡三娶，郑氏为次妻。与元明兄子士启淫汙，元明不能离绝。⑥

9. 郑氏，适卢正通。与正通弟正思淫乱，为御史所劾。正通，卢道约子。⑦

10. 郑道邕，娶李宪第五女稚媛。⑧ 李宪，李顺孙，李式子。明帝时为扬州刺史，军败，以城降梁。萧衍听还国。女婿安乐王鉴反，灵太后诏赐宪死。⑨

---

① 《魏故使持节假黄钺侍中太师领司徒都督中外诸军事彭城武宣王妃李氏墓志铭》："姊长妃，适故使持节镇北将军相州刺史文恭子荥阳郑道昭。"赵超：《汉魏南北朝墓志汇编》，第 148 页。

② 《魏故使持节假黄钺侍中太师领司徒都督中外诸军事彭城武宣王妃李氏墓志铭》："姊仲玉，适故司徒主簿荥阳郑洪建。"赵超：《汉魏南北朝墓志汇编》，第 148 页。"仲玉"，原录文作"伸王"。

③ 《魏故充华嫔卢氏墓志铭》："嫔讳令媛，范阳涿人。魏司空容城成侯之十一世孙，录事府君之元女。……父道约，字季恭，今司空录事参军。妻荥阳郑氏，父道昭，国子祭酒秘书监使持节镇北将军光青相三州刺史文恭侯。"赵超：《汉魏南北朝墓志汇编》，第 127－128 页。

④ 《魏书》卷四七《卢玄传》附卢渊，第 1052 页；卷一三《皇后传》孝明皇后胡氏，第 340 页。

⑤ 《魏书》卷三九《李宝传》，第 897 页。

⑥ 《魏书》卷四七《卢玄传》附卢昶，第 1060 页。

⑦ 《魏书》卷四七《卢玄传》附卢渊，第 1053 页。

⑧ 《魏故使持节侍中都督定冀相殷四州诸军事骠骑大将军定州刺史尚书令仪同三司文静李公墓志铭》："君讳宪，字仲轨，赵国柏仁人也。……第五女稚媛，适骠骑将军左光禄大夫荥阳郑道邕。父琼，青州刺史。"赵超：《汉魏南北朝墓志汇编》，第 328 页。

⑨ 《魏书》卷三六《李宪传》，第 835 页。

11. 郑敬祖女郑仲华,适崔昂。^① 崔昂字怀远,博陵安平人,东魏时为尚书左丞兼度支尚书,齐文宣帝时拜右仆射。^②

12. 郑思仁,娶崔昂长女。^③ 思仁名别无见,然此为姑舅婚,思仁当为仲华兄弟之子。

13. 郑颢父,娶陇西李彧妹。李彧,魏侍中。^④

14. 郑金刚,娶李琼女。^⑤

15. 郑诚,娶清河崔氏,生善果。^⑥

以下按郑氏各房支排列其婚姻情况:

表 4—2—1

郑茂	郑羲 娶李孝伯女		
郑平城 娶李承女	郑道昭 娶李冲女		
	女 适卢元明	女 适卢道约	郑敬祖
		卢正通 娶郑氏	郑仲华 适崔昂
			女 嫁郑思仁

---

① 郑仲华墓志:"夫人讳仲华,荥阳开封人也。……祖道昭,魏国子祭酒、秘书监。考敬祖,魏通直散骑常侍、豫州刺史。"同墓出土其夫崔昂、昂前妻卢修娥墓志。河北省博物馆、河北省文物管理处:《河北平山北齐崔昂墓调查报告》,《文物》1973年第11期。

② 《北齐书》卷三〇《崔昂传》,第410页。

③ 《齐故祠部尚书赵州刺史崔公墓志之铭》:"君讳昂,字怀远,博陵安平人也。……长女适荥阳郑思仁。"赵超:《汉魏南北朝墓志汇编》,第433页。

④ 《隋书》卷五〇《李礼成传》:"李礼成字孝谐,陇西狄道人也。……父彧,侍中。礼成年七岁,与姑之子兰陵太守荥阳郑颢随魏武帝入关。"第879页。

⑤ 《齐故李功曹墓志》:"君讳琼,字仲玙,赵国平棘人也。……女七人:五男,适荥阳郑金刚。"赵超:《汉魏南北朝墓志汇编》,第465页。

⑥ 《隋书》卷八〇《列女传》郑善果母:"郑善果母者,清河崔氏之女也。年十三,出适郑诚,生善果。"第1211页。

表 4—2—2

郑定宗?①	郑德玄		郑洞林
女 适李佐	郑颖考	女 适李冲	郑敬叔
	郑洪建 娶李冲女		郑琼
			郑道邕 娶李宪女
			郑诚 娶清河崔氏

《魏书·郑羲传》称："及李冲贵宠，与羲姻好，乃就家徵为中书令。"② 从以上调查可见，郑羲房、郑茂房和郑德玄支均与李冲家族有婚姻关系。郑羲与李冲结为儿女亲家，郑平城娶李冲侄女。郑定宗女嫁李冲兄。尤其值得注意的是，李冲娶郑德玄之女，而德玄之孙洪建又娶李冲女。由李冲的贵宠地位来看，结亲郑德玄，未必是由于郑羲的关系，而是出于一种政治考虑。因为郑德玄往返南北之间，在荣阳一带有自己的武装势力，需要通过婚姻手段加强两方联系。

李冲不仅与郑氏结亲，"所结姻娅，莫非清望"。据《李媛华墓志》可知，李冲长女长妃嫁郑道昭，次女仲玉嫁郑洪建，三女令妃嫁青州刺史文子范阳卢道裕，四女媛华嫁彭城武宣王勰，五女稚妃嫁尚书郎中朝阳伯清河崔勖，六女稚华嫁太尉参军河南元季海。③ 李冲与卢渊为儿女亲家，除一女嫁卢道裕外，其子李延寔

---

① 郑定宗世系不明，姑依李冲家族辈行，将其与郑茂、郑羲排为同辈。
② 《魏书》卷五六《郑羲传》，第 1238 页。
③ 《魏故使持节假黄铖侍中太师领司徒都督中外诸军事彭城武宣王妃李氏墓志铭》，赵超：《汉魏南北朝墓志汇编》，第 148 页。彭城王勰，孝文帝弟，传见《魏书》卷二一。勰第三子子攸后为庄帝，母即李媛华。卢道裕，卢渊子，附见《魏书》卷四七《卢渊传》，尚乐浪长公主，拜驸马都尉，令妃或是其后妻。崔勖，崔光子，附见《魏书》卷六七《崔光传》。元季海，南阳王宝炬子，名见《魏书》卷一二《孝静帝纪》。

亦娶卢渊女。① 郑道昭与卢渊也是儿女亲家，其女嫁卢道约。道约子正通娶郑氏，当是姑表亲，所娶当为其舅亦即郑道昭子之女。由此可见，五姓自婚是以李冲家族为中心逐步形成的。郑羲及下一代尚未与清河崔氏有直接婚姻关系，但通过李冲家族，他们业已结下亲缘。

除陇西李氏外，郑羲家族还早与赵郡李氏联姻。郑羲本人娶李孝伯女，比与李冲结为儿女亲家更早一辈。李孝伯经学传家，人才出众，深得太武帝拓跋焘亲宠。他选郑羲为婿，对郑羲而言极为光耀。李冲主动与郑羲结为姻好，恐怕这是其中一个重要因素。此外，卢渊亦娶李孝伯女，则郑羲与卢渊是所谓维私之眷。② 但到郑羲下一二代，"博崔"、"赵李"却被目为"地寒"。③ 揆之当初，大乖情理。很可能五姓在取得与皇室通婚特权后，高自标置，遂生分别。不过至少陇西李、荥阳郑应不这样看，也没有见到他们有这种议论。

四、其他婚姻关系

京兆韦氏

郑羲妹，适京兆韦肃，子崇。韦肃随刘义真渡江，"崇年十岁，父卒，母郑氏以入国，因寓居河洛。少为舅兖州刺史郑羲所器

① 《魏书》卷四七《卢渊传》："太傅李延寔出除青州，延寔先被病，（卢）道约，延寔之妻弟。"第1052页。
② 《魏故充华嫔卢氏墓志铭》："祖讳渊，字伯源……夫人赵郡李氏，父孝伯，散骑常侍尚书使持节平西将军泰州刺史宣城公。"赵超：《汉魏南北朝墓志汇编》，第128页。按，郑羲之子道昭又与卢渊结为儿女亲家，行辈有参差，但当时人论婚不要求妻族同辈行。郑道昭与郑洪建亦差一辈。
③ 《魏书》卷二一《高阳王雍传》，第557页；《北齐书》卷二三《崔㥄传》，第334页。

赏"。①韦氏世为三辅冠族，韦阆太武帝时徵拜咸阳太守，在郡十六年，抚定关中。韦崇女亦被孝文帝纳充华嫔。

此后北周时，有郑氏嫁韦孝宽（509—580）。《大周使持节太傅上柱国雍州牧郧襄公之墓志》："夫人荥阳郑氏，改姓贺兰，生世子总，次子寿。"同时出土夫人郑氏墓志两方，一方称"郑氏"，一方称"贺兰氏"，谓："夫人讳毗罗，本姓郑氏，魏末改为贺兰。"为迁葬于夫墓时重刻。②韦孝宽传见《周书》卷三一、《北史》卷六四，为西魏守玉壁、平尉迟迥叛乱居功至伟。孝宽前夫人杨氏，杨侃女。郑氏之后又有夫人河南拓跋氏。郑氏墓志未公布，不详其房支。洞林房郑道邕、郑简房郑常北周朝赐姓宇文，与此改姓贺兰不同。

河东裴氏

裴良家族墓志中有两项与荥阳郑氏联姻的记载：

裴良第二子子诞，字仲叡，妻荥阳郑氏，父令仲，荥阳太守。③

长女绛辉，年卅六，适荥阳郑氏，夫长休，镇远将军、步兵校尉。④

此裴良子、女分别与郑氏女、子婚姻，令仲与长休疑为父子。裴氏自晋以来即为河东三大著姓。裴良传见《魏书》卷六九，宣武帝时为西北道行台、汾州刺史，庄帝末除潼关都督，出帝末除汲郡太守。

渤海李氏

李璧（460—519）墓志："君讳璧，字元和，渤海蓨县广乐乡

---

① 《魏书》卷四五《韦阆传》，第1012页。
② 戴应新：《韦孝宽墓志》，《文博》1991年第5期；罗新、叶炜：《新出魏晋南北朝墓志疏证》，第313页。
③ 《裴良墓志》志盖右侧刹面、《裴子诞墓志》，罗新、叶炜：《新出魏晋南北朝墓志疏证》，第197、206页。
④ 《裴良墓志》志盖上侧刹面，罗新、叶炜：《新出魏晋南北朝墓志疏证》，第198页。

吉迁里人也。"志阴："曾祖祐，燕吏部尚书。……祖雄，东莞太守。……父景仲，州主簿，齐郡太守。……妻荥阳郑氏，字润英，父冀，司州都州主簿。……息女孟猗，年十八，适荥阳郑班豚。"李璧娶郑冀女润英，其女孟猗适郑班豚。① 郑班豚所娶当亦姑之女。渤海李氏是北方著姓，神麚四年与卢玄、高允等同应徵者有"征南大将军从事中郎勃海李钦道赐"。②《北齐书·儒林传》载东魏天平中徵中山张雕、渤海李铉等为诸子师友。③

顿丘李氏

郑贵宾女（519—549），适顿丘李府君云。《魏骠骑将军都水使者顿丘邑中正顿丘男顿丘李府君夫人郑氏墓志》："夫人荥阳开封人也。祖尚，济州刺史。父贵宾，荆州刺史。"④ 郑尚为南祖房郑简之孙，考证已见第一章。同时出土《齐故车骑大将军银青光禄大夫济南郡太守顿丘男赠使持节都督豫州诸军事豫州刺史李公墓志铭》："公讳云，字惠云，黎阳卫国人。……曾祖方叔，仪同三司顿丘献王，魏文成皇元恭后之父也。……祖峻，开府仪同太宰羽真录尚书顿丘宣王。父肃，侍中相州刺史穆公。"⑤《魏书·皇后传》："文成元皇后李氏，梁国蒙县人。顿丘王峻之妹也。后之生也，有异于常。父方叔恒言此女当大贵。"⑥ 李峻字珍之，传见《魏书》卷八三。父方叔原为宋济阴太守，魏文成帝时峻与五弟诞、嶷、雅、白、永等先后归魏。李氏籍贯，《魏书》为梁国蒙县，李云墓志作

① 赵超：《汉魏南北朝墓志汇编》，第118、120页。
② 《魏书》卷四八《高允传》，第1079页。《校勘记》谓"李钦"当作"李金"。卷七二《李叔虎传》称"从祖金"，收录该家族多人。
③ 《北齐书》卷四四，第582页。《北史》卷七四《李雄传》，亦为勃海蓨人，从周武帝平齐，与李璧祖父同名。
④ 赵超：《汉魏南北朝墓志汇编》，第377页。
⑤ 赵超：《汉魏南北朝墓志汇编》，第478页。
⑥ 《魏书》卷一三，第331页。

黎阳卫国。按黎阳即顿丘。《魏书·地形志》："黎阳郡，孝昌中分
汲郡置，治黎阳城。领县三：……顿丘，二汉属东郡，晋属顿丘，
太和十八年属汲，后属。"① 《水经注》卷五河水："故渎东北迳戚
城。……今顿丘卫国县西戚亭是也，为卫之河上邑。"《晋书·地理
志》汲郡属县有卫，故或疑"国"字衍。但据墓志及《魏书》，可
知北魏时即称卫国。李峻封顿丘王，然其任职在济南，其封爵盖取
李氏郡姓。《新唐书·宗室世系表》上："（李敢）生禹，字子通。
弟忠，顿丘房始祖也。"②《魏书·李彪传》称"顿丘卫国人"，③ 与
李云墓志称"黎阳卫国人"同，故该家族当属顿丘房。李方叔为宋
济阴太守，当为侨寄之南济阴郡。《宋书·州郡志》："南济阴太守，
二汉、晋属兖州，前汉初属梁国，景帝中六年，别为济阴国。"④ 方
叔当因此称梁国蒙人。

北周时郑伟亦婚顿丘李氏。庾信《周大将军襄城公郑伟墓志
铭》："夫人李氏，顿丘贵姓。"⑤

济阴甯氏

《魏故横野将军甄官主簿甯君墓志》："君讳懋，字阿念，济阴
人也。……妻荥阳郑兒女，太武皇时蒙授散常侍。郑兒女遗姬，以
去孝昌三年正月六日丧。"⑥ 郑兒，世系不详。志称甯懋（454—
501）其先五世遥寓西凉，其父甯兴东还，居在恒代。《元和姓纂》
四十六径甯氏有安平、河东、钦州房。⑦

---

① 《魏书》卷一〇六，第 2461 页。
② 《新唐书》卷七〇，第 1956 页。
③ 《魏书》卷六八，第 1381 页。
④ 《宋书》卷三五，第 1045 页。
⑤ 倪璠注：《庾子山集注》卷一五，第 942 页。
⑥ 赵超：《汉魏南北朝墓志汇编》，第 213 页。
⑦ 林宝撰，岑仲勉校：《元和姓纂》（附四校记）卷九，第 1353 页。另有洛阳、华阴
　　房，岑校谓为孟氏误入甯氏。

达奚氏

庾信《周太傅郑国公夫人郑氏墓志铭》:"夫人讳某,荥阳开封县远里人也。……祖那,秦州别驾。父茂伯,抚军将军、凉州刺史、伯阳县侯。……太傅弼谐周室,股肱攸寄。"① 夫人(?—568)为达奚武之妻,达奚武传见《周书》卷一九,天和三年(568)转太傅。

弘农杨氏

《大隋越国夫人郑氏墓志》:"夫人讳祁耶,荥阳开封人。……祖道颖,魏开府仪同三司、司农卿,终(漶六字)仪同三司,沔、龙、莒三州刺史。"② 越国公为杨素。《隋书·杨素传》:"其妻郑氏性悍,素忿之曰:'我若作天子,卿定不堪为皇后。'郑氏奏之,由是坐免。"杨素出将入相,矫诏立杨广,极一时贵宠。后其子玄感反叛,诸子尽诛。

《隋故通议大夫安陆太守杨府君墓志》:"公讳矩,字文懿,弘农华阴人也。……祖钧,使持节、侍中、司空公、雍华二州刺史,临贞恭公。……父宽,使持节、侍中、尚书左仆射、华州刺史、华山元公。……公正室郑夫人,周开府仪同、襄城公之女也。"③ 襄城公谓郑伟,庾信有《周大将军襄城公郑伟墓志铭》。④ 杨宽传见《周书》卷二二,并附其父钧事迹。

以上京兆韦氏、河东裴氏、弘农杨氏均为关中、河东著姓,渤海李氏、顿丘李氏亦为北方大姓。郑氏所婚如裴良、韦孝宽、达奚

---

① 倪璠注:《庾子山集注》卷一六,第 1055 页。
② 罗新、叶炜:《新出魏晋南北朝墓志疏证》,第 496 页。
③ 罗新、叶炜:《新出魏晋南北朝墓志疏证》,第 607 页。
④ 倪璠注:《庾子山集注》卷一五,第 936 页。

武、杨素、杨宽等，均为一时重臣。而郑氏一方除郑羲、郑贵宾、郑伟身份确知，郑令仲疑为郑仲明外，其他多不详世系。但据所婚对象亦可判断，其中大多必出贵门，为荥阳郑氏三祖之后。由这种倾向也可看出，郑氏通婚首重的还是官爵地位。其入关房支与关陇贵族迅速建立婚姻关系，也不排斥达奚等虏姓，就是很好的证明。包括郑氏在内的山东五姓，在这一时期虽然形成了自己的婚姻圈，但所谓在婚姻中以门第自高、"好自矜大"，恐怕也只是相对而言。对于与权贵议婚，他们显然并不排斥。当时，五姓与其他大姓之间看起来并没有一个截然有别的界限。当然，墓志材料所反映的情况有一定局限性，低品级人物的婚姻情况更不容易得到反映。因为品级越低，墓葬的规格也就越差，存有墓志并被发现的可能性自然也在一定程度上下降了。

第五章　唐代荥阳郑氏的婚姻关系

进入唐代以后，包括郑氏在内的山东五姓的婚姻门槛好像抬得更高了，其中唐高宗时颁布的禁婚令显然起了推波助澜的作用。根据以上调查，在北朝至隋时期，荥阳郑氏虽与卢氏、李氏、崔氏有相对固定的婚姻圈子，但同时也与其他大姓通婚。尽管仅据已知婚例不太能够进行统计对比，但至少可以肯定在与其他大姓通婚时，他们并非显得高不可攀，也不会开出其他特殊条件。也就是说，就门第对等来说，五姓并未构成一个特殊等第，高踞他人之上。但到唐代，人们在心理上却似乎逐渐接受了这样一个特殊等第。以下调查将尽可能全面地呈现唐代荥阳郑氏的婚姻情况。

一、与皇室的婚姻

根据调查，唐代荥阳郑氏中共出过八位驸马，但诸帝后妃中却没有一人出自荥阳郑氏。①《新唐书·高俭传》记载：

> 先是，后魏太和中，定四海望族，以宝等为冠。其后矜尚
> 门地，故《氏族志》一切降之。王妃、主婿皆取当世勋贵名臣
> 家，未尝尚山东旧族。②

陈寅恪认为，唐太宗的婚姻观念兼具关中人之尚冠冕与代北人之尚贵戚，带有深重的关中地域色彩；武后以山东寒族加入李唐皇室系统，形成唐中叶以前宰制政局的一个婚姻集团。③ 唐皇室的婚姻观念和选婚对象，自然会随着社会变化有所调整。到中唐宪宗时，选尚公主仍维持"多于贵戚或武臣节将之家"。④ 这时所谓武臣节将实际是指藩镇，在面临藩镇割据威胁的局面下，皇室也选择通过结亲对其施以笼络。但另一方面，皇室出于各种现实考虑，又不能不将士族冠冕之家列入通婚对象。唐玄宗女唐昌公主即"选婚华族"，出降张说之子张垍。⑤ 宪宗则不满成规，"且叹德舆有佳婿，遂令宰臣于卿士家选尚文雅之士可居清列者。初于文学后进中选择，皆辞疾不应，唯惊愿焉"。⑥

荥阳郑氏所出驸马情况如下：

---

① 唯一郑姓皇后为宪宗孝明皇后郑氏，《旧唐书》卷五二《后妃传》称"旧史残缺，未见族姓所出"，第2198页；《新唐书》卷七七《后妃传》称"丹杨人，或言本尔朱氏"。第3505页。
② 《新唐书》卷九五，第3842页。《资治通鉴》卷二〇〇高宗显庆四年记事近同，第6318页。
③ 陈寅恪：《记唐代之李武韦杨婚姻集团》，《金明馆丛稿初编》第237—263页。
④ 《旧唐书》卷一四七《杜佑传》，第3984页。
⑤ 《全唐文》卷二三玄宗《封唐昌公主等制》，第267页。
⑥ 《旧唐书》卷一四七《杜佑传》，第3984页。

表 5—1

公主	高祖女安定	睿宗女代国	睿宗女郧国	玄宗女临晋
男方	郑敬玄	郑万钧	郑孝义	郑潜曜
房支	郑遵道房	平简公房	未详	平简公房

（续前）

肃宗女宁国	肃宗女纪国	顺宗女普安	宣宗女万寿
郑巽	郑沛	郑何	郑颢
未详	郑遵道房	郑遵道房	南祖郑简房

其中郑敬玄为郑沛曾祖，郑沛、郑何为父子。该家族特别看重与皇室结亲，郑沛墓志称："自元魏宅中壤，定氏族，虽始之以班秩，实终之以闺风。其有婴于时议、尘于时点者，则不得婚媾皇家。以为门户升降，自兹厥后，咸以尚主为荣。则公之门，斯为大矣。数百年间，连华不绝。"[①] 所谓"数百年间"，当自郑遵道一辈算起（也许还有上溯至郑羲房的意思）。遵道为北魏驸马都尉，后为北齐兖府长史。但其名不见于史籍。遵道子、敬玄之父世敏，隋任果州刺史，当于北周灭齐后仕于周、隋，不排除唐初即为勋贵功臣。

　　郑万钧、郑潜曜（郑聪）父子出平简公房，其先郑述祖在北齐时即颇为清贵。据郑万钧《代国长公主碑》，公主开元二十二年（734）卒，年四十八，当生于武后垂拱三年（687）。年十七归于郑，在武后长安三年（703）。[②] 在这之前，中宗召还，立为皇太子，睿宗请让位于中宗，封为相王。时皇室多故，睿宗竟免于祸。中宗即位后，追赠韦后弟韦泚上蔡郡王，景龙二年（708）下制冥婚万

---

① 郑葰《有唐故特进检校左散骑常侍驸马都尉赠工部尚书荣阳县开国公郑府君墓志铭》，《补遗》第七辑，第 70 页。

② 郑万钧：《代国长公主碑》，《全唐文》卷二七九，第 2826 页。

钧之妹，时万钧官尚舍奉御。①万钧父锐思官止清河尉，万钧本人出身不明，可能任职诸卫、宫官之属，故被相王选为婿，与所谓"选婚华族"不可同日而语。至于郑沛、郑潜曜诸人，均是承先人之荫。唐皇室同样喜欢亲上作亲，习惯于从几个固定家族中寻找婚姻对象。

郑孝义、郑巽二人别无见，不详其世系。据张说《郧国长公主碑》，公主开元十三年（725）卒，年三十七，当生于武后永昌元年（689）。嫔于薛氏（儆），有男子四、女子五。进封郧国长公主后，薛氏卒，改降郑氏（孝义）。②不论其身份如何，此种婚姻恐亦出于皇室强派。郑巽尚肃宗幼女宁国公主。卒后肃宗以公主降回纥毗伽阙可汗，③可汗卒后公主归唐。

郑氏家族中唯一一个以公卿子弟、"文雅之士"身份被选为驸马的，是德宗朝宰相郑细之孙郑颢。《新唐书·白敏中传》载：

> 初，帝爱万寿公主，欲下嫁士人。时郑颢擢进士第，有阀阅，敏中以充选。颢与卢氏婚，将授室而罢，衔之。敏中自以居外，畏颢谗，自诉于帝。帝曰："朕知久矣。若用颢言，庸相任耶？"④

这是唐皇室求婚士人的一个著名事例。另两件事也与郑氏有关。一

---

① 郑愔：《大唐故赠荆州大都督上蔡郡王墓志铭》，《补遗》第三辑，第39页。
② 《全唐文》卷二三〇，第2330页。
③ 颜真卿：《和政公主神道碑》："玄宗幸蜀，妃后骏奔，姊曰宁国公主，霜嫠屏居，谁或讦告？"《全唐文》卷三四四，第3491页。可知郑巽此前已亡故。
④ 《新唐书》卷一一九，第4306页。《资治通鉴》卷二四九记事稍详："白敏中为万寿公主选佳婿，敏中荐郑颢，时颢已昏卢氏，行至郑州，堂帖追还，颢甚衔之，由是数毁敏中于上。敏中将赴镇，言于上曰：郑颢不乐尚主，怨臣入骨髓。"第8046页。事亦载裴庭裕《东观奏记》上卷，当为《通鉴》所据。

件事在郑颢之前。《唐语林》卷四"企羡":

> 文宗为庄恪太子选妃,朝臣家子女悉令进名,中外为之不安。上知之,谓宰臣曰:"朕欲为太子求汝郑间衣冠子女为新妇,扶出来田舍驹驹地,如闻朝臣皆不愿与朕作亲情,何也?朕是数百年衣冠,无何神尧打朕家事罗诃去。"遂罢其选。①

另一件事是郑颢劝于琮应选婿:

> 大中朝,驸马都尉郑颢以琮世故,独以器度奇之。会有诏于士族中选人才尚公主,衣冠多避之。颢谓琮曰:"子人才甚佳,但不护细行,为世誉所抑,久而不调。能应此命乎?"琮然之。②

可能是鉴于此前衣冠子弟对尚公主敬而远之的态度,宣宗对万寿公主下嫁屡施敦诫:

> 公主,上之爱女,故选颢尚之。有司循旧制请用银装车,上曰:"吾欲以俭约化天下,当自亲者始。"令依外命妇以铜装车。诏公主执妇礼,皆如臣庶之法,戒以毋得轻夫族,毋得预时事。又申以手诏曰:"苟违吾戒,必有太平、安乐之祸。"颢弟颐,尝得危疾,上遣使视之,还,问:"公主何在?"曰:

---

① 《唐语林校证》卷四,第368页。《太平广记》卷一八四题作"庄恪太子妃",出《卢氏杂说》。"汝郑间"作"汝郑门"。文宗朝郑氏宰相有郑覃。选衣冠女限于"汝、郑间",似无道理。

② 《旧唐书》卷一四九《于休烈传》附,第4010页。

"在慈恩寺观戏场。"上怒，叹曰："我怪士大夫不欲与我家为婚，良有以也。"亟命召公主入宫，立之阶下，不之视。公主惧，涕泣谢罪。上责之曰："岂有小郎病，不往省视，乃观戏乎！"遣归郑氏。由是终上之世，贵戚皆兢兢守礼法，如山东衣冠之族。①

宣宗的这种态度反映了唐皇室婚姻政策到后来发生的重大变化，当然也与宣宗本人恭俭儒雅、勤勉政事的为人有关。

在调查中未发现郑氏女被皇室选为妃之例，对照上述文宗为太子选妃悉令朝臣进名的情况，多少有些意外。与宗室结亲的有 4 例。两例为郑氏女嫁入宗室，一为嗣曹王李戢。李庭坚《大唐故宁远将军守左卫率府中郎嗣曹王墓志铭》："妃荥阳郑氏，襄城公之曾女。"② 穆员《唐赠尚书左仆射嗣曹王故妃荥阳郑氏墓志铭》："太妃讳中，字正和，恒州司兵文恪之孙，郴州司户休叡之子。"③ 曹王明，三子俊、杰、备，俊嗣王，与杰武后垂拱时并及诛。时诸王子孙壮者诛死，幼皆没为官奴，或匿人间庸保。中宗神龙初，诸王子孙自岭外还，以杰子胤为嗣曹王。后备自南还，诏停胤封而封备。备薨，开元十二年（724）复封胤。戢即胤子。此段姻缘发生在大难之后，郑中之父休叡是在何种情况下与李胤、李戢发生交集不太好判断。从他任职郴州来看，或许与李氏流放岭南的经历有关。据墓志，郑中（711—782）年十四出嫁，即在开元十二年。十年后戢卒，"太妃挈今之嗣王与女子子，洎夫族之叔妹未冠笄者，与本族

---

① 《资治通鉴》卷二四八，第 8036 页。
② 《汇编》天宝一一六，第 1613 页。襄城公谓郑伟，距郑中非止四代，故志文"曾女"当有缺讹。
③ 《汇编》贞元〇〇五，第 1840 页。

凋丧之遗无告者，合而家之"。子皋，为嗣曹王，官湖南观察使，移镇山南东道。任衡州刺史时为观察使谩劾，"御史覆讯，皋惧忧其母，出则囚服，入乃衣冠，貌言如平常"。[1] 早年的惨痛经历对该家族后人也有很大影响。

另一例是郑钦英女嫁汉中王李瑀子李褚，生景佺、景儒、景信、景仁。钦英，杭州别驾。曾祖守元，袭丹徒公。祖嘉会，雅州司马。父畋，金、衢二州刺史。[2] 此支源出不明。李景佺《唐书》有传，李褚名附见。[3]

另两例娶宗室女。一例是郑毗娶曹成王皋次子道古之女，名会。[4] 皋即郑氏所出，疑此郑毗与郑中同族。《新表》荥阳郑氏郑亚子、郑畋弟有郑毗，当非此人。另一例是泗州徐城令郑抚俗子郑洪，娶恒山王承乾之孙李适之女。[5] 抚俗、洪及洪子儋，并见《新表》南祖郑简房。李适之天宝元年为左相，与李林甫争权不叶，贬宜春太守，仰药死。

二、与赵郡李氏的婚姻

高宗时期禁五姓七家自婚娶，可能在开始实行时颇为严厉，七

---

① 《新唐书》卷八〇《太宗诸子传》，第 3580 页。
② 吕温：《故唐太子舍人李府君夫人荥阳郑氏墓志铭》，《全唐文》卷六三一，第 6365 页。
③ 《旧唐书》卷一二一《李景佺传》，第 4453 页。
④ 马其昶：《韩昌黎文集校注》卷七《唐故昭武校尉守左金吾卫将军李公墓志铭》，第 516 页。
⑤ 韩愈：《唐故河东节度观察使荥阳郑公神道碑文》："南祖之郑，入唐有为利之景谷令者曰嘉范，于公为曾祖；是生抚俗，为泗之徐城令，徐城生公之父曰洪，卒官凉之户曹参军。公讳儋，少依母家陇西李氏，举止异凡儿，其舅吏部侍郎季卿谓其必能再立郑氏。"马其昶：《韩昌黎文集校注》卷六，第 399—400 页。李季卿为李适之子，代宗时拜吏部侍郎。见《旧唐书》卷九九《李适之传》附子季卿，第 3102 页。据此知郑洪娶李适之女，生郑儋。

家"于是不敢复行婚礼，密装饰其女以送夫家"。① 根据调查，这一时期五姓自婚的例子确实减少。但大概从玄宗朝以后，这个禁令就不再起作用了。以下分别介绍郑氏与这几个家族之间在唐代的婚姻情况。

调查中所见唐代荥阳郑氏与赵郡李氏的婚例相对较少，仅止 18 例。但从初唐（李冲—郑㮚犹女）至晚唐（郑枢—李虞仲女），均有发生，中间未有明显隔断。据《新唐书·宰相世系表》："赵郡李氏定著六房：其一曰南祖，二曰东祖，三曰西祖，四曰辽东，五曰江夏，六曰汉中。"②"赵郡东祖，源流甚长"，③ 北魏重臣李灵、李顺、李孝伯皆出东祖，唐代出过李绛、李峤、李珏三位宰相。南祖房在唐代有李绅等七位宰相。不过，和其他大族一样，因仕宦、迁徙等原因，其族人也早已分散各地，境遇各不相同。④ 调查所见郑—李联姻的婚例中，男方任官多为县令、县尉一级，符合唐代士人入仕的一般情况。其中 8 例是郑氏女嫁出，9 例是李氏女嫁入。有 6 例郑氏房系可考：北祖洞林房 3 例，其馀归藏房、郑茂房、南祖郑简房各 1 例。又其中太子洗马郑某，娶杭州司马李仲翔长女（700—765），女亦郑出，⑤ 则很可能是姑舅亲。

其中涉及显赫家庭的，是郑氏与李德裕家族的联姻。女方为郑钺之女郑珍（827—855），男方为李德裕之子李爆（826—860）。《大唐赵郡李爆亡妻荥阳郑氏墓志并铭》云：

---

① 刘𫇭：《隋唐嘉话》卷中，北京：中华书局 1979 年，第 33 页。
② 《新唐书》卷七二上，第 2599 页。
③ 顾况：《饶州刺史赵郡李府君墓志铭》，《全唐文》卷五三〇，第 5381 页。
④ 有关唐代赵郡李氏家族的研究，有 David G. Johhson（姜士彬）：The Last Years of a Great Clan: The Li Family of Chao chün in Late T'ang and Early Sung. *Harvard Journal of Asiatic Studies*. Vol. 37, No. 1 (Jun., 1977), pp. 5‑102.
⑤ 郑日就：《大唐故太子洗马郑府君故妻赵郡李夫人墓志铭》，《补遗》千唐，第 245 页。

　　夫人讳珍，字玄之，荥阳之荥泽人也，世称北祖焉。……
祖讳汶，皇监察御史宣武军节度掌书记赐绯鱼袋。祖妣清河崔
氏，皇秘书监讳谦之长女。考讳钣，皇舒州太湖县令。太夫人
范阳卢氏，皇大理寺评事讳幼安之女。……夫人以开成庚申岁
八月望归于予家，洎于大中乙亥岁五月晦，盖五百五十二旬
也。……及燨家罹时网，播迁岭外，涉历危苦，未尝倦容。予
锺鞫凶，闻讣贬所，夫人号恸将绝，哀感中外。予衣服外除，
再抵荒外，岁时祀事，夫人皆躬自预焉。予长兄故尚书比部郎
锺念少子曰褒，顾其麋识，危惙之际，令予子之。夫人鞠育勤
到，至爱由衷，恩过所出，可以观其内则矣。①

郑钣出北祖郑茂房，已见本书第二章。李德裕于大中元年（847）
贬潮州，二年再贬崖州司户。李燨同时坐贬蒙州立山尉，妻郑氏于
大中九年卒于蒙州贬所。②郑珍嫁入李家在开成五年（840），时文
宗去世，武宗即位，七月李德裕自淮南节度使召入，拜相。两家议
亲，最有可能是在开成二年李德裕改淮南节度使后。郑钣为舒州
太湖县令，在其管下。钣父郑汶任宣武军节度掌书记，李德裕元
和初避嫌不事台省，有一段历辟诸府从事的经历，不知是否曾有
交集。

　　在郑氏家族一方，郑汶娶清河崔谦女，郑钣娶范阳卢幼安女，
保持了五姓自相婚娶的传统。李德裕与郑钣为儿女议婚，当然也是
首先考虑这一因素。另外，崔谦有一孙女嫁给同出郑茂房的中书舍

---

① 《汇编》大中一五七，第2373—2374页。根据行文，该志即李燨本人作。又李潘：
　《唐故郴县尉赵郡李君（燨）墓志铭》，见《汇编》咸通〇一六，第2390页。燨，新
　旧《唐书》作烨。
② 参傅璇琮：《李德裕年谱》，济南：齐鲁书社1984年，第656、708页。

人郑居中，郑居中之女嫁陇西李瓘。^① 郑钑另一女郑归，嫁博陵崔元略之子崔鍼。^②

以上几家的婚姻关系如下图：

图1　郑汶家族—赵郡李—清河崔、博陵崔婚姻关系

在所调查的郑—李联姻家庭中，这种情况比较普遍。例如郑枢娶李虞仲女，夫人曾祖李震娶太原王氏，祖李端娶太原王氏，唯李虞仲娶太原郭氏，乃郭子仪曾孙女。^③ 李茂成娶郑绚，子李端娶范阳卢氏，第二女适博陵崔介。^④ 李方义娶郑秀实，长女适博陵崔候，次女适河东裴稹，三女适太原王玹，幼女适京兆韦谭。^⑤

中晚唐的牛李党争局面复杂，人事关系交错，许多官场人物都身不由己卷入其中。身为李党领袖的李德裕，在宣宗即位后失势，

---

① 高锴：《唐故朝散大夫守中书舍人赠礼部侍郎上柱国赐紫金鱼袋荥阳郑府君墓志铭》："夫人清河崔氏，皇秘书监讳谦之孙，皇殿中侍御史讳郎之女。……有女一人，适大理评事陇西李瓘。"《补遗》第八辑，第156页。

② 李佑之：《唐光禄卿少卿故荥阳郑夫人墓铭》："夫人郑氏，讳归，其先荥阳人也。……父钑，皇任润州丹徒尉。"《补遗》千唐，第380页。又崔沆：《唐故朝请大夫使持节宋州诸军事守宋州刺史……崔府君墓志铭》："府君讳鍼，字节卿，其先博陵平安人也。……皇考元略……夫人荥阳郑氏，故润州丹徒令钑之女。"《补遗》千唐，第403页。崔元略及子崔铉传见《旧唐书》卷一六三，鍼为元略第四子，崔铉弟。

③ 郑枢：《大唐郑氏故赵郡东祖李氏夫人墓志铭》，《补遗》千唐，第407页。

④ 裴潾：《故陕州芮城县尉李公夫人荥阳郑氏墓志铭》，《补遗》千唐，第326页。

⑤ 裴瓒：《唐故荥阳郑夫人墓志》，《汇编》大中一二四，第2348页。

死于贬所。此时郑珍亦同涉危苦，于艰难之中尽心鞠养子侄，遘疾早逝。而其姊妹郑归所嫁博陵崔鏚，其兄崔铉正是牛党的重要人物之一，宣宗初年与白敏中等欲治李德裕深罪，发李绅在扬州所治吴湘坐赃下狱事。① 不过，尽管唐代官场人物都不可避免地会卷入一些政治斗争，并直接影响其仕途发展，但由于社会条件的变化，郑、李等家族总体来看都不可能结成某种重要的政治势力，除个别高官如李德裕外，也不会成为政治斗争的中心人物。像北朝时期那样家族大半卷入皇室和上层政治斗争的情况已不复存在，因此纯粹出于政治权力需要的婚姻也就不再发生。

下面来看看在郑—李联姻婚例中男方的任官：②

表 5—2

姓　名	科　第	卒　年	职事官	官　品
李冲	门荫	689	并州太原令	正六品上
郑俭	孝廉	701	曹州济阴尉	从六品下
郑道		707?	许州扶沟主簿	正九品下
李昕	门荫	712	宋州虞城令	从六品上
李述	明经	722	少府少监	正五品上
郑曾	科举	736 前	慈州刺史	正四品下
郑齐闵	门荫	739	右骁卫仓曹参军	正八品下
李全礼		750?	横海军副使	
李守一		759?	成都府郫令	从六品上
郑某		765?	太子洗马	从五品上

---

① 《旧唐书》卷一七三《李绅传》、卷一七四《李德裕传》，第 4500、4527 页。
② 表中职事官据墓志题额或墓志中记述的终官。以下各节列表同此。

姓　名	科　第	卒　年	职事官	官　品
李茂成		786?	陕州芮城尉	从九品上
郑儋	进士	801	工部尚书	正三品
郑博古		811?	殿中侍御史	从七品上
李方义		814	河中宝鼎令	从六品上
郑群	进士	821	尚书库部郎中	从五品上
李方玄	进士	845	处州刺史	正四品上
李爆		855?	蒙州立山尉	从九品下
郑枢	进士	862?	绛州刺史	从三品

任职中央台省机构和州郡刺史者官地较优，按照五品以上为贵阶来划分，计有 6 人（节镇副使当在五品以上）。在县一级任职的，由于唐代的县分为十等，不同等级的县令、县尉官品不同，仕途前景相差甚远。上表中共有 4 人就职不低于上县。其中太原为赤县，靠近权力中心，上升渠道尤非他县可比。[①] 李冲曾除沛王府骑曹参军，为左相刘仁轨赏识，再应八科之首，对策高第，授岐州录事参军，改太原县令，大概已六十来岁。[②] 仕途应算比较顺畅，但已无进一步升迁的希望。也有一些人，如郑俭、[③] 李茂成，[④] 官止县尉、主簿。不同于李爆遭受贬黜，他们一生所历官仅止这一层级。

在赵郡李氏这一方，有数人以门荫入仕。如李冲，其父弘节散

① 唐代县的等级划分，参见《通典》卷三三职官县令，第 191 页。
② 《□□□朝议郎行并州大都督府太原县令李君墓志铭》，《汇编》永昌〇〇五，第 783 页。高宗章怀太子李贤龙朔元年（661）封沛王。李冲享年六十五岁，太原县令是其终官。
③ 《大唐故通直郎行曹州济阴县尉郑君墓志》，《汇编》开元〇〇二，第 1150 页。
④ 裴潾：《故陕州芮城县尉李公夫人荥阳郑氏墓志铭》，《补遗》千唐，第 326 页。

官金紫光禄大夫，爵县公，故李冲解褐为潞王府法曹参军。李昕父行伟，官国子司业兼光禄卿、弘文馆学士，爵开国男，故李昕以右率府亲卫起家，袭封乐平男，官至虞城令，属上县，可算仕途平稳。[1] 李爆出身，新旧《唐书》及墓志均不载，当亦是门荫。郑氏一方则有郑齐闵，祖父祖玄为尚书右丞，故齐闵得以门荫补挽郎。[2]

荥阳郑氏与赵郡李氏联姻门第相当，而且由于五姓自相婚娶传统的存在，往往在议婚时成为首要考虑的因素。但也正因为如此，议婚双方的家境、家长的官位却可能有一定差距。也有另一种情况，即男方本人出身进士或有其他优越条件，在很大程度上则可以抵销家庭背景的劣势。以下是有关上述婚例中双方家庭情况的调查：

表 5—3[3]

荥 阳 郑 氏				赵 郡 李 氏			
婚方	父	官职	官品	婚方	父	官职	官品
郑氏*	从父郑槩			李冲	李弘节	工部尚书	正三品
郑俭	郑献	处士		李氏*	李深	绵州涪陵令	从七品上
郑道	未知			李氏*	李公淹	建州刺史	从三品
郑氏*	郑献	监门录事	正八品上	李述	李愻	亳州刺史	从三品
郑氏*	郑守庆	处士		李昕	李行伟	国子司业	从四品下

---

[1] 《唐故朝散大夫行宋州虞城县令上柱国李府君墓志铭》，《汇编》开元二三四，第1317页。

[2] 郑日成：《大唐故右骁卫仓曹参军荥阳郑府君墓志铭》《汇编》开元五〇〇，第1499页。

[3] 本表所列官职，为婚娶当时两方父辈所任官职。如果婚娶时父辈官职不详，则取其最高官职。同时尽量遵守双方官职截取时间一致的原则。双方官职均不可考者，则不列入。本表一行代表一个婚例。以下各节调查列表均此此。*号表示为女方。

荥阳郑氏				赵郡李氏			
婚方	父	官职	官品	婚方	父	官职	官品
郑曾	郑九思	丰城令	从六品上	李氏	未知		
郑齐闵	郑玠	赵州别驾	从四品下	李氏*	李怘	定州深泽令	正七品上
郑氏*	郑偘	婺州金华县丞	从八品下	李全礼	未知		
郑氏*	未知			李守一	李敬元	吏部尚书	正三品
郑某	未知			李氏*	李仲翔	杭州司马	从五品下
郑绚*	郑瑨	绛州闻喜主簿	正九品下	李茂成	未知		
郑博古	郑侑	河中□君		李氏*	李峦	户部尚书	正三品
郑群	郑迪	鄂州唐年令	从六品上	李氏*	李则	河南少尹	从四品下
郑氏*	未知			李方玄	李逊	刑部尚书	正三品
郑珍*	郑某	舒州太湖令	从六品上	李爗	李德裕	同中书门下	同三品
郑枢	未知			李氏*	李虞仲	吏部侍郎	正四品上
郑秀实*	郑约	洛阳主簿	从八品上	李方义	李胄	刑部郎中	正五品上

在以上婚例中，有些根据墓志，可以看出双方在官场上有交集，有些则不好判断。例如李述（673—730）之父李懃，官侍御

史、驾部员外郎、度支郎中，泗、贝、亳三州刺史。李述前妻"范阳卢氏，即堂甥余杭县丞季方之女，崇素之孙"，卢季方当为李氏家族的堂甥，也就是李愻从姑所生，所以两家议亲。[1] 继妻郑氏父郑献，官监门录事。[2] 李述本人解褐汉州金堂县尉，调洛州陆浑尉、洛阳尉，授太常博士、太子文学、金部员外郎、赞善大夫、给事中、将作少监、少府少监、齐州刺史。由于郑氏是续娶，所以很可能是李述本人在任京官时与郑献议亲，娶其女。

李昕（652—712）之父李行伟，官国子司业兼光禄卿、弘文馆学士，妻郑氏（667—725）之父郑守庆则为"处士"。由于李昕与郑氏年龄相差十五岁，所以两人结婚时李昕当已在三十岁以上。不知这是否会对他议婚产生影响。

郑群父郑迪官止鄂州唐年令，但郑群本人进士判上等，授正字，自鄠县尉拜监察御史，出佐裴均于鄂岳、江陵，随裴均还朝为虞部员外郎，仕途一路通达。于是两娶皆为高门，初娶吏部侍郎京兆韦肇女，后娶京兆少尹李则女。[3]

与郑群情况类似而又不同的是，郑枢本人在为夫人所作墓志中详细记录了他是如何得到岳父李虞仲的赏识：

> 夫人先大夫、吏部侍郎，大和六年自中书舍人任华州刺史日，枢初应进士举，负笈入关。吏部李公怜其才，惜其孤进，乃告其亲曰：吾不幸于郭夫人处有一子一女，子且三岁而婴痼

---

① 席豫：《大唐故中散大夫守少府监上柱国赵郡李府君墓志铭》，《续集》开元〇九九，第522页。墓志行文不够明晰，卢季方不可能是李述堂甥。

② 《唐六典》卷二五左右监门卫："掌诸门禁卫门籍之法。""录事参军掌印发，勾检稽失。"北京：中华书局1992年，第640页。

③ 韩愈：《唐故朝散大夫尚书库部郎中郑君墓志铭》，马其昶：《韩昌黎文集校注》卷七，第517页。

疾，吾无所托也。惟以一女选其良偶，付此女于生前，托吾身于殁后。虽贵门有纳缭问名者众多，殆非吾意。荥阳子今弃缭于吾关，虽尘土羁旅，吾自以为国士有人矣！[①]

在这里，我们似乎遇到了后代所谓"榜下择婿"的故事滥觞。[②] 唐代进士为时所尚，这也是生动例证之一。这种情况有一定的普遍性，于是才会连唐宪宗也对权德舆得佳婿羡慕不已。这个故事类型还包含了一个重要元素：郑群、郑枢虽为山东甲族，但本人却是"孤进"之士，在未中第前与"贵门"相隔悬远，中第可以说使他们一步登天。从另一方面来看，这种情况也说明，当时婚姻除了父母之命外，当事男方本人的出身、人品足以为其抬高身价，通常在婚姻中也有一定的主动权和决定权。《唐律疏议》规定："诸卑幼在外，尊长后为定婚，而卑幼自娶妻，已成者，婚如法，未成者，从尊长。违者，杖一百。"[③] 在以上婚例中，李述继娶时父母或已过世，由自己作主固不待论，而像郑群、郑枢这样离家应举或游宦，遇到贵门相助并被"择婿"的，当然也不须家长出面代其议亲。

三、与陇西李氏的婚姻

与赵郡李氏相比，调查中所见荥阳郑氏与陇西李氏联姻的婚例

---

① 郑枢：《大唐郑氏故赵郡东祖李氏夫人墓志铭》，《补遗》千唐，第 407 页。李虞仲，传见《旧唐书》卷一六三、《新唐书》卷一七七。

② 冯浩：《玉谿生诗集笺注》卷一《韩同年新居饯韩西迎家室戏赠》"南朝禁脔无人近"，注引彭乘《墨客挥犀》："今人于榜下择婿，号脔婿。"注按："是沿唐时风尚，故此句云然也。"上海：上海古籍出版社 1998 年，第 90 页。

③ 《唐律疏议》卷一四户婚，北京：中华书局 1983 年，第 267 页。

要更多一些，计45例。从初唐（李爽—郑伯爱女①）到晚唐（李孟宾—郑珣女②）均有发生，中间未有明显中断。

据《新唐书·宗室世系表》，李氏陇西房之先为秦李昙之子李崇。至前凉李昶生李暠，为西凉武昭王，有十子，后来形成陇西李氏的众多房支。③唐高祖李渊，亦称"凉武昭王暠七代孙也"。④《新唐书·宰相世系表》陇西李氏定著四房："其一曰武阳，二曰姑臧，三曰燉煌，四曰丹杨。"⑤其中姑臧大房出自李暠第八子李翻，翻子李宝归北魏，是北魏最有影响力的家族。其子李冲即最早与郑羲房联姻。据《唐会要》，肃宗乾元元年（758）著作郎贾至撰《百家类例》十卷，"以陇西李氏为第一"。⑥不过，也正因为陇西李氏地位显赫、房支众多，且李唐皇室亦与其扯上关系，所以其中不免会有伪托冒族之事，其世系难以悉究。

调查所见荣阳郑—陇西李联姻婚例中，有30例是郑氏女嫁出，15例是李氏女嫁入。其中有19例郑氏房支可考：南祖郑简房1例，北祖郑羲房3例，连山房2例，郑茂房11例，洞林房2例，尤以郑茂房为多。在陇西李氏这方，姑臧房占据很大比例。与赵郡李氏相比，陇西李氏所出人物除大部分任文职外，还有少数人任武职或其家世为武将。

陇西李氏中房支可考的绝大部分均称姑臧房，计有12例。这

① 崔行功：《大唐故银青光禄大夫守司刑太常伯李公墓志铭》，《汇编》总章○二○，第493页。
② 王式：《唐故邵州郑使君墓志有铭》，《汇编》大中一三五，第2356页。
③ 《新唐书》卷七○上，第1956—1957页。《晋书》卷八七《凉武昭王传》称："汉前将军广之十六世孙也。"其说近人多认为系伪托。参见张金龙：《陇西李氏初论——北朝时期的陇西李氏》，《兰州大学学报》1994年第4期等。
④ 《旧唐书》卷一《高祖纪》，第1页。
⑤ 《新唐书》卷七二上，第2473页。
⑥ 《唐会要》卷三六氏族，第666页。

与北魏时期姑臧房李宝家族最早与荥阳郑氏通婚显然有一定关系。其中如郑曜夫人墓志,"七代祖冲,陇西成纪人也",详细记述了自李冲以下列祖姓名、官职、赠谥。① 可见郑氏家族对此十分看重。在李氏家族这一方,如权德舆《长安主簿李君墓志铭》:"君讳少安,字公和,陇西成纪人。自元魏仆射文穆公冲而下,为西州冠族。或位不充者,必以令德闻。曾祖仲进,皇宣州司马。祖侨,河南府渑池县令。父憕,朝议大夫宗正丞,赠濮州刺史。"② 同样标榜"西州冠族"的身份。

姑臧房人士中亦多有科举高第、文章侍从之士。如常衮《赞善大夫李君墓志铭》:"父犯肃宗庙讳,皇膳部郎中、淄州刺史。文章侍从,给事黄门。……并以博学伟才,历位中外。蔼然声问,扬于家邦。公体元精之和,得大雅之正……起诗书之废疾,通古今之训注,以五经高第,冠名太学。而四方诸儒,多所质疑。"两娶均为荥阳郑氏。③

在郑—李联姻中,有多个家族保持了世代延续的通婚关系。如王玄同《大唐故袁州宜春县尉陇西李府君墓志铭》:

> 公讳□,字□□,陇西姑臧人也。……父荣,皇定州北平县令。……生北平府君。顷因流寓,便家定州,娶荥阳郑氏,即故相荥阳公馀庆之堂妹,公即荥阳之甥也。……秘书少监兼御史中丞郑公濡,为盛府行军司马。以公族望清美,衣冠人

---

① 郑阊:《大唐故朝散大夫太子典膳郎荥阳郑府府君故夫人陇西县君李氏墓志铭》,齐运通编:《洛阳新获七朝墓志》,第279页。

② 《全唐文》卷五〇四,第5126页。

③ 《全唐文》卷四二〇,第4289页。据文中叙事,赞善大夫为李成性,父李亨。见《新唐书》卷七二《新表》二上,第2453页。

物，景慕之厚，遂以次女妻公。①

　　宜春李君祖父李湍娶苏州长史郑晖女，② 父李荣娶郑馀庆堂妹，本人娶盛府行军司马郑濡女。郑濡不见于《新表》，但郑馀庆子侄辈名皆从氵，郑濡很可能也是馀庆子侄。馀庆弟郑具瞻之子尚书驾部员外郎郑澡，娶姑臧李氏，其女适洛阳县尉李君夏。君夏与驾部"中外重叠"，说明李君夏的母亲也出自郑氏家族。③ 馀庆叔父郑申子郑式瞻，娶李挺女，李挺即上引常衮所撰墓志之赞善大夫李成性之子，成性本人两娶荥阳郑氏。④ 郑馀庆为郑长裕之后，该家族与陇西李氏的婚姻关系见下图：

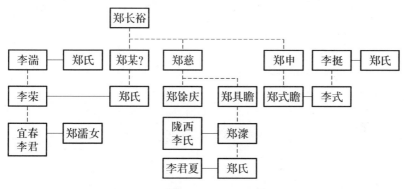

图 2　郑长裕家族—陇西李氏婚姻关系

　　注：图中实线表示婚姻关系，纵向虚线表示直系血缘关系，横向水平虚线是同辈关系。后表亦同。

---

① 《汇编》长庆〇〇八，第 2063 页。
② 邵说：《唐故瀛州乐寿县丞陇西李公墓志铭》，《汇编》大历〇一七，第 1771 页。郑晖（一作晖之），襄城公房郑孝本子，考证见本书第二章。
③ 李君夏：《郑氏夫人权厝墓志铭》，《补遗》第六辑，第 166 页；又见《续集》大中〇三七，第 995 页，"澡"字缺。郑澡，考证见《唐尚书省郎官石柱题名考》卷二五主客郎中，第 943 页。
④ 郑式瞻：《唐故监察御史陇西李府君之女墓志铭》，《续集》贞元〇一八，第 746 页。

　　此外如郑阐，"夫人陇西李氏，公舅故陈州苑丘县尉诵之女"，[①]也是姑表亲。

　　还有第三章已经提及的李景庄家族，仅在李景庄为其女所撰《唐常州无锡裴长官陇西李夫人墓志铭》中，便记载了5例李氏与荥阳郑氏的婚姻，其中4例是与郑氏北祖二房联姻，分别为夫人曾祖李彭、祖父李宏、父李景庄、长兄李詠。另一例是夫人伯父李景让，娶第七房郑氏。[②]

　　以上这些联姻事例表明，郑、李两个家族一直在有意识地延续亲上作亲的婚姻方式。由此也说明，相比于其他几姓，荥阳郑氏与陇西李氏的关系可能更显亲密。

　　与前文荥阳郑—赵郡李的调查情况类同，联姻男方的任职层级也以中下层官员为主：

表 5—4

姓名	科举	卒年	职事官	官品
李爽		668？	司刑太常伯	正三品
李成质		674	扬府兵曹参军	从七品上
郑沼		717？	左监门卫直长长上	
李延光		719	涪州刺史	正五品上
郑宇	孝廉	753	河东郡河东县尉	从九品下
李成性	明经	755	赞善大夫	从五品下
李诵		760？	陈州宛丘尉	从九品下
李良金		768	晋州刺史	正三品 陇西郡开国公

---

① 王公亮：《唐故河南府伊阳县令荥阳郑府君墓志铭》，《补遗》千唐，第300页。
② 《补遗》第八辑，第221页。

姓名	科举	卒年	职事官	官 品
李湍	明经	769？	瀛州乐寿丞	正九品下
郑洪		770？	凉州户曹参军	正八品下
李挺		779？	监察御史	正八品上
李玗		790？	怀州司马	从五品下
李荣		790？	定州北平令	从六品上
李条	门荫	799	司农少卿	从五品下 陇西县开国男
郑闸		800	河南伊阳令	正六品上
李汇	明经	805	抚州法曹参军	正八品下
李少安	孝廉	808	长安主簿	从八品上
李澄		808？	岐州司法参军	从七品下
李萼		809	澧州慈利令	正七品上
郑式瞻		810	衢州刺史	从三品
郑正		812？	扬州江阳主簿	从九品上
郑鲁		821？	右金吾卫仓曹参军	正八品下
郑某		822？	右金吾卫录事参军	正八品上
李某		820	袁州宜春县尉	从九品下
郑澡		833？	驾部员外郎	从六品上
李彭			右补阙	从七品上
李叔夏		835	右骁卫翊府左郎将	正五品上
郑鲔		850？	长沙县令	从六品上
李仲昌		838？	监察御史里行	正八品上

姓名	科举	卒年	职事官	官　品
李重光		844？	襄州文学	从八品上
郑滔			殿中侍御史	从七品上
郑锡		850？	礼部员外郎	从六品上
郑公瑜		850？	密县尉	从九品下
李君夏		853	河南府颍阳丞	正八品下
李宏		863？	河南府兵曹参军	正七品下
李瓘		867？	大理评事	从八品下
李景庄	进士	880？	左谏议大夫	正五品上
李景让	进士	880？	吏部尚书	正三品
李詠		890？	郑州杨武丞	从八品下

　　上表中陇西李氏有数人祖先为武将。如李爽（593—668）："曾祖众庆，魏奉朝请雍州大中正、宁朔将军、奉车都尉，新成、永安二郡守。……祖亮，周仪同三司、京兆郡大中正、雍州州都、宕渠郡守、司藩大夫、光州刺史。……父伟节，隋殿中侍御史、菊潭县令、侍御史、岐州渭滨县令、司隶刺史、朝请大夫、洛阳县令，皇朝通直散骑侍郎。"[1] 其曾祖、祖父仕西魏、北周，以军功致高位。但到了他父亲这一辈，已转任县令、御史等文职。李爽本人"武德之初，引为齐王典签"，玄武门之变后齐王元吉被杀，李爽贞观初又被起用为右武侯仓曹录事参军。

　　又如李延光（647—719）："高祖叔基，周侍中、上开府、仪同

————————

[1]　崔行功：《大唐故银青光禄大夫守司刑太常伯李公墓志铭》，《汇编》总章〇二〇，第493—494页。

三司、骠骑大将军、驸马都尉、敦煌郡公。曾祖威，隋使持节上大将军，荆、安二州总管，荆、安、熊、邓等四州刺史，上柱国，黎国公。大父志廉，皇朝上开府、陕东道行台、度支郎中，赠使持节卫州刺史。考元谨，太子左千牛尚舍直长。"^① 其中李威，在杨坚为北周丞相时是行军元帅王谊手下四总管之一，分讨巴蛮渠帅兰雒州。^② 李延光"始因戎卫之资，遄就参卿之任"，不过后来历官州县，四迁宪阁，终官涪州刺史。

还有本人任武职的。如李良金（722—768）："五代祖俭，佐高皇帝定都于雍。……皇祖素，宁州真宁宰。大父亨，绛州长社府折冲。列考宗，益州新繁令。"良金弱冠投朔方节度副使论公幕下，"尔后出奇破敌，戡难计功，廿年间累有迁拜"。^③ 后"职营田之务于蒲"，因吏讼，词忤大臣，命归不测。

李叔夏（786—835）"其先即皇室诸李之后"。曾祖、祖父、父皆不仕，本人自幼"志慕戎风"，解褐授左金吾卫司戈，转右骁卫司阶、王府典军，终官宣威将军、右骁卫翊府左郎将。^④

这些陇西李氏人物的先世大多难以详考，其尚武家风与所谓"汉前将军广"之后没有什么关系，也与北魏李宝家族无关，而有较大可能是因李唐王室托为凉武昭王之后，这一军事贵族也从而托名混入陇西李氏。^⑤ 郑氏家族在与他们议婚时，看来对此并不十分

① 《唐故中散大夫涪州刺史上柱国李府君墓志铭》，《续集》开元〇二九，第472页。
② 《隋书》卷四〇《王谊传》，第1168页；卷五三《冯昱传》，第1358页。
③ 《唐故金紫光禄大夫试太子詹事兼晋州刺史上柱国陇西郡开国公李公墓志铭》，《汇编》大历〇一〇，第1767页。论公当为论弓仁，开元初为朔方副大使。《新唐书》卷一一〇有传。
④ 金瑜：《大唐故宣威将军右骁卫翊府左郎将上柱国李府君墓志铭》，《续集》大和〇五四，第922页。
⑤ 参见陈寅恪：《李唐氏族之推测》，收入《金明馆丛稿二编》，上海：上海古籍出版社1980年，第281—294页。

在意。

在荥阳郑氏这一方，也有一些人任职低层，甚至为胥史。如郑沼为左监门卫直长长上，"受职钤衡，趋程仳别"。夫人李鸭不得已"归宁父党，寝疾弥留"，以致幽明永隔。[1] 左右监门卫有直长长上二十人，[2] 属内职掌，是文武职事官之外的诸色胥史。[3]

郑居中堂叔郑某，官右金吾卫录事参军，官居八品，但家庭生活十分贫困。"自金吾府君先夫人廿四年下世，茕然二女，俱在婴幼。而宦薄无馀俸，家贫无遗业，独私庙未毁，斋宫粗存。号提二孤，居无四邻。饮食阙盐酪，衣服无寒暑。"[4] 此外，像郑鲁官右金吾卫仓曹参军，在郑敬、郑易两位兄长去世后，以"京师艰食，终不能衣食嫠幼"，只得南下荆州，依靠耕种郑易佐州时留下的数百亩田，维持全家生计。[5] 其夫人"夙丁荼毒，至于蓼莪罔极之痛，有终身之忧。是以常栖心释门，勤究空理"。[6]

官至五品以上的郑氏人物有郑式瞻，《旧唐书》记其在衢州刺史任上犯赃，交付御史按问。[7] 另李益有《自朔方还与郑式瞻崔称郑子周岑赞同会法云寺三门避暑》诗，[8] 法云寺在扬州。

下面来看看在荥阳郑—陇西李联姻中双方的家庭情况：

① 《左监门卫直长长上荥阳郑沼故妻陇西李氏墓志铭》，《补遗》千唐，第206页。
② 《唐六典》卷二五，第635页。
③ 《通典》卷四〇职官二十二，第1106页。
④ 郑居中：《唐故右金吾卫录事参军荥阳郑府君夫人陇西李氏墓志铭》，《补遗》千唐，第337页。
⑤ 卢宏宣：《唐故右金吾卫仓曹参军郑府君墓志铭》，《汇编》残志〇三一，第2558页。
⑥ 许康佐：《唐右金吾卫仓曹参军郑公故夫人陇西李氏墓志铭》元和一二四，《汇编》第2036页。
⑦ 《旧唐书》卷一三《德宗纪》，第394页。
⑧ 《全唐诗》卷二八二，第3208页。

表 5—5

荣 阳 郑 氏				陇 西 李 氏			
婚方	父	官职	官品	婚方	父	官职	官品
郑氏*	郑伯爱	隋鄂州司仓	从八品下	李爽	李伟节	隋殿中侍御史	从七品下
郑氏*	未知			李璩	李信	卫州录事参军	正八品上
郑沼	未知			李鸭*	李谥	舒州司法	从七品下
郑氏*	郑祖玄	太子谕德	正四品下	李延光	李元瑾	左千牛尚舍直长	正七品下
郑宇	郑游	晋州临汾令	正六品下	李氏*	未知		
郑氏*	未知			李成性	李亨	淄州刺史	三品
郑氏*	未知			同人			
郑氏*	未知			李诵	李元恭	吏部侍郎	正四品上
郑氏*	未知			李良金	李宗	益州新繁令	从六品上
郑氏*	郑晖	苏州长史	从五品上	李湍	李千石	唐州慈丘丞	从八品下
郑氏*	未知			李挺	李成性	赞善大夫	正五品上
郑式瞻	郑申	婺州金华丞	从八品下	李氏*	李挺	监察御史	正八品上
郑氏*	未知			李玶	李惇	太原士曹	正七品下

荥 阳 郑 氏				陇 西 李 氏			
婚方	父	官职	官品	婚方	父	官职	官品
郑氏*	未知			李条	李齐物	太子太傅	从一品
郑闱	郑曜	太子典膳郎	正六品上	李氏*	李诵	陈州宛丘尉	从九品下
郑氏*	郑缙	洺州永年丞	从八品下	李汇	李峦	魏州贵乡尉	从九品下
郑氏*	郑叔规	太仆少卿	从四品上`	李少安	李憺	宗正丞	从六品上
郑氏*	未知			李蕚	李惟应	宣州宣城尉	从九品下
郑正	郑宠	尚书库部郎中	从五品上	李氏*	李敷	同州刺史	正四品上
郑鲁	郑宝	秘书省著作郎	从五品上	李氏*	李宣	宋州楚丘尉	从九品下
郑某	未知			李氏*	李钧	郑州录事参军	从七品上
郑氏*	未知			李荣	李湍	瀛州乐寿丞	从八品下
郑氏*	郑濡	御史中丞	正五品上	李某	李荣	定州北平令	从六品上
郑氏*	郑滦	冀州阜城令	从六品上	李佾	未知		
郑氏*	未知			李叔夏	李文清	处士	
郑氏*	未知			李澄	李泰	河南府福昌尉	正九品下
郑氏*	郑季熊	魏州大都督府参军	正八品下	李仲昌	李祐	邢州参军	从九品上

续　表

荥 阳 郑 氏				陇 西 李 氏			
郑氏*	未知			李重光	李某	澧州司马	从五品下
郑锡	未知			李氏*	李则	歙州长史	正六品上
郑循礼	未知			李氏*	同上		
郑公瑜	未知			李氏*	同上		
郑澡	郑具瞻	秘书丞	从五品上	李氏*	未知		
郑氏*	郑澡	驾部员外郎	从六品上	李君夏	未知		
郑氏*	郑居中	礼部侍郎	正四品下	李瓘	未知		
郑滔	未知			李氏*	李翱	汉南节度使	正三品
郑氏*	未知			李辞	李诚	利州都督府长史	从五品上
郑迈	未知			李氏*	李俊素	监察御史	正八品上

　　由以上调查可见，大部分婚配双方家庭情况相当，家长官级品位相差不大：有的均为县级官员，如县尉与县丞；有的是县级官员与州郡级官员，如县丞与州长史。如李伟杰之子李爽娶郑伯爱之女，李祐之子李仲昌娶郑季熊之女，李荣之子娶郑濡之女，李峦之子李汇娶郑缙之女，李湍娶郑晖之女等。也有的是州郡长官与省郎等中央官员，如郑宠之子郑正娶李敷之女。还有的双方在官场上有明显交集，如郑祖玄和李元瑾均为东宫属官，李憎和郑叔规分别任职宗正寺和太仆寺。郑宝之子郑鲁娶李宣女，双方官品相差较大，

但郑鲁本人官级较低，李氏世为冠族，所以双方议婚亦符合情理。

如前所述，郑、李两家都习惯于亲上作亲，这在双方的婚姻缘起中起了比较大的作用。这种婚姻方式不止存在于姑臧李氏与荥阳郑氏之间，而且是在五姓家族之间交叉发生。例如李仲昌曾祖李泰娶范阳卢氏，祖李澄娶荥阳郑氏，父李祐又娶范阳卢氏，李仲昌本人则娶荥阳郑氏为妻。[①] 看起来李氏家族是在卢氏与郑氏之间交替地选择婚娶对象，郑氏与其他几姓之间的婚姻也存在这种情况。当然，即便是在这种情况下，男方个人的才能、品行在议婚时是女方特别看重的，因此有很多"择婿"的故事发生。在被选中之后，有时还会一波三折。且看李君夏娶郑溧女为妻的过程：

> 我夫人郑氏，荥阳人……曾祖慈；祖具瞻，秘书丞；外舅尚书驾部员外郎溧第二女，姑臧李氏之出也。君夏与外舅中外重叠，凤承恩念。会昌岁杪，微宦在京，间□累年，偶获拜觐，询以婚娶，因赐采录。时以京官秩满，左右下褊阙，力不遂心。后三年，外舅宰河南，专候起居，旧意不替。穷居万计，得遂初心。旋以常调授颍阳丞。夫人因外舅擢拜台院，自洛侍从之京师。其年秋，以尊长寝膳不宁，难自造请。外舅通悉，遣夫人爱弟送之颍阳，方喜同奉汤药，不逾旬朔，四体不安，旧染口疮，又重发动。太夫人将领入洛寻医。自冬及春，疾乃变易，体渐羸瘠，医巫少效。至于夏初，弥觉沉痼，以大中七年四月廿九日，捐馆于东都时雍里，享年廿四。[②]

---

① 崔肱：《唐故魏博节度判官监察御史里行赐绯鱼袋李府君夫人荥阳郑氏合祔墓志铭》，《补遗》千唐，第 362 页。
② 李君夏：《郑氏夫人权厝墓志铭》，《补遗》第六辑，第 166 页。

李君夏与郑澣（文中称"外舅"）"中外重叠"，是说二人可以从父系和母系两方论亲。也就是说李君夏的母亲出自郑氏家族，而郑澣同时也是李家的外孙（其父具瞻娶李氏女）。但在此前，李君夏却长时间没有见过郑澣。一直到"会昌岁抄"，李君夏因在京任职，才偶然拜觐郑澣，郑澣遂"询以婚娶"，而选其为婿，定下婚约。但君夏却因京官秩满离京，无法迎娶。后郑澣任河南令，[①] 君夏致书问候，再申前意，得遂初心。君夏再授官颍阳丞，而郑女却因郑澣擢拜台院，随侍自洛阳赴京师。其后郑澣遣其子送女至颍阳，夫妻方得同侍尊长。但谁知郑女随后旧疾发作，医巫无效，不足一年便去世了。李君夏亲执笔为妻子作墓志，亦足见其哀惋伤感之情。

在赵郡李氏、陇西李氏之外，还有几例属于其他李姓。如李抱真再娶于郑，前夫人洛阳令郑伋女，后夫人洛州壶关令郑巩女。[②] 李抱真与从兄李抱玉皆为朔方军将，本安氏，出安息国，世居凉州，以军功封义阳郡王，与抱玉同赐姓李。《旧唐书》本传称李抱玉"习文儒，与士人通婚者，稍染士风"。[③] 抱真与郑氏通婚，所尚亦相同。

又，李曙高祖李雄，渤海蓚人，从周武帝平齐，赐爵建昌县公。曾祖孝珉卜坟河洛，为河南人。曙娶荥阳郑氏，历阳郡乌江令某之次五女。[④]

---

① 文中"宰河南"，指郑澣任河南令。《唐尚书省郎官石柱题名考》卷二五主客郎中引杜牧《皇甫鈇除右司员外郎郑澣除侍御史内供奉等制》，知郑澣自河南令除侍御史，第 943 页。
② 穆员：《相国义阳郡王李公墓志铭》，《全唐文》卷七八四，第 8195 页。
③ 《旧唐书》卷一三二《李抱玉传》，第 3645 页。
④ 《唐故卢阳郡洛浦县尉员外置李公墓志铭》，《续集》天宝〇八八，第 645—646 页。李雄，《北史》卷七四有传。

四、与清河崔氏、博陵崔氏的婚姻

清河崔氏在唐代享有"第一高门"的声誉，在本书调查中荥阳郑氏与清河崔氏通婚的有 37 例，与博陵崔氏通婚的有 20 例。有关清河崔与博陵崔的分派，在唐代崔羣墓志中有如下记载：

> 府君讳羣，字退举，清河东武城人，炎帝之后。太公封于齐，厥后世秉齐政，至穆伯食邑于崔，子孙因氏焉。秦司徒府君讳庭，长子讳伯基，封东莱侯。至汉桓帝时，改东莱为清河郡，则清河、博陵始分之祖也。①

据《元和姓纂》，伯基弟仲牟，居博陵安平，为博陵崔氏之祖。②清河崔氏到南北朝时期有北魏尚书仆射崔休、太子舍人崔寅、刘宋泰山太守崔辑，分别为清河大房、小房和青州房始祖。博陵崔氏到南北朝时期分出博陵安平房、博陵大房、博陵第二房等房支。《新唐书·宰相世系表》有"崔氏定著十房：一曰郑州，二曰鄢陵，三曰南祖，四曰清河，五曰清河小房，六曰清河青州房，七曰博陵安平房，八曰博陵大房，九曰博陵第二房，十曰博陵第三房。"③

与荥阳郑氏相似，崔氏也是汉代世族，在北朝时期获得发展。在唐代，崔氏家族仍十分显赫，据《新唐书·宰相世系表》，共出

---

① 崔干：《□□□□□使持节曹州诸军事守曹州刺史赐紫金鱼袋清河崔府君墓志铭》，《汇编》大中〇九〇，第 2318 页。
② 《元和姓纂》（附四校记）卷三"十五灰"，第 331 页。
③ 《新唐书》卷七二下，第 2817 页。

宰相 23 人，超过了其他几大姓。但与其他山东旧族一样，崔氏家族在整体上还是处于衰落趋势。① 在墓志中，我们也能看到这种变化趋势：

> 太公以大勋平祸乱，季子以让德辞社稷，崔氏其后也。有魏名臣炎，降至宋度支郎中赠冀州刺史元孙，陨身成名，兴起百代。生魏吏部尚书左仆射贞烈公亮，六为吏部郎，三为吏部尚书，再为大中正，连部二千石，一为大将军，历侍中、太常、光禄大夫。男为部官，女为九嫔。与伯父之子仆射休，首出群姓，为海内甲门。孙曰肇师，以令望为中书侍郎，以才辩为聘梁使。中书孙讳道淹，北齐安州总管掾。生少师之祖讳方骞，皇朝万年主簿、临洺子。临洺子生少师烈考讳贞固，皇朝武功主簿，赠吏部尚书。娶赵郡李氏。少师讳景晊……举明经……以清白器干为按察使倪若水表荐大理评事。②

该墓志墓主为唐代开元年间的崔景晊。文中不厌其烦地追述其祖先自魏以来"男为部官，女为九嫔"的显赫历史。而入唐以后，该家族的任职层级则明显下降，入仕途径也由"以令望"变成"举明经"。

调查所见，荣阳郑氏与清河崔氏、博陵崔氏联姻的例子，从唐初到晚唐均有发生。其中的官员任职层次相对较高，具体情况见以下二表：

---

① 有关研究参见：Patricia Ebrey（伊沛霞）：*The aristocratic families of early imperial China: a case study of the po-ling Ts'ui family.* 中译本：《早期中华帝国的贵族家庭——博陵崔氏个案研究》，上海：上海古籍出版社 2011 年。
② 李华：《唐赠太子少师崔公神道碑》，《全唐文》卷三一八，第 3229 页。

表5—6　清河崔氏

姓　名	科　第	卒　年	职事官	官　品
郑逞	门荫	727	襄阳令	从六品上
崔羡		729	魏州冠氏令	从六品上
崔昇			大理卿	从三品
崔景晊	明经	753?	大理评事	从八品下
崔某		755?	蜀郡蜀令	从六品上
郑密		763	商州录事参军	从七品上
郑旷	进士	777	滁州刺史	从三品
郑甫	门荫	790	舒州刺史	从三品
郑汶		795?	宣武军节度掌书记	正八品上
崔程	进士	798	河南主簿	从八品上
郑俭		801?	太子通事舍人	正七品下
崔秤	明经	802?	怀州录事参军	从七品上
郑高	进士	805	江西道都团练副使	从六品下
崔某		810	永州刺史	正四品上
崔某		812?	刑部尚书	正三品
崔羣	明经	817	曹州刺史	从三品
郑造		819?	河中府司录参军	从七品下
崔芑		835?	江陵尉	从九品下
郑居中	进士	837	中书舍人	正五品上
崔罕		847?	湖南观察使	正五品上
郑简柔		852?	岭南西道节度判官	从六品下
崔行规		865?	河南府阳翟尉	正九品下

续　表

姓　名	科　第	卒　年	职事官	官　品
郑渍	明经	874	楚州盱眙县令	从六品上
郑总		890?	泗州下邳尉	从九品下
郑特	明经	891?	许州郾城主簿	正九品下
崔舣	进士	897	右拾遗	从八品上
崔宏		894?	著作郎	从五品上
郑绲	进士	829	同中书门下平章事	同三品

表 5—7　博陵崔氏

姓　名	科　第	卒　年	职事官	官　品
崔挹		705?	太子少詹事	正四品
崔日新	明经	708	司农寺主簿	从七品上
郑炅		721	睢阳谷熟丞	从八品下
郑逞	门荫	727	襄阳令	从六品上
郑某		755?	太子典设郎	从六品下
郑密		763	商州录事参军	从七品上
崔涣		768	门下侍郎平章事	正三品
郑旷	进士	777	滁州刺史	从三品
郑濠		796	冀州阜城令	从六品上
崔彦崇		822?	太常寺协律郎	正八品上
崔倰	门荫	823	户部尚书	正三品 安平县开国男
崔某		831?	右卫仓曹参军	正八品下

姓　名	科　第	卒　年	职事官	官　品
崔鏚	明经	850?	宋州刺史	从三品 博陵县开国男
崔廷	进士	850?	光禄卿	从三品
郑遇		855?	太常寺协律郎	正八品上
郑琒		856	邵州刺史	正四品下
郑长海		857	泗州临淮尉	从九品下
崔锜		882?	尚书工部郎中	正五品上

在以上二表中，有 18 人的职官在五品以上，而任县主簿、尉的只有 7 人。其中崔氏家族中还有几位代表性人物，值得一提。

一位是博陵崔倰。其祖父崔涛官至唐大理少卿。从祖父崔沔应制举，对策天下第一。崔沔之子崔祐甫，德宗朝宰相。祐甫之子崔植，穆宗朝宰相，即崔倰的再从兄。元稹为崔倰撰写墓志，记述他任宣州录事参军时被观察使崔衍表为南陵令：

　　会南陵赋钱三万，税输之户，天地相远，不可等度。由是岁累逋负，人被鞭迫，而又屠牛铸钱，贼杀吏卒，莫敢禁止者。公始至，怗怗然无约束。适有屠牛铸钱之徒败觉者，尽窟穴诛之，群盗皆散走。一旦，命负担者三四人，悉以米盐醯酱之具置于担，从十数辈，直抵里中佛舍下。因召集老艾十馀人，与之坐，遍谓里中赋输之粗等者吾不复问，贫富高下之大不相当者亟言之。不言，罪且死；不实，罪亦死。既言之，皆笔于书。然后取所负米盐醯酱，饱所从而去。又一里亦如之。不数十日，尽得诸里所传书。因为户输之籍，有自十万钱而降于千百者，有自千百钱而登于十万者。卒事悬于门，莫敢隐匿者。是岁前逋负者尽入焉。[1]

其后在江陵、扬州主转运留务，又兼淮浙宣建等两税使，迁湖南都团练观察处置使。所莅皆震竦，破坏豪黠，廪藏皆羡溢。入朝判度支，时修景陵、移五镇、郊天地，公主出嫁可汗，吐蕃请降使往返，所费一出于有司，尽显其供办之能。

当然，墓志所记并不完整。史载崔倰"性刚褊，恃其权宠，与夺任情"。时田弘正移帅镇州，以魏卒二千为帐下，请度支岁给其粮。倰固言朝廷无例支给，田弘正不得已遣魏卒还藩，以致镇州再乱，弘正遇害。[2] 时崔植为相，"倰党与盛，有司不敢名其罪"。史官评述："天以河北乱唐，故君臣不肖，勃缪其谋，惜哉！"[3]

崔倰先后两娶，前夫人郑之尚女，有三女；后夫人范阳卢国倚女，有一子一女，女嫁光州刺史赵郡李潘。卢氏夫人本欲为女"详求嘉偶，虑膏粱贵胤，不骄者鲜矣，爰择旧族"。[4] 这可能也反映了该家族的婚姻观念。

另一位是崔翚。其先世虽"代承冢嫡，家风宦媾，四海推为上门"，但到其祖、父时已家道中落。崔翚年少便"累丁家艰"，作为长子，肩负持家和抚养诸弟之责。受其从祖兄中书公劝勉，明经中第，解褐河中府参军事，历官十四任，官至曹州刺史：

---

① 元稹：《有唐赠太子少保崔公墓志铭》，《元稹集》卷五四，第 579 页。
② 《旧唐书》卷一一九《崔倰传》，第 3444 页。
③ 《新唐书》卷一四二《崔倰传》，第 4670—4671 页。
④ 崔赡：《唐故光州刺史李府君博陵崔夫人墓志铭》，《汇编》咸通〇八七，第 2447 页。

今唐州尚书郑公初拜尹京，志在求理，饱君才实，奏充京兆司录。浩穰之地，纲辖为难，至则纠逖奸赃，不避强御。期月之政，京畿变风。由是迁奉先令。奉陵之邑，半是豪家，水旱曾愆，民尚流散。君下车之后，招俫抚绥，抑其兼并，恤彼惸弱，蓁莽开辟，流佣尽归，吏不敢欺，人自乐业。受代之日，计课殊尤。县吏请于曰：自明府清理，一境阜安，辟田增户，前后罕匹。请以数实，申于上司，考校最绩，合在异等。君顾而问曰："如是率则府司免加率额否？"吏曰："虽有所加，盖是定制。"君不欲以私己之利，移患于民，乃抑而不举。闻者叹服。①

崔翚在仕途中曾得到相国杜悰、西川节度使李德裕等人的赏识。其二弟后亦分任谏议大夫、主客郎中，"接武彤庭，联曹粉署，中外荣观"。家族背景和交游关系为其仕进之路提供了一定支持。

此外的知名人物还有肃宗宰相崔涣、德宗宰相郑絪等人。在入仕途径可考的诸人中，以科举入仕的有 14 例，进士就有 8 例，以门荫入仕的有 3 例。与前两节的调查相比，科举所占比例有所提高。通过科举入仕昌大宗门，这种观念在崔沆为其叔父崔鐬（816—862）所作墓志中体现得十分强烈：

太师府君每念沆严君冢嗣之重，以文行修己，连中词科，昌大宗门，屈指可俟。复念沆季父二人与严君差肩者，皆未仕而即世。严君拒冠有四，而府君始生焉。在孩提之年，俄失所

---

① 崔干：《□□□□□使持节曹州诸军事守曹州刺史赐紫金鱼袋清河崔府君墓志铭》，《汇编》大中〇九〇，第 2319 页。

恃。太师府君亲自鞠养，弥若掌珠焉。每指府君谓人曰："凡人有才有地，即可以取富贵。况是儿挺此奇表，有老成之风，吾不复以辛勤责之矣。"及出就外傅，日讼数百言，颇自专笃。太师府君尤加器异，思得早被簪组，慰于目前。①

崔沆父崔铉（文中称"严君"）为崔镳长兄。其父崔元略，文宗时官吏部尚书、义成军节度使。崔铉会昌末拜相。"太师府君"指崔镳祖父崔儆。虽前有长孙连中词科，而对此幼孙期望尤殷。

除了科举和门荫外，唐代还存在制度化的奏荐。奏荐范围包括幕职和州县官，亲族援引在其中往往会起到一定作用。如崔苫墓志："弱冠以族望门绪，为士友推援，邦计铁官，更选迭署。"② 此外如郑澡，如第三章所述，也是由节度使王武俊奏荐得官。③

以下是有关婚姻双方家庭情况的调查：

表5—8　荥阳郑氏—清河崔氏

荥 阳 郑 氏				清 河 崔 氏			
婚方	父	官职	官品	婚方	父	官职	官品
郑简柔	郑庠	大理少卿	从四品上	崔氏*	崔坥	伊阙令	正六品上
郑逞				崔氏*	崔处真	宋州砀山令	从六品上

---

① 崔沆：《唐故朝请大夫使持节宋州诸军事守宋州刺史……崔府君墓志铭》，《补遗》千唐，第403页。崔元略、崔铉、崔沆三人，传皆见《旧唐书》卷一六三。据《旧唐书》，崔元略大和五年（831）卒于义成军节度任上。时崔镳已十六岁，志称其"在孩提之年，俄失所恃"，有所夸张。

② 崔倬：《唐故将仕郎守江陵府江陵县尉清河崔公合祔墓志铭》，《汇编》大中〇六三，第2298页。

③ 王球：《唐故冀州阜城县令兼□□□史赐绯鱼袋荥阳郑府君夫博陵崔氏合祔墓志铭》，《汇编》大和〇四九，第2130页。

荥 阳 郑 氏				清 河 崔 氏			
婚方	父	官职	官品	婚方	父	官职	官品
郑氏*	郑行宝	詹府司直	正七品上	崔昇①	崔慎	胡苏令	从六品上
郑氏*	郑元昇	卫州刺史	从三品	崔景暄	崔贞固	武功主簿	正九品上
郑旷	郑镜思	秘书郎	从六品上	崔氏*			
郑甫	郑令璀	国子祭酒	从三品	崔氏*	崔圆	中书令	正三品
郑汶	郑鉴	宋州刺史	从三品	崔氏*	崔谦	秘书监	从三品
郑氏*	郑叔向	洺州司兵	从七品下	崔程	崔朝	怀州刺史	从三品
又*	郑叔向	洺州司兵	从七品下	崔程	崔朝	怀州刺史	从三品
郑高	郑窦	大理评事	从八品下	崔氏*	崔积	金部郎中	从五品上
郑氏*	郑钜	徐州参军	从七品下	崔某	崔漪	吏部侍郎	正四品上
郑俭	郑嶂	越州长史	从五品上	崔氏*	崔雅	朔州鄯阳令	正七品上
郑氏*	郑璆芝	易州涞水令	从六品上	崔稃			

---

① 马怀素:《大唐大理卿崔公故夫人荥阳县君郑氏墓志铭》(《汇编》开元〇六〇):"顾命长子司农丞璘、次子华州参军琏等。"崔璘、崔琏见《新表》大房崔氏,因知其父名昇,字玄乐,刑部侍郎。《新唐书》卷七二下,第2781—2782页。赵超《新唐书宰相世系表集校》认为,崔昇之名当据《新唐书》卷一二〇《崔玄暐传》作晕。第380页。

荥 阳 郑 氏				清 河 崔 氏			
婚方	父	官职	官品	婚方	父	官职	官品
郑正*	郑光绍	江州司士参军	正八品下	崔某	崔微	河南少尹	从四品下
郑氏*	郑遭	大理评事	从八品下	崔翠	崔税	南昌军副使	从八品下
郑氏*	郑漳	太子太傅	从一品	崔罕	崔税	南昌军副使	从八品下
郑造				崔珏*	崔程	河南主簿	从八品上
郑氏*	郑恪	岭南观察推官	从八品下	崔芑	崔涣	南和令	从六品上
郑居中	郑锋	兴平令	正六品上	崔氏*	崔廊	殿中侍御史	从七品上
郑总	郑纪	宋州砀山令	从六品上	崔琪*	崔章	秘书省秘书郎	从六品上
郑坦				崔氏*	崔芑	江陵尉	从九品下
郑娟*	郑鲂	尚书仓部郎中	从五品上	崔行规	崔耿	太子宾客	正三品
郑裔贞				崔氏*	崔枞	汴州雍丘尉	从九品下
郑渍	郑由礼	襄城尉	从九品下	崔氏*	崔倬	国子祭酒	从三品
郑特	郑纪	宋州砀山令	从六品上	崔氏*			
郑氏*	郑景淋	度支巡官	正八品上	崔舣	崔安潜	太子太师	从一品

续　表

荥 阳 郑 氏				清 河 崔 氏			
婚方	父	官职	官品	婚方	父	官职	官品
郑氏*	郑渍	楚州盱眙令	从六品上	崔宏			
郑氏*	郑埕	清河宗城令	从六品上	崔某	崔某	蜀郡蜀令	从六品上
郑绹	郑羡	池州刺史	正四品下	崔氏*			

表5—9　荥阳郑氏—博陵崔氏

荥 阳 郑 氏				博 陵 崔 氏			
婚方	父	官职	官品	婚方	父	官职	官品
郑徽*	郑简柔	岭南西道节度判官	从六品下	崔锜			
郑逞				崔氏*	崔德义	荥阳令	从六品上
郑旷	郑镜思	秘书郎	从六品上	崔氏*			
郑氏*	郑俭	太子通事舍人	正七品下	崔某			
郑氏*	郑世基	吉阳令	正七品上	崔挹			
郑氏*				崔日新	崔汲	河南尉	从八品下
郑炅	郑献	左武威卫录事参军	正八品上	崔氏*	崔无固	陈留郡司马	从五品下

荥 阳 郑 氏				博 陵 崔 氏			
婚方	父	官职	官品	婚方	父	官职	官品
郑宾				崔攀*	崔孟孙	德州司户参军	从七品下
郑氏*	郑之尚			崔俊	崔仪甫	大理丞	从六品上
郑密	郑某	晋州临汾令	从六品上	崔氏*			
郑氏*	郑长裕	颍州太守	从三品	崔涣	崔璩	礼部侍郎	正四品下
郑溧	郑銖	睦州桐庐令	从六品上	崔氏*	崔渐	棣州刺史	正五品上
郑氏*	郑铜	阆州刺史	正四品上	崔彦崇			
郑归*	郑钛	润州丹徒尉	从九品下	崔鏚	崔元略	吏部尚书	正三品
郑氏*	郑液	梓州新津令	从六品上	崔廷	崔镕	大理评事	从八品下
郑遇	郑探贤	朝城莘令	从六品上	崔氏*			
郑珆	郑绅	淄州刺史	从三品	崔氏*			
郑长海	郑鲂	仓部正郎	从五品上	崔氏*	崔渠	主客郎中	从五品上
郑氏*	郑公直	左武卫仓曹参军	正八品下	崔镇	乡贡进士某		
郑逢				崔氏*	崔鹏		

从以上二表来看，双方父辈官品也有相差较大的。如太子太傅郑漳之女与南昌军副使崔税之子，国子祭酒崔倬之女与襄城尉郑由礼之子等。与前两节调查情况类似，双方在这种情况下议婚往往是因为存在家族联姻的传统。

下图所示是郑长裕家族和清河崔朝家族之间相互交错的婚姻关系：①

郑长裕一孙郑珣瑜相德宗，另一孙郑馀庆相宪宗。珣瑜子郑覃相文宗，郑朗相宣宗。另珣瑜弟利用子郑涯，懿宗时为山南东道节度使，加同平章事。②崔朝孙崔群相宪宗。崔朝的四个儿子崔程、崔税、崔稹、崔稌，或本人或儿女辈，均与郑长裕家族结亲。除了亲上作亲之外，还有"两娶一门"的情况。崔程先后两娶，均为郑叔向之女。③此即"两娶一门"，也就是在先夫人去世后，续娶前妻之妹为继室。有学者认为，"两娶一门"有助于弥合继室与前室子的紧张关系。④不过，这也是以双方具有密切的姻亲关系为前提的。崔程之女崔珏嫁郑造。⑤郑造名别无见，但很可能也出于郑长裕家族。崔朝另一子崔稌，娶郑叔向侄女，与崔程的妻子是堂姐妹关系。崔朝之孙崔皋和崔罕，分别娶了郑叔向的孙女。

类似情况还有，郑裔贞两娶清河崔枞二女；郑纪二子郑特、郑

---

① 郑长裕及后嗣世系，见《新表》五上，《新唐书》卷七五上，第3321—3329页。崔朝及后嗣，见《新表》二下，《新唐书》卷七二下，第2759—2760页。

② 《资治通鉴》卷二五〇咸通二年十月，第8218页。故《新表》称："涯，检校左仆射、同中书门下平章事。"是所谓"使相"。

③ 崔税：《唐故河南府河南县主簿崔公墓志铭》："公两娶一门，女弟继室，即颍川太守长裕之曾孙，殿中侍御史欢之孙，洺州司兵叔向之长女。……归我九年，生一男二女，遘疾而终，享年廿。后夫人柔德克比，是以嗣之，亦生一女，又不幸先公而殂。"《汇编》贞元〇九六，第1906页。

④ 万军杰：《唐代再娶习俗之下继室与前室子关系探讨——兼析唐代的"两娶一门"》，《魏晋南北朝隋唐史资料》第三十二辑（2008年），第165—178页。

⑤ 崔群：《郑氏季妹墓志铭》，《汇编》元和一二九，第2040页。

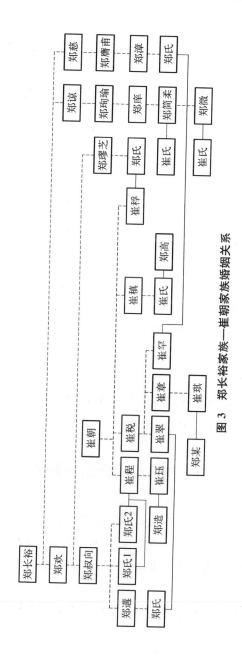

图 3 郑长裕家族—崔朝家族婚姻关系

总，均娶清河崔氏女；郑溃娶清河崔氏，其女嫁清河崔氏；崔芑娶荥阳郑氏，其女亦嫁荥阳郑氏。

除以上郑氏与清河、博陵二崔联姻的婚例外，还有 3 例崔氏郡望不明。婚配双方情况如下：

表 5—10

郑　氏	崔　氏	男方任官	郑氏父	崔氏父
郑敏*	崔某	尚辇直长	郑元裕	
郑僎	崔氏*	宣州溧阳尉	郑旰	
郑意意*	崔温	绛州龙门尉		

这 3 例的官员任职层级都较低。

结合前一章的考察可以发现，郑氏家族最早在北魏时期，并未直接与清河崔氏家族建立联姻关系，而是通过李冲家族间接与崔氏家族发生关联，后来才开始相互通婚。到了唐代，双方通婚的案例一下增加很多，就绝对数量来说不逊于其他几姓。这是因为五姓通婚的传统一旦建立，属于这一婚姻圈的家族在议婚时自然以此为首选。而崔姓族大人众，并享有第一高门之誉，自然也成为郑氏家族首要的考虑对象。

五、与范阳卢氏的婚姻

范阳卢氏与荥阳郑氏的婚姻关系也十分密切，从北朝时期一直延续到唐代。卢知宗所撰《唐故荥阳郑夫人墓志铭》称："族望冠冕，揭如崐嵩，维姬与姜，实曰卢郑，历二千祀，代为婚姻。"① 一

---

① 《汇编》大中〇八三，第 2312 页。此是卢知宗为其夫人所作墓志，夫人为郑珣瑜孙、郑朗女。

直追溯到周代卢、郑两氏源出的姜姓和姬姓，不免有些夸张。

据《新唐书·宰相世系表》，卢氏自晋代卢谌二子，勗号南祖，偃号北祖，偃仕燕为营丘太守，子邈为范阳太守。邈生玄，为北魏中书侍郎。玄子度世生四子，号"四房卢氏"。① 卢岘《唐故怀州录事参军清河崔府君后夫人范阳卢氏墓志铭》称：

> 卢氏之先，出于齐高子之族，因邑命氏，代为齐人。至汉末徙于涿郡，遂为涿之范阳人。历魏晋其宗始分为南北，其婚阀著高于搢绅者，唯北宗焉。②

北魏世祖神麚四年（431）徵辟，以范阳卢玄为第一。这时卢氏已开始与崔、郑、李姓建立婚姻关系。司徒崔浩，为卢玄外兄。③ 如上章所述，李冲与卢渊为儿女亲家，郑道昭与卢渊也是儿女亲家。

在本书调查中，共有 65 例唐代荣阳郑氏—范阳卢氏联姻的婚例。其中男方官员的任职情况见下表：

表 5—11

姓　名	科　第	卒　年	职事官	官　品
卢藏用		721？	尚书右丞	正四品上
郑埴		725？	清河宗城令	从六品上
郑琇		735	寿春霍丘令	从六品上
卢从愿	明经 制举	737	吏部尚书	正三品 固安县开国公

---

① 《新唐书》卷七三上，第 2884 页。
② 《汇编》咸通〇一五，第 2389 页。
③ 《魏书》卷四七《卢玄传》，第 1045 页。

姓 名	科 第	卒 年	职事官	官 品
卢仲璠	明经	708	洛州阳翟尉	正九品下
卢正己		770	太子宾客	正三品
郑忠佐		795	白马尉	从九品下
卢涛	明经	753	太原府司录参军	正七品上
卢某		778?	睦州司仓参军	从七品下
郑承庆		779?	山南西道节度推官	从八品下
卢泙		780?	魏州元城主簿	正九品下
郑光绍		782?	江州司士参军	从七品下
郑济		784?	睦州刺史	从三品
郑厚		784?	濮州雷泽尉	从九品上
郑瀚		791?	寿州别驾	从四品下
郑叔则	明经	792	福建观察使	从三品
郑某		792?	大理评事	从八品下
郑约		794	河南府洛阳主簿	从八品上
郑某		795?	金州刺史	从三品
郑儋	进士	801	河东节度观察使	正三品
卢泽		809?	华州判官	从七品上
卢载		809?	黔中观察推官	正八品上
卢殷		810	登封尉	正九品下
郑某		810?	硖州司马	正六品下
郑敬	明经	815	绛州刺史	从三品
郑直		820?	河南县主簿	从八品上
卢士玭	孝廉	820	宿州长洲尉	从九品上

姓 名	科 第	卒 年	职事官	官 品
卢樽		821?	襄城尉	从九品上
郑缵		823?	大理司直	从六品上
郑钺		825	润州丹徒尉	从九品上
卢佐		825?	同州录事参军	从七品上
卢士琼		827	河南府司录参军	正七品上
郑鲂		827?	仓部郎中	从五品上
郑公直		828?	左武卫仓曹参军	正八品下
卢俊		829?	陕州夏县尉	从九品上
卢逾		831?	阳翟丞	正八品下
卢从范		838?	潞州大都督府右司马	从四品下
郑纪	门荫	841	宋州砀山令	从六品上
卢煆		846?	舒州怀宁主簿	从九品上
卢溥		850	蔡州司士参军	从七品下
卢就	进士	851	刑部郎中	从五品上
卢知宗		853?	国子助教	从六品上
卢当	明经	854	国子助教	从六品上
郑朗	进士	856	太子少师	正二品
郑謇		860?	河中府参军事	从八品下
郑颢	进士	868?	监察御史里行	正八品上
郑茂弘		891?	太学博士	正六品上
郑处海		893?	御史中丞	正五品上
郑延休		893?	考功员外郎	从六品上

调查中的卢姓高官有卢从愿，[①] 新旧《唐书》有传。睿宗时拜吏部侍郎，大称平允。久在选司，亦遭雠射。因抑宇文融考课，被融密奏广占良田，至百馀顷。玄宗以此不用其为相。墓志称其"名器日崇，夫人车服加等，高堂增陛，长戟垂髦"，"婚姻以叙，冠四海之华族"，颇事渲染。此外如卢正己（元裕），官成都尹、剑南节度采访等使。时安史之乱暴发，玄宗入蜀。"凡所任遇，皆以国之艰急，帝所亲信，而在厥服也。始以经明，四佐大邑，三历京掾，五迁藩镇，三践台郎，一处右辖，再兼中宪。以至于九卿元戎，师宾居守，小司寇、冬官卿。"[②] 郑氏家族中则有郑儋，以及前文已提及的郑长裕之后郑馀庆家族等人物。

不过，其中数量最多的还是七品以下的低级官员。如卢仲璠，明经擢第，解褐为江宁县主簿，又转两任县尉，四十二岁去世。墓志称其"才胜于职，职屈于才"。[③] 卢涛官至太原府录事参军，墓志称"学富文高，礼崇身俭"。又称"次子杞，前大理评事；栝，前杭州馀杭尉；札，前润州丹阳尉"，可见当时均已卸任无官。[④] 这部分官员代表了郑、卢家族中大部分人的生活常态。

卢就墓志中有一段记述，颇能说明当时朝廷选举与家族背景、官员势力之间的关联：

---

① 卢僎：《唐故荥阳郡夫人郑氏墓志铭》："夫人则故金紫光禄大夫、吏部尚书、□益州大都督、上柱国、固安县开国公、谥曰文、范阳卢府君之夫人……有子四人：长曰缵，故王屋令。次曰论，比部郎。次曰允，陕司仓。曰衡，都水丞。"《补遗》第六辑，第64页。此卢府君为卢从愿，缵、论（《新表》作谕）、允三子名，并见《新表》三上，《新唐书》卷七三上，第2930页。
② 常衮：《太子宾客卢君墓志铭》，《全唐文》卷四二〇，第4292—4293页。
③ 《唐故宣德郎洛州阳翟县尉卢府君夫人郑氏墓志铭》，《续编》天宝〇六四，第627页。
④ 卢杞：《唐太原府司录先府君墓志铭》，《汇编》大历〇五〇，第1792页。

今淮南李公有盛名懿德，光耀当代，天下士大夫无华素皆出其门。公善品人才，无不壹尽其能。君即公之甥也。君自长庆、大和间，尝从李公左右，未曾一日异处。公曰："今朝廷选举虽根本两汉，以廉、茂为事，而风俗不甚厚，不如两汉时。夫所谓廉、茂者，吾尽阅之矣。贞质而不华，静专而无闷，资之以孝义，饰之以文章，无如吾甥也。"君以是日知名。举进士联不中第，穷愁愤发，激成志业。卢氏自北魏著为望姓，从高祖、曾祖诸父兄弟所谓清名者，相继在朝。因缘表里，二台两掖，卢氏之亲过半。君力行苦学，常与后门诸生道义来往，慷慨有大志，以自致为乐。当是时，势利相联，翕为交友，车舆酒食，日与游戏。以君李氏甥，族显朝列，又声名籍甚，皆欲契交分，借其资以为羽翼。君是非行止灼然，维困于事，不易其操。①

文中除了提到在朝卢氏"诸父兄弟"之外，还有所谓"因缘表里"、"卢氏之亲"，应是指与卢氏有姻亲关系的崔、郑、李等家族人物。他们遍布朝中，"势利相联，翕为交友"。卢就有此家族背景，无疑为其仕进之路提供了一定方便。此后终于进士及第，又被其从高祖兄、东川节度使卢弘宣辟为支使。②

　　然而，如前所述，这些家族均靠仕进维持门第。一旦家中有早逝、病亡、无子等变故，导致后继无人，宦业中断，便难免家道中

---

① 毕諴：《唐故朝请大夫尚书刑部郎中上柱国范阳卢府君墓志铭》，《汇编》大中〇六四，第2299页。按，文宗、武宗时任淮南节度使者有李德裕、李绅，而此李公开成末任宰相，当为李德裕。
② 《新唐书》卷一九七《卢弘宣传》："开成中……迁京兆尹、刑部侍郎。拜剑南东川节度使。"第5632页。《资治通鉴》卷二四八会昌五年正月："以秘书监卢弘宣为义武节度使。"第8013页。则在此后。

落。如卢藏用去世后，无子嗣，其妻郑冲"中年寡居，介然守节，家唯四壁，产乏一金"。① 郑馀庆之弟承庆早卒，其女幼而孤，"育于相府（郑馀庆）夫人之室"。出嫁卢载，"遂安穷居，食艰糟糠，衣至补缀"。卒后，"相国哀恸逾礼，且伤其贫，奄而救之，罄绝遗事"。② 又如韩愈所记卢殷的生平：

> 元和五年十月日，范阳卢殷以故登封县尉卒登封，年六十五。君能为诗，自少至老诗可录传者，在纸凡千馀篇。无书不读，然止用以资为诗。与谏议大夫孟简、协律孟郊、监察御史冯宿好，期相推挽，卒以病不能为官。在登封尽写所为诗，抵故宰相东都留守郑馀庆。留守数以帛米周其家，书荐宰相。宰相不能用，竟饥寒死登封。将死，自为书告留守与河南尹，乞葬己。又为诗与常所来往河南令韩愈，曰："为我具棺。"留守、尹为具凡葬事，韩愈与买棺，又为作铭。③

孟郊亦为其作《吊卢殷》十首，哀其穷愁而死。④

又如郑虔之子郑忠佐，起先曾州府交辟，参贰戎幕。然忠佐"每将隐逸为志，实慕于云林。遂于寿安县西，公山之北，洛水之南，创卜筑焉。弃官秩而不叙，玩琴书而自乐"。⑤ 但后来还是应滑州节度贾公辟命，固返初筮。可见所谓"隐逸"，也是一种不得已之举。墓志之言，实出于缘饰。

---

① 郑珹：《唐故尚书右丞卢府君夫人荥阳郑氏墓志铭》，《补遗》千唐，第 220 页。
② 卢载：《唐前黔中观察推官试太常寺协律郎卢载妻郑氏墓志铭》，《补遗》千唐，第 308 页。
③ 《韩昌黎文集校注》卷六《登封县尉卢殷墓志》，第 365 页。
④ 《全唐诗》卷三八一，第 4277 页。
⑤ 卢时荣：《大唐故滑州白马县尉郑府君墓志铭》，《补遗》第八辑，第 103 页。

以下是荥阳郑氏—范阳卢氏联姻双方的家庭情况：

表 5—12

荥 阳 郑 氏				范 阳 卢 氏			
婚方	父	官职	官品	婚方	父	官职	官品
郑冲*	郑无遣	朔州鄯阳令	正七品上	卢藏用	卢璥	魏州司马	从四品下
郑氏*	郑从简	祠部郎中	从五品上	卢从愿	卢敬一	吉阳丞	从八品下
郑忠佐	郑虔	著作郎	从五品上	卢氏*			
郑氏*	郑洞	昌乐主簿	从九品上	卢从范	卢士巩	郑州长史	从五品上
郑顾	郑宪	尚书右丞	正四品下	卢氏*	卢从范	潞州大都督府司马	从四品下
郑埴	郑崇式	上党郡司马	从五品下	卢氏*	卢瑀	国子祭酒	从三品
郑氏*	郑行恂	宁州□绥令	从六品上	卢仲璠	卢延祚	宣州泾县令	从六品上
郑进*	郑怿	颍阳丞	从八品下	卢咸			
郑氏*	郑令璀	国子祭酒	从三品	卢某			
郑氏*				卢正己	卢履冰	左补阙	从七品上
郑氏*	郑□	易州司马	正六品下	卢涛	卢知海	监山尉	从九品下
郑氏*	郑叔	卫州新乡丞	从八品下	卢某			

荥 阳 郑 氏				范 阳 卢 氏			
婚方	父	官职	官品	婚方	父	官职	官品
郑承庆	郑慈	左散骑常侍	从三品	卢氏*	卢居易	陕县令	从六品上
郑氏*	郑季札	沧州南皮主簿	正九品下	卢泙			
郑光绍	郑令谭	颍州司功参军	从七品下	卢氏*	卢奕	御史中丞	正五品上
郑济	郑嗟	易州司马	正六品下	卢氏*	卢平	京兆府泾阳令	从六品上
郑厚	郑镇	河南府洛阳主簿	从八品上	卢氏*			
郑瀚	郑崿	秘书监	从三品	卢氏*	卢僎	吏部员外郎	从六品上
郑叔则	郑老莱	遂州刺史	正四品下	卢氏*	卢侑	著作郎	从五品上
同人				卢氏*			
郑某				卢氏*	卢摎	历阳令	从六品上
郑约	郑叔则	东都留守户部侍郎	正四品下	卢氏*			
郑某				卢氏*	卢允	河南少尹	从四品下
郑儋	郑洪	凉州户曹参军	正八品下	卢氏*			
郑氏*	郑少微	刑部侍郎	正四品下	卢泽	卢景明	王屋令	从六品上

续　表

荥阳郑氏				范阳卢氏			
婚方	父	官职	官品	婚方	父	官职	官品
郑氏*	郑承庆	大理评事	从八品下	卢载	卢岳	陕虢观察使	从五品上
郑某				卢氏*	卢修	陈州司仓参军	从七品下
郑敬	郑宝	左散骑常侍	从三品	卢氏*			
郑直	郑宠	尚书库部郎中	从五品上	卢氏*			
郑氏*				卢士珩	卢瀜	尚书祠部郎中	从五品上
郑缵				卢氏*	卢峤	邵永二州司马	正六品下
郑钛	郑汶	宣武军节度掌书记	正八品上	卢氏*	卢幼安	大理寺评事	从八品下
郑氏*	郑宽	河南府阳翟令	从六品上	卢佐	卢潍	晋州司仓参军	从七品下
郑氏*	郑甫	舒州刺史	从三品	卢士深			
郑鲂	郑早	京兆府富平尉	从九品上	卢氏*	卢慎修	亳州司兵参军	从七品下
郑公直	郑佺期	潞州涉县令	从六品上	卢氏*			
郑氏*	郑朝	大理正	从五品下	卢倓	卢泽	华州判官	从七品上
郑氏*				卢逾	卢澶	殿中侍御史	从七品上

荥　阳　郑　氏				范　阳　卢　氏			
婚方	父	官职	官品	婚方	父	官职	官品
郑纪	郑正	扬州江阳主簿	从九品上	卢氏*	卢士阅	扬州江都令	从六品上
郑彬*	郑绅	淄州刺史	从三品	卢煆			
郑氏*	郑敦质	秘书省正字	正九品下	卢溥	卢士珩	宿州长洲尉	从九品上
郑氏*				卢就	卢倕	同州司马	从五品上
郑秉彝				卢氏*	卢直	太常寺太祝	正九品上
郑氏*	郑朗	刑部尚书	正三品	卢知宗	卢商	户部尚书	正三品
郑氏*	郑涓	礼部尚书	正三品	卢当	卢寅	大理评事	从八品下
郑氏*	郑僎	宣州溧阳尉	从九品上	卢子蓍			
郑朗	郑珣瑜	同中书门下平章事	正三品	卢氏*			
郑賨				卢氏*	卢方	大理评事	从八品下
郑氏*	郑颙	太常少卿	正四品上	卢知宗	卢商	户部尚书	正三品
郑氏*	郑遇	太常寺协律郎	正八品上	卢损之			
郑宸夫				卢氏*	卢耛	扬子主簿	从九品上

荥 阳 郑 氏				范 阳 卢 氏			
婚方	父	官职	官品	婚方	父	官职	官品
郑茂弘				卢氏*	卢缄	京兆少尹	从四品下
郑处海	郑瀚	兴元节度使		卢氏*	卢端	泾州从事	正四品下
郑延休	郑涯	检校礼部尚书	正三品	卢氏*	卢端	泾州从事	正四品下

　　同前三节的调查情况类似，家族传统和原有姻亲关系是促使双方结成新婚姻关系的重要因素。在荥阳郑氏—范阳卢氏婚姻中，也有很多属于世代为婚。例如卢泽、卢俊父子，卢泽娶郑少微女，其子卢俊娶郑少微孙女。而卢泙、卢殷父子均娶郑氏，也很可能来自同族。郑承庆娶卢居易女，而其女嫁卢岳子卢载，也有可能是姑表亲。此外，也有"两娶一门"的，如郑敬："嫡娶卢氏，无子，继室以其娣，生一男三女。"① 则前妻并未亡故，而是因无子续娶其娣。

　　这种家族传统也在墓志中被有意识地强调。如郑彬墓志："为宗党之庆范，深为父之爱念。以卢氏先祖旧姻，遂命后嗣再续于世。"② 据墓志调查，郑彬从祖父郑叔则先后两娶，均为范阳卢氏。郑彬堂叔郑约，亦娶范阳卢氏。

　　以上对荥阳郑氏与赵郡李氏、陇西李氏、博陵崔氏、清河崔氏、范阳卢氏婚姻关系的调查，充分证明五姓自婚在唐代始终得到

---

① 郑易：《唐故朝散大夫绛州刺史上柱国赐紫金鱼袋郑公墓志铭》，《汇编》元和〇八八，第2011页。
② 卢敏事：《唐故登仕郎守舒州怀宁县主簿卢府君夫人荥阳郑氏志文》，《补遗》第八辑，第176页。

坚持，是这几姓在议婚时的首要考虑因素。在所搜集到的与郑氏有关的全部 335 例婚姻中，共有 185 例的婚姻对方属于这几个家族，约占总数的 55%。其中范阳卢氏有 65 例，约占总数的 19%；陇西李氏有 45 例，约占总数的 13%；清河崔氏有 37 例，约占总数的 11%；博陵崔氏有 20 例，约占总数的 7%；赵郡李氏有 18 例，约占总数的 5%。当然，以上比例的高低，不能视为双方关系密切程度的直接反映，也可能与某一家族的人口基数以及其他偶然因素有关。另一方面，以上调查和统计仍受限于可采集到的样本，新出墓志往往集中于某些家族，有相当大的偶然性。无法见到墓志的其他家族的情况，自然得不到反映。此外，这几姓间尚有其它相互交错为婚的情况。本书只是分别调查了郑氏与崔、卢、李几姓的婚姻关系。只有对崔、卢、李等各姓之间的婚姻关系进行更为全面的调查，才有可能进一步展示这一纵横交错的婚姻网络的全貌。

为了进一步说明这种家族婚姻传统的延续，以下再以郑长裕家族为例，用图显示其几代人的婚姻关系：

郑长裕是北祖郑茂房八世孙，其后嗣人丁兴盛，且人才辈出。荥阳郑氏在唐代共有八位宰相，有四位即出自该家族，包括郑珣瑜、郑馀庆、郑覃、郑朗。[1] 该家族可以视为唐代山东士族中特别光耀的代表之一。下图列出了郑长裕六子中五人已知后嗣的婚姻情况（另一子郑迅情况不明）。除去婚姻情况不明者外，其通婚对象几乎全部为崔、卢、李等大姓，无一寒门素族。其中各房支的婚姻对象也有所偏重，例如郑叔向一支多与清河崔氏联姻，郑馀庆、郑承庆、郑朗则多以范阳卢氏为婚姻对象。

图中所显示的自郑馀庆至郑处诲这三代，大致覆盖了整个中晚唐

---

[1] 另郑絪，《新唐书》卷一六五本传称"馀庆从父行"，但在《新表》中属南祖房。

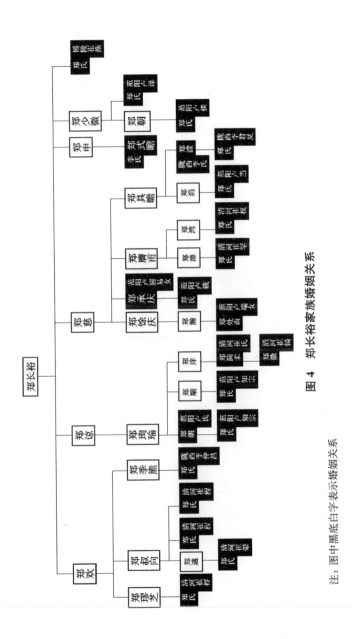

图 4 郑长裕家族婚姻关系

注: 图中黑底白字表示婚姻关系

时期，距离唐高宗颁布禁婚令（显庆四年，公元 659 年）已有一个世纪以上，显然五姓自婚现象在中晚唐并没有减少，甚至还有所增加。郑长裕家族只是一个代表。为进一步说明这一动态变化过程，我们将汇总的属于五姓自婚、与郑氏有关的 147 个婚例（另有一部分婚例年代难以确定），以每十年为一时间段，用图显示其时间分布情况如下：①

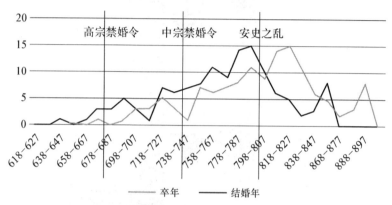

图 5　唐代五姓自婚的时代分布

　　由上图可以看出，在高宗颁布禁婚令以后一段时间，五姓自婚现象确实有所减少。但如前文所述，学者所提出的中宗神龙中重申禁婚令一说十分可疑。所以我们看到，恰好从这一时期开始，郑氏与李、崔、卢三姓联姻的事例开始增加。从安史之乱以后，一直到德宗贞元年间，在这五十多年间达到一个高峰，此后又有所下降。当然，还须考虑到，出土墓志的时代分布并不均衡。大体说来，唐中期开元、天宝、贞元、元和至大和、会昌、大中时期，存留墓志更多一些。唐初和唐末以及安史之乱中，存留墓志较少。这也可

---

①　婚方卒年除确切可考的外，有些是根据其子女卒年推算。婚年则据卒年前推 30 年，有±10 年的出入。

以解释为何某些时间段内通婚事例为空白。但即便如此，上述统计也可大致印证史书所言禁婚令反而使禁婚家"益自贵"，起了相反的助推作用。北朝所肇始的五姓自婚，自此才真正形成一个相对固化、令他人仰视的婚姻圈。这也算是唐代世族社会瓦解后形成的一道特殊景观。为何在中唐时期山东旧士族"自矜门第"的习气愈发强烈？这种现象与同一时期谱牒氏族之学的兴盛相互关联。此外又与科举、党争等政治因素形成钩连互动，需要更深入的探讨。

此外，还须说明的是，虽然自北魏时期五姓就已确定，到唐代五姓七家一同成为"禁婚家"，但根据调查，崔、卢、郑、李几姓之间的婚姻关系显然更为密切。太原王氏与荥阳郑氏的关系明显比较疏远，联姻例子也相对较少，而且很少发生在一些知名家族之间。太原王氏与其他几姓的关系也大体类似。根据这种情况，我们把与太原王氏联姻的婚例一并放到下一节讨论。

六、其他婚姻关系

根据调查，除了与皇室和以上几大姓通婚之外，唐代荥阳郑氏还与其他 58 个姓氏共计发生 131 例婚姻关系，占全部调查婚例 335 例的 39%。其中主要为山东、关中等地的北方世族，也有少量南方姓氏，还有北朝时期的代姓（虏姓）。以下是与不同姓氏联姻的次数统计：

表 5—13

姓　氏	婚例	姓　氏	婚例	姓　氏	婚例
王　氏	16	韦　氏	10	裴　氏	7
张　氏	12	杨　氏	8	杜　氏	4

续　表

姓　氏	婚例	姓　氏	婚例	姓　氏	婚例
高　氏	4	白　氏	1	万　氏	1
刘　氏	4	钱　氏	1	诸葛氏	1
元　氏	4	源　氏	1	邢　氏	1
皇甫氏	3	朱　氏	1	焦　氏	1
孙　氏	3	支　氏	1	田　氏	1
赵　氏	3	韩　氏	1	吴　氏	1
权　氏	2	冯　氏	1	宋　氏	1
独孤氏	1	曹　氏	1	樊　氏	1
封　氏	2	严　氏	1	鱼　氏	1
董　氏	2	石　氏	1	寇　氏	1
窦　氏	2	魏　氏	1	沈　氏	1
于　氏	2	郭　氏	1	叶　氏	1
胡　氏	2	苗　氏	1	邵　氏	1
萧　氏	2	贾　氏	1	马　氏	1
陈　氏	2	梁　氏	1	姚　氏	1
路　氏	2	桥　氏	1	如　氏	1
房　氏	2	许　氏	1		
程　氏	1	袁　氏	1		

　　其中一些大姓，依郡望还可进一步分别，如太原王氏、琅琊王氏、清河张氏、范阳张氏等。但也有一些姓氏可能有不同来源，而调查中与郑氏通婚事例又较少，无法进一步分辨，只能作为个例讨论。

北方郡姓

北方郡姓又可分为山东、关中两大部分。山东郡姓有太原王氏、琅琊王氏、清河张氏等，关中郡姓有弘农杨氏、京兆韦氏、京兆杜氏、河东裴氏等。其中琅琊王氏随晋室南迁，隋统一后又回到北方。

根据以上统计，按照荥阳郑氏与其通婚的发生次数，排序依次为：京兆韦氏、弘农杨氏、太原王氏、河东裴氏、清河张氏、琅琊王氏、京兆杜氏。婚姻男方的科举、任职及双方的家庭情况见下表：

表 5—14

郑氏	对方	男方官职	官品	科举	卒年	郑父官职	对方父官职
郑氏*	太原王信威	未仕			649		
郑氏*	太原王逊之	左领军卫右郎将	正五上	明经	729		右监门卫兵曹
郑氏*	太原王谞	河州刺史	正四下		736?		
郑嬇*	太原王某	太子左赞善	正五上		792	雷泽县尉	
郑氏*	太原王诞	未仕			830		正平县丞
郑氏*	太原王质	宣州刺史	从三	进士	836		扬州天长丞
郑当	王氏*	桂州司户	正八下	进士	839	大理评事	
郑氏*	太原王文干	内给事	从五下		844		云麾将军

郑氏	对方	男方官职	官品	科举	卒年	郑父官职	对方父官职
郑虔	琅琊王氏*	台州司户	从七下	进士	759	秘书郎	侍御史
郑孝本	琅琊王氏*	沧州刺史	从三	明经	698	松滋令	司刑大夫
郑洵	琅琊王氏*	沅江县尉	从九下	孝廉	769	苏州长史	
郑氏*	琅琊王澄	洋州刺史	正四下		803	不可考	
郑氏*	北海王季随	偃师县令	从六上		745	兖府仓曹	刑部尚书
郑瑶	晋阳王氏*	邵州刺史	正四下		856	淄州刺史	
郑诉	清河张氏*	开州刺史	正四下		735	祠部员外	太常少卿
郑氏*	清河张岳	临安丞	从八下		703		
郑参	清河张氏*	未仕			714	元从	
郑晃	清河张氏*	赵州司法参军	从七下		788	宣州录事参军	
郑镉	清河张氏*	太子宾客	正三		848	不仕	
郑氏*	南阳张仲葵	上谷易县丞	从八下	孝廉	621		襄州长史
郑氏*	南阳张某	冀州参军	从七上		741		抚州刺史
郑泌	范阳张氏*	长安尉	正九下	孝廉	763	少府监	驸马都尉

续　表

郑氏	对方	男方官职	官品	科举	卒年	郑父官职	对方父官职
郑氏*	安定张翃	郴州刺史	正四上	明经	778		兵部郎中
郑氏*	张希会	西充令	正七上	孝廉	675	金城令	坊州司马
郑氏*	弘农杨某				640	隋吏部侍郎	
郑谌	弘农杨氏*	青州刺史	从三	明经	734		隋蓬州刺史
郑氏*	弘农杨思讷	凤州刺史	正四下		661	沛公	吏部尚书
郑氏*	弘农杨松年	河南令	正六上	进士	858	盐铁推官	
郑本柔*	华阴杨汉公	户部尚书	正三	进士	861	抚王府长史	国子祭酒
郑某	弘农杨檀*	青州刺史	从三		733		
郑氏*	偃师杨训	文林郎	从九上	射策	692	沂水县令	隋仪同三司
郑琼*	杨牟	大理评事	从八下		841	盐铁推官	
郑氏*	京兆杜忠良	安南都护府长史	正五上	门荫	713		岷州刺史
郑氏*	京兆杜行方	同州司兵	从七下	明经	833	校书郎	澧州刺史
郑世基	杜淹女	吉阳令	正七上		675?	隋宋城令	左仆射
郑氏*	杜钺	右领军卫仓曹参军	正八下	进士	743	礼部侍郎	江阳县令

续　表

郑氏	对方	男方官职	官品	科举	卒年	郑父官职	对方父官职
郑华儿 *	河东裴某				691	江陵县令	
郑抱素	河东裴氏 *	汴州司士	从七下	孝廉	853	和州司马	
郑氏 *	河东裴注				852?	右金吾卫录事参军	
郑氏 *	裴总	洛阳尉	正九下		761?	淄州刺史	
郑氏 *	裴某	祠部员外郎	从六上		755	赠太常少卿	
郑某	裴露 *	汴州士曹	从七下		855		
郑融	京兆韦氏 *	奉国令	正七上		727	费县令	赠润州刺史
郑氏 *	京兆韦署	扬州大都督府法曹	正七下		821	仓部员外郎	鏊屋尉
郑群	京兆韦氏 *	库部郎中	从五上	进士	821	唐年令	吏部侍郎
郑氏 *	京兆韦词	中书舍人	正五上		851?	库部郎中	
郑氏 *	京兆韦聿	太子右庶子	正四下	门荫	808		蓝田尉
郑某	京兆韦婉 *				869?		永乐丞
郑氏 *	京兆韦敬师				886?	邵州刺史	
郑氏 *	京兆韦洫	上蔡郡王	从一品		684	郑州刺史	益州大都督
郑霞士 *	京兆韦端符	归州刺史	正四下		874	河南府功曹	

京兆韦氏　由以上调查情况可见，荥阳郑氏与京兆韦氏、弘农杨氏的婚姻关系中官员品级较其他姓氏明显要高一些。这显然是因为韦氏、杨氏与李唐皇室有密切的婚姻关系，本身为上层贵族。其中还包括郑锐思之女郑氏与韦后弟韦泚的一桩冥婚。[①] 如前所述，此次冥婚发生于景龙二年（708）中宗复位之后，追赠韦后弟韦泚上蔡郡王。同时被追赠并实行冥婚的，还有韦后的另两个弟弟韦洞、韦洵。韦泚墓志用词极为华丽，极力称颂其祖先的功绩，已显露出韦后权势膨涨的气息。此前郑万钧已娶睿宗（时为相王）女，其家又刚好有妹夭亡，所以被选为冥婚对象。此外，还可注意的是韦泚墓志撰写者郑愔，时亦被韦后引为心腹。另外，属上官婉儿之党的博陵崔湜曾与郑愔同掌典选，以贿闻。[②] 崔湜父崔挹娶荥阳郑世基女，而世基正是万钧之父郑锐思的叔伯。[③] 郑锐思属崔湜的外家，尽管崔湜与崔挹两人父子失和，但不妨碍他与外家的关系。《新表》以郑愔为沧州人，但亦属同姓。以上二人在郑万钧家庭与皇室建立关系时都可能起到一定作用。

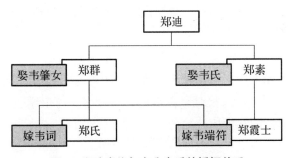

图6　郑迪家族与京兆韦氏的婚姻关系

① 郑愔：《大唐故赠荆州大都督上蔡郡王墓志铭》，《补遗》第三辑，39页。
② 《新唐书》卷一三〇《裴宽传》，第4487页。
③ 张说：《荥阳夫人郑氏墓志铭》，《全唐文》卷二三二，第2346页。

京兆韦氏是唐代最不可小觑的氏族之一，民间有"城南韦杜，去天尺五"之说。唐代京兆韦氏宰相共有 20 人，家族势力十分庞大。其他与郑氏结姻的韦氏在官场也都有较高地位，如中书舍人韦词、归州刺史韦端符等。荥阳郑氏与京兆韦氏之间也存在世代通婚的关系，北祖连山房郑迪一支便有 4 例与韦氏通婚：

弘农杨氏 杨氏与李唐皇室的关系更为密切。武则天之母、玄宗杨贵妃等均出于弘农杨氏，政治地位丝毫不逊于京兆韦氏。[①] 荥阳郑氏与弘农杨氏的婚姻，除见于墓志等材料外，小说中还有郑仁钧弟有妹，嫁杨国忠之子的记载。[②] 与郑氏联姻的弘农杨氏中，太宗时期的杨思讷，曾祖杨绍为北周大将军、豳燕等八州刺史，祖父杨雄为隋京兆尹、长平等十郡太守，父杨恭仁为唐侍中、吏部尚书，婆洞林房沛国公郑元璹之女，是郑氏家族融入关陇集团的明显事例。此后，宣宗时期的杨汉公身居高位，前后两娶，前妻荥阳郑氏，后妻京兆韦氏。前妻二子杨筹、杨范，皆登进士第。杨汉公家族一向与关中大姓通婚，曾祖杨隐朝娶京兆杜氏，祖父杨燕客娶南阳张氏，父杨宁娶长孙氏。郑逢女郑本柔嫁杨汉公，是山东旧族与关中世家长期交融的体现。盐铁推官郑博谷两女分别嫁杨牟和杨松年，则可能是亲上作亲。[③]

其他太原王氏、河东裴氏、清河张氏等与荥阳郑氏结亲，也有个别人官至刺史，但相对来说低层官员较多。与琅琊王氏结亲者，只有郑氏家族的郑虔比较知名。

---

①　陈寅恪：《记唐代之李武韦杨婚姻集团》，《金明馆丛稿初编》第 237—263 页。
②　《太平广记》卷三〇三《郑仁钧》（出《戎幕闲谈》），第 2400 页。
③　杨牟：《荥阳郑夫人墓志铭》，《补遗》第一辑，第 323 页；李翱：《唐故河南府河南县令赐绯鱼袋弘农杨公墓志铭》，《补遗》第一辑，第 373 页。

安定皇甫氏　安定胡氏　前者3例，后者2例。皇甫氏属关中望族，安定胡氏在北魏时期亦十分显赫，两氏均以安定为郡望，且有密切的婚姻关系。北魏孝明帝母宣武灵皇后胡氏，其母即为皇甫氏。与皇甫氏联姻之郑敞（一作敝），为连山房郑伟之后。[①] 该婚姻也是郑氏入关房支与关陇集团紧密合作的遗响。只是这几个婚例中皇甫氏方的情况均不明了。另一例郑崇寂娶皇甫氏，其曾孙郑芬则婚安定胡氏。[②]

昌黎韩氏　计3例。洞林房夔州刺史郑叔度，娶昌黎韩氏，玄宗宰相韩休之孙、大理司直韩浑女。长女郑氏，适大理司直韩杰。[③] 韩浑与韩杰，或为同族。大理司直当为二人兼衔。另一例为韩愈长兄韩会，娶荥阳郑氏。[④] 韩愈三岁而孤，由韩会抚养，随会贬官岭南，会卒，鞠于郑氏。韩愈《祭郑夫人文》："我生不辰，三岁而孤，蒙幼未知，鞠我者兄。在死而生，实维嫂恩。……兄罹谗口，承命远迁。穷荒海隅，夭阏百年。万里故乡，幼孤在前。相顾不归，泣血号天。微嫂之力，化为夷蛮。"[⑤] 后从嫂归葬韩会于河阳。韩愈对兄嫂之恩感念至深。然此郑夫人家庭世系不明。韩会为一时

① 《唐故通议大夫持节开州诸军事开州刺史上柱国荥阳郑公墓志铭》，《汇编》开元四四〇，第1459页。
② 张仲复：《唐故伊川府长史郑府君夫人安定胡氏墓志铭》，《续集》元和〇二七，第819页。
③ 崔祁：《唐故朝议郎都督夔州诸军事守夔州刺史赐绯鱼袋荥阳郑公夫人昌黎韩氏合祔墓志铭》，《补遗》第九辑，第388页。
④ 韩愈籍贯其说不同，有昌黎、南阳二说，又《元和姓纂》（附四校记）卷四"二十五寒"韩"陈留"："本颍川人稜后，徙陈留。唐礼部郎中韩云卿……兄子会、愈。"第493页。岑仲勉《唐集质疑·韩愈河南河阳人》："质言之，唐世习称郡望，弗重里居，唐人游宦，往往随地占居，然必举其望而不举其居者，固以别宗支，尤以显门阀也。……愈之旧望，应曰颍川，新望应曰陈留，而顾称南阳或昌黎者何哉？唐初宰相，南阳有韩瑗，迄乎中叶，昌黎为盛，正所谓门阀之见，贤哲不免，依附称谓，初不必为愈讳矣。"《唐人行第录》（外三种），北京：中华书局2004年，第438页。论婚皆从其家自称，故本书亦将其归入昌黎。
⑤ 马其昶：《韩昌黎文集校注》卷五，第334页。

名士，所娶亦必名家。柳宗元《先君石表阴先友记》以韩会与郑徐庆、郑利用同列入；又列有郑元均，然归入"没没无显仕者"。① 利用为徐庆从父兄，亦为郑长裕之后。韩会妻郑夫人，疑亦出自此家族。

天水权氏　平简公房郑进思娶华州刺史权某孙、右监门将军千金伯权某之女，事在禁婚令颁行期间，且其父任武职。② 另一例为永兴令权怀育子、高平郡别驾权彻，初娶博陵崔氏，续娶荥阳郑氏。其先为苻坚时权翼。权德舆之先亦为权翼。权彻童子时，舅氏崔湜奇其文，在苏颋试下登第，开元十八年又以书判选。有文二十卷，李华为序。③ 崔湜外祖父为郑世基，又在这里出现，也许并非巧合。

扶风马氏　有1例，为马燧子马彙娶郑况女。④ 马燧为德宗朝功臣，图形凌烟阁，封北平王。彙为燧长子，燧前夫人河南元氏生。郑况官王屋县令。

以上各姓与郑氏通婚时间基本覆盖唐代各个时期，在安史之乱前后形成两个高峰期。下图显示的是韦、杨、裴、杜几个重要的关中大姓与荥阳郑氏通婚在各时期的分布情况，以每十年为一时间段：

将图7与图5相对照可以看出，在唐代不同时期，荥阳郑氏在

① 《柳宗元集》卷一二，第303—308页。
② 《大唐故赠博州刺史郑府君墓志》，《汇编》开元三六一，第1405页。
③ 独孤及：《唐故朝议大夫高平郡别驾权公文神道碑铭》，《全唐文》卷三九〇，第3971页。
④ 马其昶：《韩昌黎文集校注》卷八《唐故绛州刺史马府君行状》，第590页。《旧唐书》卷一三四《马燧传》："汝州郏城人，其先自右扶风徙焉。"第3689页。《元和姓纂》（附四校记）卷七"三十五马"："临安，唐岚州刺史、大同军使马季龙。"即马燧父。第1041页。

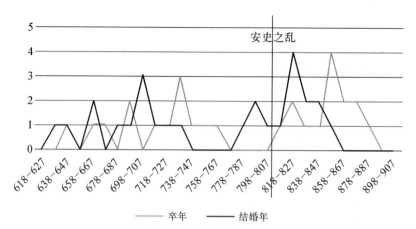

图 7　韦、杨、裴、杜—郑氏婚姻的时代分布①

是否选择关中大姓或崔、卢、李等山东旧族为联姻对象时，确实有一些变化。在玄宗以前时期，郑氏与关中大姓联姻的例子并不少，固然可能如史所言有自矜门第的情况，但并非不与之通婚。将两方面的数字相对比，同一时期郑氏与崔、卢、李几姓联姻的事例共 45 例，而与韦、杨、裴、杜等联姻的事例共 26 例，再加上元氏、皇甫氏等其他姓氏，可见在这一时期与关中大姓的婚姻在其全部婚姻中也占有相当的比例。分析其原因，也许说明唐高宗颁布禁婚令在一段时期内确实起到一定作用。到玄宗以后时期，禁婚令完全失效，五姓自为婚娶的事例也因此有所增加，荥阳郑氏选择崔、卢、李姓为联姻对象的倾向变得更为明显。

　　但另一方面，调查结果也证明，荥阳郑氏与关中大姓始终保持婚姻联系，并非只有少数几例与关陇集团通婚的事例。这些通婚事例也并非只限于较早融入关陇集团的那些郑氏房支。以荥阳郑氏中

————————

① 　结婚年据卒年前推三十年，有±10 年的出入。

最有代表性的郑羲房为例，入唐后的郑世基、郑怀节为郑羲六代孙，平简公郑述祖曾孙。从郑怀节四子及其后代的联姻情况看，既有清河崔氏、博陵崔氏、陇西李氏、范阳卢氏、太原王氏，又有关陇大姓京兆韦氏、弘农杨氏、京兆杜氏，还有琅琊王氏、独孤氏、元氏等，虽主要偏重于山东旧姓，但同时也与其他各姓通婚。学者有关关中郡姓在安史之乱前却始终不与山东五姓通婚、两大婚姻集团存在明显界线的观点，还有待更广泛的调查来加以验证或修正。

虏姓（改姓）

如前所述，荥阳郑氏自北魏开始与鲜卑族皇室通婚，主要为北祖郑羲房、郑茂房。入唐以后，代北诸族改姓者被称为虏姓，在氏族之中占有重要一席。[1] 在荥阳郑氏联姻对象中，有以下数例：

河南元氏　有 4 例。唐初郑玄果为郑景之后，其父郑仁泰为太宗亲从，与长孙无忌等同入玄武门讨建成、元吉。[2] 郑玄果官右金吾卫将军，袭爵同安郡公，娶北魏恭宗景穆皇室（太武帝景穆太子）第九子南安王祯七代孙、右骁卫郎将元备之女。[3] 双方均为武将，任职诸卫，当即因此结亲。

另一例即是元积父、舒王府长史元宽，娶平简公房睦州刺史郑济女。元宽早卒，家贫无以为师，郑氏亲执《诗》、《书》以教。白

---

① 柳芳《氏族论》："氏族者……代北则为虏姓，元、长孙、宇文、于、陆、源、窦首之。虏姓者，魏孝文帝迁洛，有八氏十姓，三十六族九十二姓。八氏十姓，出于帝宗属，或诸国从魏者。三十六族九十二姓，世为部落大人。并号河南洛阳人。"《新唐书》卷一九九《儒学传》，第 5677 页。
② 《旧唐书》卷六五《长孙无忌传》，第 2446 页。
③ 《大唐故右卫中郎将兼右金吾将军同安郡开国公郑府君墓志铭》，《汇编》开元〇一一，第 1157 页。

居易为撰墓志，称："元、郑皆大族好合，而姻表滋多。凡中外吉凶之礼有疑议者，皆质于夫人。夫人从而酌之，靡不中礼。"①

　　独孤氏　有1例。平简公房亳州刺史郑顾，娶颍川长史独孤氏女，女即独孤及伯姊。据崔祐甫《朝散大夫使持节常州诸军事守常州刺史赐紫金鱼袋独孤公神道碑铭》，独孤及父名通理，官颍川郡长史，赠秘书监。其祖先世系及独孤通理宦历，并见崔祐甫此文以及独孤及《唐故朝散大夫颍川郡长史赠秘书监独孤公灵表》。②

　　洛阳石氏　有1例。郑满，遇隋板荡，晦迹丘园，召为蒋国公参军事，娶洛阳石氏。墓志称："包之玄孙，崇之苗裔。"③恐为附会。《元和姓纂》卷十"石"："河南，后魏《官氏志》，乌石兰氏改姓石。"④此称洛阳石氏，当是其族。

南方姓氏

　　柳芳《氏族论》称："东南则为吴姓。"以下称为南方姓氏。

　　吴兴钱氏　北祖郑茂房比部郎中郑绩，娶吴兴钱氏汉州刺史节之女。⑤郑绩曾官越州，又充吐蕃分界使，在朝任左金吾胄曹、御史台主簿、秘书郎，与钱氏有可能在官场上有交集。

　　支氏　支氏其先琅琊人，晋末迁江表。鄂州司士参军支叔向，娶荥阳郑氏。叔向父支竦，历云、泸、齐、光、邢五州刺史，前娶

---

① 白居易：《唐河南元府君夫人荥阳郑氏墓志铭》，《白居易文集校注》卷五，第224页。
② 独孤及：《唐故朝散大夫颍川郡长史赠秘书监独孤公灵表》，《毗陵集》卷一〇，第2—5页；《唐故亳州刺史郑公故夫人河南独孤氏墓版文》，《毗陵集》卷一〇，第7—8页；崔祐甫：《朝散大夫使持节常州诸军事守常州刺史赐紫金鱼袋独孤公神道碑铭》，《毗陵集》附录，第1—4页。
③ 《大唐故郑君墓志》，《汇编》永徽〇五四，第166页。蒋国公当指屈突通，降唐为太宗行军元帅长史，从太宗讨薛举、王世充。
④ 《元和姓纂》（附四校记）卷十"二十二昔"，第1596页。
⑤ 贺知章：《大唐故中散大夫尚书比部郎中郑公墓志铭》，《补遗》第一辑，第116页。

汝南谭氏，继娶崔氏，封清河郡夫人。[1] 另一例为剑南东川节度副使支诉，娶西台殿中侍御史郑滔女，郑滔娶汉南节度使李文公翱之女。墓志称郑夫人"生诉一子，名曰胡儿，心瞩他人，病不自乳，此儿枉折于百日之间"，夫人亦痛惜遘疾而卒。[2]

其他

此外还有一些零散婚例。如郑云逵大历中入幽州节度朱泚幕，朱泚表为节度掌书记，并以弟朱滔女妻之。[3] 此在郑氏家族中属特殊个例。另鱼氏、寇氏等各例，家族背景均不甚清晰。

根据以上调查，唐代荥阳郑氏共计与 61 个姓氏结有婚姻关系。[4] 其中崔、卢、李等几大姓所占比例最高，约占全部婚姻对象的 57%。太原王氏虽属五姓之一，但与郑氏的婚姻关系并不密切，仅占 2%左右。另外属于关中大姓的京兆韦氏、弘农杨氏，合计约占 5%。剩馀婚姻对象则分散于其他姓氏中。从婚姻双方的家庭情况和官员任级来看，包括关中大姓在内，其他姓氏的官员品级没有明显高出于山东五姓。总体来看，中下层官员在荥阳郑氏及其婚姻对象中占有大多数，足以说明该家族成员在当时官员阶层中并没有什么特权或特殊地位可言。在唐代官员一生游宦各地、迁转频繁的情况下，山东五姓还能保持如此高比例的"自为姻娶"，确实表明该群体具有"尚婚娅"的鲜明特点和家族传统。大概也正是由于对

---

[1] 丁居立：《唐故鄂州司士参军支府君墓志铭》，《汇编》大中一一一，第 2338 页。

[2] 郑谟：《唐剑南东川节度副使朝议郎检校尚书屯田员外郎兼侍御史柱国赐绯鱼袋支诉妻荥阳郑氏墓志铭》，《汇编》乾符〇〇九，第 2476 页。

[3] 《旧唐书》卷一三七《郑云逵传》，第 3770 页。

[4] 当然，在以上统计中，荥阳郑氏一方也包括一些世系不明者，不排除有附会伪托的情况存在，但总体比例不会很高。

这种传统的坚持，使得这一群体在不具实际政治、经济优势和特殊地位的情况下，仍能在声誉和心理上维持其门阀地位，并借此在社会上换取某些优遇，成为唐代社会的一道特殊景观。

　　根据对婚姻发生时代的调查，五姓自为婚娶现象自唐初以下并未呈现一种下降趋势，反而在安史之乱前后形成一个高峰，并延续一个较长时期。下图是郑氏婚姻对象中山东大姓与其他姓氏在各个时代的分布情况：

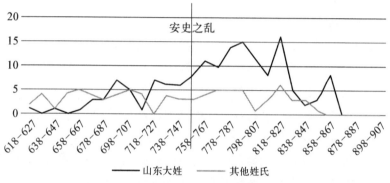

图 8　荥阳郑氏不同婚姻对象的时代分布

　　学术界有一种观点认为：开元天宝以后，科举制带来的选官制度变化促进了婚姻观念的转变，门第观念开始淡化。[①] 这种观点有可能只是根据某种印象或猜想，缺少具体调查和量化分析作为依据。以上调查结果与这种判断明显不符。唐人的门第观念可以说终唐之世也未曾减弱，而是随着晚唐五代旧世族被全面扫荡才归于消失。那么，如何解释五姓自为婚娶在中唐以后不减反增这一现象呢？对此，恐怕很难用某个单一因素来解释。一个偶然的原因可以

---

① 　参见金滢坤：《论唐五代科举对婚姻观念的影响》，《厦门大学学报》2008 年第 1 期。

说是禁婚令此时不再被遵守，反而起了相反的助推作用。另一个原因可能是安史之乱后藩镇坐大，使府林立，幕府奏荐官员的人数大为增加，直接使士人入仕这一权力被迫下移，结果士人与使府长官之间更易形成某种依附关系。这种环境可能有助于婚、宦二者之间的联系进一步加强，亲族、婚姻等关系在官场上可能发挥更大作用。如前所述，通过亲上作亲的方式强化原有的家族关系或扩大其规模，比起建立新的陌生关系可能更为有效，更受到当事者欢迎。至于这种关系与科举取士（例如前文所说的"榜下择婿"）、中晚唐党争等其他因素之间的复杂联系，则只能通过很多个案的分析，尝试加以说明，很难将其纳入一个简单的因果模式之中。

以上调查也试图解释了某些婚姻的缘起，其中大家族之间亲上作亲的世婚传统无疑是一个重要因素。这种情况不仅有相当的普遍性，而且越是著名的家族越是提倡这种传统。因为它可以维持大家族的延续，客观上也成为一个家族是否强大兴旺的标志。于是，在一些知名的大家族之间就形成了各自的婚姻圈。对这种婚姻圈进行调查，也成为认识当时各种社会关系中不可缺少的内容。

从调查中可见，荥阳郑氏各房支在选择婚姻对象时也各有偏重，不同房支与崔、卢、李等山东大姓或其他姓氏联姻的比例也有所不同。其中北祖郑茂房在唐代最为发达，与山东大姓联姻的比例也最高，在总计56例婚姻中占有51例。此外唯有连山房相差较大，在总计22例婚姻中有16例是与其他姓氏的联姻，而且婚姻对象十分分散。具体对比情况见下图：

北祖连山房的这一婚姻取向，与该房支在北魏分裂后西迁入关、迅速融入关陇集团有密切关系。当然，整个荥阳郑氏家族的发达、与山东大姓的联姻，都可追溯至北魏孝文帝时该家族与鲜卑皇室乃至李冲家族的关系。由此可见，家族的婚姻传统实际上是前代

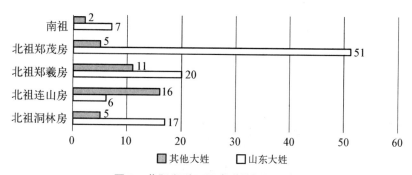

图9 荥阳郑氏不同房支的婚姻对象

政治选择的产物。由北朝到隋唐，王朝虽屡经更迭，但贵族集团大多保持延续，所以这一婚姻传统才能够得以延续并有相当扩展。直到唐末五代的社会大动乱，才彻底终结了这一切。唐代士人个体固然重视婚与宦这两件人生大事，就各个家族和整个社会而言，二者同样是一体两面、相互关联的最重大事件。所谓山东之人"尚婚娅"，与关中之人"尚冠冕"，都只能是相对而言。两件事对于维系家族荣耀或至少延续其世代来说，都是不可或缺的。本朝"冠冕"稍逊的山东之人，只能靠"婚娅"来稍事弥补、维持门面而已。不能忽略的是，在唐代历史条件下，政治人物也好，诗人、学者也好，家族的力量和地位对他们来说都是决定性的。这种情况与现代社会当然不可同日而语。

第六章　荥阳郑氏婚姻在
　　　　文学中的映射

　　唐人的笔记小说和志怪、传奇中，记叙了大量与婚姻有关的故事。一个很有意思的现象是，其中的主人公也往往是崔、卢、郑、李等姓氏的人物。在前述调查中，我们以史料为根据，尽可能完整地复述有荥阳郑氏人物参与的各个真实婚姻。在此基础上，我们再来看这些故事性的记述，很容易发现两者之间呈现出基本的对应关系，在人物关系、婚姻状况这些方面具有高度的一致性。原因在于，唐代笔记小说本身就是一种史料。一些作者由于任职或交游等关系，对某一方面的要闻掌故或人物轶事十分熟悉，著述的史料性和可信度相对提高。另一方面，即便是带有故事创作性质的唐传奇和志怪小说，其写作方式与后世虚构人物、故事的小说也完全不同。唐传奇中有很多作品（包括一些最脍炙人口的名篇）来自贞元末期形成的长安等地士人聚谈艳遇、诗酒唱和等活动。① 这些作品本身就是根据真实人物（在很多情况下就是叙述者本人）的经历写成，而唐人的小说观念仍是据实传述，在作品中往往要交待故事来源和写作依据。具体到作品内容，我们也会发现，唐人基本上不懂得虚构情节，也不会有意拔高、粉饰其中的人物，甚至很多细节描写都来自生活真实，显然有别于后世小说戏剧中到处搬用的那些套路、桥段。即便在有些作品中还保留某些志怪因素，也是当时人生活图景和观念世界的真实反映。因为这些看起来超现实的志怪成分，在当时人观念中也是生活的一部分，是在他们所认知的世界中真实发生的。

　　不过，即便如此，这些故事性记述与史官记述以及作为家族文献的墓志中的记述相比，就根本性质来说还是完全不同。最重要的一点就是，它们记述的出发点不同。家族文献类似于档案材料，其记述十分郑重，但目的和作用也很简单，和记流水账没有什么不同。而传奇故事在文人聚谈艳遇阶段就有其特定听众，是因为大家都感兴趣才会被讲述、记录，成为文学作品。什么题材、什么人的故事进入讲述，被写成传奇作品，这个过程本身就有很强的选择性，因此也包含着特定的社会意蕴和文学意蕴，更何况在写作过程中还会加入各种文学性的意趣以及作者本人的价值判断。家家都有的记账性质的墓志、谱牒怎么能和它相提并论？在对读各类史料与小说传奇的过程中，一方面我们有必要探讨作品的本事，努力辨认其中反映的各种历史信息；另一方面我们则可以观察写作者的意图和对其中人物事件的评价，这反过来也可成为我们认识唐代社会婚

① 李宗为在分析《李章武传》时指出："这种讲述本身奇遇作为诗题与朋友们相唱和，最后又由其中善于叙事者连缀这一奇遇及有关诗歌为传奇的做法在贞元末已经蔚为风气。这一点在唐人传奇的发展上极为重要，因为正是在这一风气的煽动下，在贞元末元和初出现了文人互相配合为同一故事创作相辅而行的传奇和长篇叙事诗的特殊形式。"见所著《唐人传奇》，北京：中华书局 2003 年，第 57 页。

姻状况的重要参照。

一、唐人小说中的"绪亲"

在《太平广记》所收录的各类婚姻故事中，我们共找出七十馀篇与唐代大姓有关的婚姻故事，其中有 17 篇出现了荥阳郑氏人物。很有意思的是，仅就在故事中出现的婚姻姓氏来看，就与以上所调查的唐代现实生活中著名大姓的婚姻情况有很大的相似性。在这些婚姻故事中，依出现频次计，参与的双方姓氏分别为：崔—李联姻（8 例），郑—卢联姻（6 例），郑—李联姻（5 例），郑—崔联姻（3 例），郑—韦联姻（3 例），基本与前文所调查的著姓联姻的亲疏程度对应。此外，在这些作品中，郑氏的婚姻对象也未超出前文调查的范围，计有李、卢、崔、韦、杨、柳、房、张等姓氏。在现实中，唐人对婚姻对象的选择不至苟且，同样，出现在故事中时也不会随意安排。这从一个侧面清楚地反映出唐代小说的纪实性质。

此外，对一些结构完整、故事曲折动人的作品，我们甚至可以将其中情节与史实一一对照，考求并梳理其本事，说明其中的"虚"、"实"关系。以下仅就小说《莺莺传》中出现的"绪亲"情节稍做说明。

《莺莺传》为作者元稹自寓身世之作，这一观点得到学界大多数人的认同。研究也证明，元稹母郑氏与小说中崔莺莺之母为同父异母关系，同为平简公房郑济之女。莺莺母婚配崔氏清河小房（宋人据唐《崔氏谱》考证为崔鹏），这两个家族之间也存在世代通婚的关系。① 在小说中还有一个绪亲的情节：张生与莺莺母女在普救

---

① 参见谢思炜：《崔郑家族婚姻与〈莺莺传〉睽离结局》，《文艺研究》2012 年第 2 期。

寺相遇，"崔氏妇，郑女也。张出于郑，绪其亲，乃异派之从母"。①由于仕宦和其他原因，唐代士人经常会携同家眷奔走各地，在旅途中或异域他乡偶遇同族或有亲戚关系的人似乎机率并不高。但不应忽略，士人在当时社会中毕竟是一个特殊阶层，在某地投宿也会寻找大体相同之处。而姓氏则是人物出身的标识，尤其是这几个著名大姓，互通姓名之后就可基本判断对方的身份背景。接下来一步就是"绪其亲"，同姓之间能够攀上本家的可能性非常大。而《莺莺传》故事确实极为巧合，男主人公居然遇到了"异派之从母"，也就是自己的姨母，只不过是"异派"。这是一个不太常见的用法，小说作者是用它来指同父异母关系。接下来，莺莺母为感谢张生救助之恩，中堂宴之，遂命其女"以仁兄礼奉见"，"出拜尔兄"，双方关系一下便热乎起来。

　　除了同姓关系之外，如前所述，崔、卢、李、郑这几大家族之间相互联姻、世代通婚，因而这几姓之间也常常互为表亲、中外重叠。循着这条线索，也很容易发现双方之间的亲族姻缘。前文所述李君夏，就是在赴京应举时遇到与自己有表亲关系的驾部员外郎郑溁，通过绪亲而相识，郑溁遂以爱女相托，定下婚约。

　　由于绪亲在当时官场来往中十分常见，所以在《许老翁》故事中有了以下情节：

　　　　唐天宝中，益州士曹柳某妻李氏，容色绝代。时节度使章仇兼琼新得吐番安戎城，差柳送物至城所，三岁不复命。李氏在官舍，重门未启，忽有裴兵曹诣门，云是李之中表丈人。李云："无裴家亲。"裴因言李小名，兼说其中外氏族，李方令开

---

① 《太平广记》卷四八八《莺莺传》，第4013页。

门致拜。①

《琴台子》又记赵郡李希仲与崔祈两人绪亲事：

> 希仲秩满，因家洛京。天宝末，幽蓟起戎，希仲则挈家东
> 迈，以避兵乱。行至临淮，谒县尹崔祈。既相见，情款依然，
> 各叙祖姻，崔乃内外三从之昆仲也。时崔丧妻半岁，中馈无
> 主，幼稚零丁，因求娶于希仲。希仲家贫时危，方为远适，女
> 况成立，遂许成亲。②

《许老翁》的主要情节是叙裴兵曹为仙人下凡，偷娶李氏。《琴台
子》则叙崔前妻在希仲女闲仪九岁时就以幼子琴台子相托，后闲仪
果为崔氏所娶。绪亲情节在故事展开过程中都极为关键，这并非出
于作者的随意安排，而是唐代大姓联姻、士人交往过程的真实
反映。

除了偶然相见绪亲之外，还有因各种亲族关系前来投奔求助。
如前所述，在北朝时期，北方就很看重同姓亲谊："北土重同姓，
谓之骨肉。有远来相投者，莫不竭力营赡。若不至者以为不义，不
为乡里所容。"③ 郑氏家族中如郑馀庆，"其禄悉赒所亲，或济人急，
而自奉粗狭，至官府，乃开肆广大。常语人曰：'禄不及亲友而侈
仆妾者，吾鄙之。'"④ 前文引韩愈墓志载，诗人卢殷落魄之际也曾
抵书郑馀庆（卢母为郑氏，本人亦娶郑氏），郑"数以帛米周其

① 《太平广记》卷三一《许老翁》（出《仙传拾遗》），第197页。
② 《太平广记》卷一五九《琴台子》（出《续玄怪录》），第1144页。
③ 《宋书》卷四六《王懿传》，第1351页。
④ 《新唐书》卷一六五《郑馀庆传》，第5061页。

家"。在这种求乞关系中，也很能显示各种世态人情。如郑馀庆之子郑澣所遇：

> 郑澣以俭素自居，尹河南日，有从父昆弟之孙自覃怀来谒者，力农自赡，未尝干谒，拜揖甚野，束带亦古。澣之子弟仆御皆笑其疏质，而澣独怜之。间其所欲，则曰："某为本邑，以民待之久矣。思得承乏一尉，乃锦游乡里也。"澣然之。而澣之清誉重德，为时所归，或书于郡守，犹臂之使指也。郑孙将去前一日，召甥侄与之会食，有蒸饼，郑孙去其皮而后食之。澣大嗟怒，谓曰："皮之与中，何以异也？仆尝病浇态诡俗，骄侈自奉。思得以还淳反朴，敦厚风俗。是犹怜子力田弊衣，必能知艰于稼穑。奈何嚣浮甚于五侯家绮纨乳臭儿耶？"因引手请所弃者，郑孙错愕失据，嚣而奉之，澣尽食之。遂揖归宾阁，赠五缣而遣之。①

另外，妄认亲族可能也很常见，也有人因此而遭嗤笑：

> 唐有姓房人，好矜门地，但有姓房为官，必认云亲属。知识疾其如此，乃谓之曰："丰邑公相（注：丰邑坊在上都，是凶肆，出方相也。）是君何亲？"曰："是某乙再从伯父。"人大笑曰："君既是方相侄儿，只堪吓鬼也。"②

以上种种绪亲行为都是在唐人盛称门第的背景下发生的，在唐人诗

---

① 《太平广记》卷一六五《郑澣》（出《阙史》），第1204页。
② 《太平广记》卷二六〇《姓房人》（出《启颜录》），第2027页。此"知识"盖以丰、房音近而诱导其中局。

文中也可以看到这种动辄以宗亲、同族、同姓相称以求亲近的情况。

二、《李娃传》再解读

在唐传奇中，在《莺莺传》之外，牵涉到荥阳郑氏的最有名作品大概就是《李娃传》了。出自白行简之手的这篇作品，隐去篇中男主人公姓氏，只记其父为"常州刺史荥阳公"。后人或径称篇中主人公为荥阳生。由于唐人称荥阳郡望者以郑氏最为有名，所以在据《李娃传》改编的后代话本、戏曲作品中，男主人公也被冒以郑姓，取名郑元和，女主人公被命名为李亚仙。据现有材料考察，郑元和之名最早见于南宋初庄绰所著《鸡肋编》：

> 乔大观，维扬人，绍兴中仕宦于朝。尝有人戏之曰："公可与郑元和对。"乔云："某岂有遗行若彼邪？"曰："非为此也。特以名同年号，世未见其比耳。"①

据此，则郑元和名此前早已在话本、词曲中流传，为人熟知。② 在民间，郑元和曾被附会为郑馀庆。《类编长安志》载："郑馀庆庙，原在九耀街。大元丙申年移于北坡子街，俗呼为郑元和庙。"③ 看来，郑元和之名很可能取自唐代年号，郑馀庆为元和宰相，所以又将此名附会到他的身上。

---

① 庄绰：《鸡肋编》卷下，北京：中华书局 1983 年，第 126 页。
② 晁瑮《宝文堂书目》著录《李亚仙记》，被认为早于罗烨《醉翁谈录》癸集卷一的《李亚仙不负郑元和》，参周绍良：《唐传奇笺证》，北京：人民文学出版社 2000 年，第 232 页。
③ 骆天骧：《类编长安志》卷五庙祠，西安：三秦出版社 2006 年，第 150 页。

南宋末的刘克庄曾提出《李娃传》与《补江总白猿传》相同，也是托名谤讪之作：

> 郑畋名相，父亚亦名卿，或为《李娃传》，诬亚为元和，畋为元和之子，小说因谓畋与卢携并不相咸，携诟畋身出倡妓。按畋与携皆李翱甥，畋母，携姨母也，安得如《娃传》及小说所云？唐人挟私忿，腾虚谤，良可发千载一笑。亚为李德裕客，白敏中素怨德裕及亚父子。《娃传》必白氏子弟为之，托名行简，又嫁言天宝间事。且《传》作于德宗之贞元，追述前事可也。亚登第于宪宗之元和，畋相于僖宗之乾符，岂得预载未然之事乎？其谬妄如此。[①]

对刘克庄此说，清代俞正燮等人曾予批驳，但也有学者表示赞同。[②]各家据《新唐书·宰相世系表》及作品中男主人公"应直言极谏科"等经历逐一考察，迄今仍未发现有郑姓人物与之相合。也有论者认为，作品中人物并非荥阳郑氏，但立论还有待商榷。[③]

按照唐代法律，妻与妾身份迥别，明文禁止以妾为妻，但士大夫以妾为妻者仍比比皆是，且有封国夫人者。[④]而妾通常是买来的，其主要来源就是歌妓出身者。如白居易诗中描写扬州风俗：

---

① 刘克庄：《后村诗话》前集卷一，北京：中华书局1983年，第18页。
② 参傅锡壬：《试探〈李娃传〉的写作动机及其时代》，收入《牛李党争与唐代文学》，台北：东大图书有限公司1984年。
③ 舒大清《〈李娃传〉汧国公原型考》（《湖北师范学院学报》，2013年第6期）认为，作品原型人物是郑王后裔李勉，因唐代封汧国公者唯有李勉。但作品中是女主人公李娃封汧国夫人，而唐代命妇受封例从夫方姓氏，与其夫其子受封不同，所以作品中"汧国"之称与其夫无关。况且如果男方为李姓人物，则出现同姓为婚，在唐代是不可能发生的。
④ 参陈鹏：《中国婚姻史稿》，第729页。

> 莫养瘦马驹，莫教小妓女。后事在目前，不信君看取。马肥快行走，妓长能歌舞。三年五岁间，已闻换一主。①

照此来看，《李娃传》中的大团圆结局在士人婚姻中属绝无仅有，但也并非毫无可能。按照所谓谤讪之说，如果真要诬陷某人，而只抓住"身出倡妓"这一点费心影射，似乎意义不大。况且这种说法也与小说的整体格调相差太远，作品主旨正如篇中所言："嗟乎，倡荡之姬，节行如是，虽古先烈女，不能逾也，焉得不为之叹息哉。"

作品中李娃在男主人公中举授官之后，对他说："今之复子本躯，某不相负也。愿以残年，归养老姥。君当结媛鼎族，以奉蒸尝。中外婚媾，无自黩也。"这里所说的"中外婚媾"，就是上一章讨论的大姓婚姻中常见的世代通婚现象。《莺莺传》中莺莺书札称："鄙昔中表相因，或同宴处。"只是讲到与张生的表亲关系。但他们即使结合，也是结姨表亲，不属于这种"中外婚媾"。从这一点来看，《李娃传》中男主人公家庭亦当属于荥阳郑氏这种大家族。

作品除称其父为常州刺史荥阳公外，又称男主人公后来"累迁清显之任，十年间至数郡"，"有四子，皆为大官，其卑者犹为太原尹，弟兄姻媾皆甲门，内外隆盛，莫之与京"。这些描写不排除有夸张成分，但也应该有一定的事实依据。根据前几章对唐代荥阳郑氏家族情况的考察，该家族虽然族大人众，地位显赫，但同一家庭内有奕世多人身居高位的并不多见。比较符合这一条件的，有郑演房郑珦之子郑齐望，兄弟七人，并居台省；以及郑茂房郑长裕家族，后来出了四名宰相。前者的活动时间在玄宗开元年间，后者到

---

① 《白居易诗集校注》卷二一《有感三首》，第 1696 页。

郑珦瑜、郑馀庆这一辈已在德宗、宪宗时期。

　　根据现有材料来看，《李娃传》中男主人公的原型人物比较有可能出于后一家族。有关此篇的写作时间及故事发生的时代，后人的看法分歧较大。作品中记录的写作时间是贞元乙亥岁（贞元十一年，公元 795 年），有人认为是乙酉岁（贞元二十一年，公元 805 年）或元和己亥（819）之误。[①]作品中交待的故事发生时间是天宝中，但刘克庄认为是白氏子弟伪托，故事背景应是晚唐，也有人认为故事发生应在开元年间。[②]在这一点上，我们还是遵从原作所提供的说明（也是多数学者的意见）。在《新表》中，郑长裕六子，据《新表》官许州刺史，墓志又载其官尚书郎、颍川郡太守，任职时间当在天宝中。《李娃传》男主人公有可能即是其六子之一，六子中郑谅、郑慈明（墓志作郑慈）均有多子，但郑谅官止冠氏令，层级较低。郑慈明七子，已知馀庆、膺甫、羽客、嘉宾均官刺史以上，与作品中"四子皆为大官"相符。另外，该家族确有一人曾中直言极谏科，即郑珦瑜弟、郑馀庆从父兄郑利用，时间在贞元元年（785）。[③]不过，直言极谏是唐代制举最常采用的科目，作品也可能因此移花接木，挪用自他人。

　　以上是根据现有材料，参照郑氏家族情况，对《李娃传》原型人物所做的推测。其前提是相信该作品仍遵循唐传奇大体据实传述、同时亦允许腾挪的写作原则，而非出于谤讪或其他特殊目的。

① 前说见戴望舒：《读李娃传》，收入《小说戏曲论集》，北京：作家出版社 1958 年，第 7—26 页。后说见卞孝萱：《校订〈李娃传〉的标题和写作年代》，《社会科学战线》1979 年第 1 期。
② 参周绍良：《唐传奇笺证》，第 251 页。
③ 《唐会要》卷七六制科举，第 1389 页。另外，该家族还有一人曾任太原尹，即郑馀庆弟郑具瞻子郑涓，但晚在宣宗大中九年（855），见《旧唐书》卷一八《宣宗纪》，不大可能为《李娃传》作者所见。

唐传奇中的几篇最优秀作品，都与士阶层人物的婚姻问题有关。《李娃传》的特殊之处就在于，出现了一个极其意外的大团圆结局，让男女主人公终结秦晋之好。这在现实生活中几乎是不可能发生的，尤其不能被郑氏家族这样的礼法之家所容忍。不过作品的情节冲突也正是围绕这一点而展开，其他老姥设计、书生沦落等情节都只是作为铺垫，最终因女主人公李娃的节行义举而感动男方家庭，使不可能变成可能。《李娃传》故事的流行就说明，在现实生活中不可能、不被接受的事情，在文学作品中却有可能得到人们的赞同和认可。所以作者不写那些生活中司空见惯的婚姻，而是选择这个特殊事例作为题材。作者在篇中有意隐去人物姓氏，而用"荥阳"郡望代指，不像其他传奇作品往往特意给主人公安排崔、卢等姓氏，说明他在处理这个题材时还是有所顾忌。大概是因为自己在官场和生活中也常常会接触到郑氏家族人物，不想因此引来某种难堪。不过，这也反过来证明，故事内容极有可能是有真实根据的。①

三、大姓婚姻的民间印象

除《莺莺传》、《李娃传》两篇外，唐人小说中还有不少作品涉及崔、卢、郑等大姓婚姻，大多是据实记录，情节相对简单，没有太多故事性可言，从中可以看出唐代社会对这些大姓及其婚姻关系的一般评价和印象。

在一些有志怪情节的作品中，婚姻要求往往发生在自称崔、卢、郑等姓氏的人物之间。如《郑德懋》篇：

---

① 郑长裕家族还有一个情况较为特殊。据欧阳修《太常因革礼》卷九五《庙议》："唐太子少傅郑馀庆将立家庙，祖有二夫人。礼官韦公肃定议，与陈舒前日之论等。"又见《宋会要辑稿》礼一五。郑馀庆祖父即郑长裕，为何有二夫人原因不明。

　　荥阳郑德懋常独乘马，逢一婢，姿色甚美，马前拜云：
"崔夫人奉迎郑郎。"鄂然曰："素不识崔夫人，我又未婚，何
故相迎？"婢曰："夫人小女，颇有容质。且以清门令族，宜相
匹敌。"郑知非人，欲拒之。……郑乘马出门，倏忽复至其家，
奴遂云："家中失已一年矣。"视其所赠，皆真物也。其家语
云："郎君出行后，其马自归，不见有人送来。"郑始寻其故
处，唯见大坟，旁有小冢，茔前列树，皆已枯矣。而前所见，
悉华茂成阴。其左右人传崔夫人及小郎墓也。①

这段幽明相隔的姻缘，也发生在大姓人物之间。
　　还有些作品记述了大姓人物对婚约的坚守，被称赞合于礼法，
如《郑雍》：

　　郑雍学士未第时，求婚于白州崔相公远。才允许，而博陵
有事，女则随例填宫。至朱梁开平之前，崔氏在内托疾，敕令
出宫，还其本家。郑则复托媒氏致意，选日亲迎。士族婚礼随
其丰俭，亦无所阙。寻有庄盆之感，又杖经期周，莫不合礼，
士林以此多之，美称籍甚，场中翘足望之。②

宰相崔远哀帝时贬白州司户，又被赐死，其女没于宫中。但郑雍在
崔女出宫后，仍坚守原有的婚约，依礼迎娶。夫人去世后，又为其
尽哀守丧，因此深得士林称许，后科场高中。
　　大姓人物自矜门第、目中无人的故事也有不少记录。如《闻

① 《太平广记》卷三三四《郑德懋》（出《宣室志》），第2653页。
② 《太平广记》卷一六八《郑雍》（出《玉堂闲话》），第1226页。

丘子》：

> 有荥阳郑又玄，名家子也。居长安中，自小与邻舍间丘子
> 偕读书于师氏。又玄性骄，率以门望清贵，而间丘氏寒贱者，
> 往往戏而骂之曰："间丘氏非吾类也。而我偕学于师氏，我虽
> 不语，汝宁不愧于心乎？"间丘子嘿然有惭色。后数岁，间丘
> 子病死。……舍于逆旅，遇一童儿十馀岁，貌甚秀，又玄与之
> 语，其辨慧千转万化，又玄自谓不能及。已而谓又玄曰："我
> 与君故人有年矣，君省之乎？"又玄曰："忘矣。"童儿曰："吾
> 尝生间后在氏之门，居长安中，与子偕学于师氏。子以我寒
> 贱，且曰非吾类也。后又为仇氏子，尉于唐兴，与子同舍。子
> 受我金钱赂遗甚多，然子未尝以礼貌遇我，骂我市井之民。何
> 吾子骄傲之甚邪？"①

这个故事借讲述三生转世，勾画出一个郑姓人物以门第自傲的骄横
面目，可以说是现实生活的真实写照。

但在现实婚姻中，也确实有倚仗权势强求崔、郑等大姓女的事
情发生，如《崔敬女》：

> 唐冀州长史吉懋，欲为男顼娶南宫县丞崔敬女，敬不许。
> 因有故，胁以求亲，敬惧而许之。择日下函，并花车卒至门
> 首。敬妻郑氏初不知，抱女大哭曰："我家门户底不曾有吉
> 郎。"女坚卧不起。其小女白其母曰："父有急难，杀身救解。
> 设令为婢，尚不合辞。姓望之门，何足为耻？姊若不可，儿自

---

① 《太平广记》卷五二《间丘子》（出《宣室志》），第322页。

当之。"遂登车而去。顼迁平章事，贤妻达节，谈者荣之。①

吉懋借官高强迫崔敬嫁女固然可恨，而敬妻郑氏与女以门第自矜也极其荒唐固执，反不如其小女表现得通达有识。

　　一方面是某些有权势的人逼娶、强娶五姓女，另一方面是某些五姓子弟不学无术，唯以门阀轻薄。这种情况一直延续到唐末。《北梦琐言》作者为此深致感慨：

　　　　卢程进士及第，为庄皇帝河东判官，建国后命相，无他才业，唯以氏族傲物。任圜常以公事入谒，程乌纱隐几，谓圜曰："公是虫豸，辄来唐突。"圜惭愕，骤告庄宗。大怒，俾杀之，为卢质救解获免。自是出中书，时人切齿焉。江陵在唐世号衣冠薮泽，人言琵琶多于饭甑，措大多于鲫鱼。有邑宰卢生每于枝江县差船入府，舟子常苦之。一旦王仙芝兵火，卢生为船人挑其筋，系于船舷，放流而死。大凡无艺子弟，率以门阀轻薄。广明之乱，遭罹甚多，咸自致也。②

在作者看来，这是以门阀自傲者自己招致的。从中也可以看到，普通人士对他们的鄙视痛恨。

---

① 《太平广记》卷二七一《崔敬女》（出《朝野佥载》），第 2128 页。
② 《太平广记》卷二六六《卢程》（出《北梦琐言》），第 2090 页。传本《北梦琐言》失载。

附录一：荥阳郑氏婚姻关系总表

编号	荥阳郑氏	婚　方	出　处
1	郑敬玄	安定公主	新唐书八三
2	郑孝义	郳国公主（—725）	新唐书八三
3	郑万钧	永昌公主（—734）	全唐文二七九
4	郑潜曜	临晋公主（—773）	全唐文三六〇
5	郑洪	李适之女	全唐文五六二
6	郑中*（—782）	李戢	全唐文七八五 汇编贞元〇〇五
7	郑巽	宁国公主	新唐书八三
8	郑钦英女（—803）	李褚	全唐文六三一
9	郑沛	纪国公主（—807）	新唐书八三
10	郑何	普安公主	新唐书八三
11	郑毗	李会*	全唐文五六三
12	郑颢（—860）	万寿公主	新唐书八三

编号	荣 阳 郑 氏	婚　　方	出　　处
13	郑氏*（槩犹女）	赵郡李冲（—689）	汇编永昌〇〇五
14	郑曾（—736前）	赵郡李氏	全唐文九九三 金石萃编八一
15	郑俭（—701）	赵郡李氏*	汇编开元〇〇二
16	郑道	赵郡李氏*（—707）	汇编景龙〇〇三
17	郑氏*	赵郡李述（—722）	续集开元〇九九
18	郑氏*（—725）	赵郡李昕	汇编开元二三四
19	郑齐闵（—739）	赵郡李氏*	汇编开元五〇〇
20	郑氏*（—750）	赵郡李全礼	补遗八辑 68 页
21	郑氏*	赵郡李守一	全唐文六七八
22	郑某（日就伯父）	赵郡李仲翔女（—765）	补遗千唐 245 页
23	郑绚*（—786）	赵郡李茂成	补遗千唐 326 页
24	郑儋（—801）	赵郡李氏*	全唐文五六二
25	郑博古	赵郡李氏*	汇编会昌〇〇五
26	郑群（—821）	赵郡李氏*	全唐文五六三
27	郑氏*	李方玄（—845）	全唐文七五五
28	郑珍*（—855）	赵郡李爆	汇编大中一五七
29	郑秀实*（—856）	赵郡李方义	汇编大中一二四 补遗六辑 135 页
30	郑枢	赵郡李氏*（—862）	补遗千唐 407 页
31	郑氏*（—639）	陇西李爽	汇编总章〇二〇
32	郑氏*	陇西李璥（—686）	汇编证圣〇一六
33	郑沼	陇西李鸭*（—717）	补遗千唐 206 页

编号	荥阳郑氏	婚 方	出 处
34	郑氏*	陇西李延光（—719）	续集开元〇二九
35	郑宇（—753）	陇西李氏*	汇编天宝二三六
36	郑氏*	陇西李景让	补遗八辑 221 页
37	郑氏*	陇西李宏	补遗八辑 221 页
38	郑氏*	陇西李彭	补遗八辑 221 页
39	郑氏*	陇西李詠	补遗八辑 221 页
40	郑氏*	陇西李察	河洛墓刻拾零四一六
41	郑氏*	陇西李成性（—755）	全唐文四二〇
42	郑氏*	同人	全唐文四二〇
43	郑氏*	陇西李诵	全唐文七八四
44	郑氏*（—763）	陇西李良金	汇编大历〇一〇
45	郑晖女（—769）	陇西李湍	汇编大历〇一七
46	郑倩之女	陇西李成质	补遗千唐 261 页
47	郑氏*	陇西李挺	续集贞元〇一八
48	郑氏*	陇西李玗	续集大中〇一六
49	郑鲔	陇西李氏*	河洛墓刻拾零四五九
50	郑氏*	陇西李条（—799）	全唐文五〇二
51	郑阇（—800）	陇西李氏*	补遗千唐 299 页
52	郑鲂女	陇西李景庄	补遗八辑 221 页
53	郑氏*	陇西李汇（—805）	汇编元和〇二五
54	郑氏*	陇西李少安（—808）	全唐文五〇四
55	郑氏*	陇西李尊（—809）	汇编大和〇一七

续　表

编号	荥阳郑氏	婚　方	出　处
56	郑式瞻	陇西李氏*	续集贞元〇一八
57	郑正	陇西李氏*	汇编会昌〇一六
58	郑鲁	陇西李氏*	汇编元和一二四
59	郑某	陇西李氏*	补遗千唐 337 页
60	郑氏*	陇西李某	汇编长庆〇〇八
61	郑氏*	姑臧李某（—829 俌子、商隐叔父）	全唐文七八〇
62	郑氏*（—832）	陇西李俌	汇编大和〇四九
63	郑氏*	陇西李叔夏（—835）	续集大和〇五四
64	郑季熊女（—838）	陇西李仲昌	补遗千唐 316 页
65	郑宏礼	陇西李氏*（—839）	汇编开成〇二五
66	郑氏*	陇西李重光	汇编乾符〇一六
67	郑锡	陇西李氏*	全唐文六三九
68	郑循礼	陇西李氏*	全唐文六三九
69	郑公瑜	陇西李氏*	全唐文六三九
70	郑滔	李翱女	汇编乾符〇〇九
71	郑澡女（—853）	陇西李君夏	续集大中〇三七 补遗六辑 166 页
72	郑氏*	陇西李瓘	补遗八辑 156 页
73	郑氏*	陇西李辞（—876）	续集乾符〇〇七
74	郑迈	陇西李氏*	补遗千唐 376 页
75	郑氏*	陇西李孟宾	汇编大中一三五
76	郑伋女*	李抱真	全唐文七八四

编号	荥阳郑氏	婚　方	出　处
77	郑巩女*	同上	全唐文七八四
78	郑琯*（—854）	李氏	汇编大中〇九一
79	郑氏*	李曙	续集天宝〇八八
80	郑简柔	清河崔氏*	补遗千唐 421 页
81	郑逞（—727）	清河崔氏*	汇编天宝二三九
82	郑行宝女	清河崔昇	汇编开元〇六〇
83	郑氏*	清河崔羡（—729）	汇编开元三〇二
84	郑抵璧	清河崔氏*	补遗千唐 168 页
85	郑守广	清河崔氏*	河洛墓刻拾零四五九
86	郑氏*（—753）	清河崔景旺	全唐文三一八
87	郑密（—763）	清河崔氏*	全唐文三九二
88	郑早	清河崔氏*	河洛墓志拾零四一五
89	郑旷（—777）	清河崔氏*	全唐文六七九
90	郑甫（—790）	清河崔氏*	全唐文七八五
91	郑汶	清河崔氏*	汇编大中一五七
92	郑氏*	清河崔程（—798）	汇编贞元〇九六
93	郑高（—805）	清河崔氏*	续集贞元〇七九
94	郑钜女	崔漪子（—810）	全唐文五八九
95	郑俭	清河崔氏*	汇编大和〇四〇
96	郑氏*（—802）	清河崔稃	汇编元和一〇一
97	郑正*（—812）	清河崔某	续集元和〇四四
98	郑鸢	清河崔氏*	补遗八辑 202 页

编号	荥　阳　郑　氏	婚　　方	出　　　处
99	郑氏*	清河崔羣（—817）	汇编大中〇九〇
100	郑造	清河崔珏*（—819）	汇编元和一二九
101	郑氏*（—835）	清河崔苣	汇编大和〇九三
102	郑氏*	清河崔旺	补遗千唐393页
103	郑居中（—837）	清河崔氏*	补遗八辑156页
104	郑氏*	清河崔罕	汇编乾符〇一九
105	郑纪	清河崔琪*（—860）	汇编咸通〇〇五
106	郑坦	清河崔氏*	汇编大中〇六三
107	郑娟*（—865）	清河崔行规	汇编咸通〇四四、〇七一
108	郑裔贞	清河崔氏*	汇编大中〇八〇
109	郑裔贞	清河崔氏*	汇编大中〇八〇
110	郑溃（—874）	清河崔氏*	汇编咸通一一六
111	郑总	清河崔氏*	汇编咸通〇〇六
112	郑特	清河崔氏*	汇编咸通〇〇六
113	郑氏*（—890）	清河崔叙（—897）	汇编乾宁〇〇七
114	郑氏*（—894）	清河崔宏	汇编咸通一一六
115	郑埕女（—755）	清河崔某	补遗千唐239页
116	郑纲（—829）	清河崔氏*	旧唐书一五九
117	郑世基女（—705）	博陵崔挹	全唐文二三二
118	郑氏*	博陵崔日新（—708）	续集景龙〇〇五
119	郑炅（—721）	博陵崔氏*	续集天宝〇九八
120	郑逞（—727）	博陵崔氏*	汇编天宝二三九

编号	荥阳郑氏	婚　方	出　　处
121	郑宾	博陵崔攀*（—739）	汇编开元四九三
122	郑氏*	博陵崔倰（—823）	全唐文六五四 汇编咸通〇八七
123	郑某	博陵崔氏*（—755）	续集天宝一一一
124	郑密（—763）	博陵崔氏*	全唐文三九二
125	郑氏*	博陵崔涣（—768）	全唐文七八四
126	郑旷（—777）	博陵崔氏*	全唐文六七九
127	郑澡（—796）	博陵崔氏*	汇编贞元一一〇、大和〇四九
128	郑氏*（—822）	博陵崔彦崇	补遗千唐 340 页
129	郑徽*（—882）	博陵崔锜	补遗千唐 421 页
130	郑氏*（—831）	博陵崔某	汇编大和〇四〇
131	郑归*（—850）	博陵崔鋮	补遗千唐 380、404 页
132	郑氏*（—850）	博陵崔廷	汇编长庆〇二六
133	郑遇	博陵崔氏*（—855）	汇编大中一三九
134	郑珰（—856）	博陵崔氏*	汇编大中一三五
135	郑长海（—857）	博陵崔氏*	补遗千唐 393 页
136	郑氏*（—858）	博陵崔镇	补遗千唐 396 页
137	郑敏*（—740）	崔某	汇编开元五一六
138	郑撰	崔氏*	汇编大中一〇〇
139	郑意意*（—735）	崔温	续集开元一三八
140	郑冲*（—721）	范阳卢藏用	补遗千唐 219 页
141	郑埕	范阳卢氏*	补遗千唐 239 页

续　表

编号	荥 阳 郑 氏	婚　　方	出　　处
142	郑琇	范阳卢氏*	补遗八辑 58 页
143	郑兢	范阳卢氏*	河洛墓刻拾零三〇二
144	郑氏*（—750）	范阳卢某	续集开元一七九
145	郑氏*（—750）	范阳卢仲璠	续集天宝〇六四 补遗六辑 440 页
146	郑忠佐（—795）	范阳卢氏*	补遗八辑 103 页
147	郑进*（—753）	范阳卢咸	汇编天宝二一九
148	郑氏*（—760）	范阳卢某	补遗千唐 253 页
149	郑氏*	范阳卢正己（—770）	全唐文四二〇
150	郑曦女（—775）	范阳卢涛	汇编大历〇五〇
151	郑叔女*（—778）	范阳卢某	全唐文三四六
152	郑承庆	范阳卢氏*	补遗千唐 308 页
153	郑氏*（—780）	范阳卢泙	补遗千唐 381 页
154	郑光绍	范阳卢氏*	续集元和〇四四
155	郑济	范阳卢氏*	全唐文六八〇
156	郑厚	范阳卢氏*	补遗千唐 320 页
157	郑瀚	范阳卢氏*	续集贞元〇二二
158	郑叔则（—792）	范阳卢氏*	全唐文七八四
159	同上	继室范阳卢氏*	全唐文七八四
160	郑某	范阳卢氏*（—792）	汇编贞元〇六三
161	郑约（—794）	范阳卢氏*	汇编大中一二四
162	郑某	范阳卢氏*（—795）	汇编贞元〇六八
163	郑鲂	范阳卢慎修女	七朝墓志 333、371 页

编号	荥 阳 郑 氏	婚　　方	出　　处
164	郑儋（—801）	范阳卢氏*	全唐文五六二
165	郑氏*	范阳卢泽	汇编咸通〇一五
166	郑氏*（—809）	范阳卢载	补遗千唐 308 页
167	郑氏*	范阳卢殷（—810）	全唐文五六五
168	郑某	范阳卢氏*（—810）	汇编大中〇三三
169	郑敬（—815）	范阳卢氏*	汇编元和〇八八
170	同上	继室范阳卢氏*	汇编元和〇八八
171	郑直	范阳卢氏*	汇编大和〇八九
172	郑氏*	范阳卢士玭	补遗千唐 336 页
173	郑氏*	范阳卢樽	续集长庆〇〇五
174	郑缵	范阳卢氏*	汇编贞元〇五三
175	郑长言	范阳卢氏*	河洛墓志拾零四五九
176	郑钛（—825）	范阳卢氏*	汇编大中一五七
177	郑氏*	范阳卢佐	补遗千唐 380 页
178	郑氏*	范阳卢士深	全唐文七八五
179	郑氏*	范阳卢士琼（—827）	汇编大和〇〇六
180	郑公直	范阳卢氏*	补遗千唐 396 页
181	郑氏*	范阳卢俟	汇编咸通〇一五
182	郑氏*	范阳卢逾	补遗千唐 401 页
183	郑纪（—841）	范阳卢氏*	汇编会昌〇一六
184	郑彬*（—846）	范阳卢椴	补遗八辑 176 页
185	郑氏*	卢溥（—850）	补遗千唐 383 页

续　表

编号	荥阳郑氏	婚　　方	出　　处
186	郑氏*	范阳卢就（—851）	汇编大中〇六四
187	郑秉彝	范阳卢氏*	汇编长庆〇二三
188	郑氏*（—853）	范阳卢知宗	汇编大中〇八三
189	郑氏*	范阳卢当（—854）	汇编大中〇八八
190	郑氏*（—854）	范阳卢子蓍	汇编大中一〇〇
191	郑朗（—856）	范阳卢氏*	汇编大中〇八三
192	郑謇	范阳卢氏*	续集大和〇二六
193	郑氏*	范阳卢知宗（—874）	汇编咸通一一三
194	郑氏*	范阳卢损之	汇编大中一三九
195	郑宬夫	范阳卢氏*	汇编咸通〇二四
196	郑茂弘	范阳卢氏*	补遗千唐 401 页
197	郑颀	范阳卢氏*	补遗六辑 183 页
198	郑氏*	范阳卢从范	补遗六辑 183 页
199	郑处诲	范阳卢氏*	汇编咸通〇二九
200	郑延休	范阳卢氏*	汇编咸通〇二九
201	郑氏*	范阳卢道正	洛阳古代铭刻文献研究 310 页
202	郑易	范阳卢氏*	七朝墓志 319 页
203	郑鲂女	范阳卢后闵	汇编咸通〇四〇
204	郑当（—839）	王氏*	汇编开成〇三九
205	郑嫃*（—814）	太原王某	补遗千唐 320 页
206	郑氏*（—649）	太原王信威	续集景龙〇一二
207	郑氏*	太原王逊之	续集开元〇八九

编号	荣阳郑氏	婚　　方	出　　处
208	郑氏*	太原王诞	汇编咸通〇四五
209	郑氏*	太原王谞	汇编宝历〇一八
210	郑氏*	太原王文干	全唐文七六四 汇编会昌〇三七
211	郑氏*	太原王质	全唐文六〇九
212	郑某	太原王氏*	汇编大中〇二五
213	郑氏	琅琊王继勋	全唐文八七五
214	郑虔（—759）	琅琊王氏*	补遗千唐 249 页
215	郑孝本	琅琊王氏*（—698）	全唐文三一三
216	郑洄	琅琊王氏*	补遗八辑 78、85 页
217	郑氏*	琅琊王澄	全唐文五〇四
218	郑氏*（—745）	北海王季随	汇编天宝〇六五
219	郑珋	晋阳王氏*	汇编大中一三五
220	郑䜣（—735）	清河张氏*	汇编开元四四〇
221	郑氏*（—703）	清河张岳	汇编长安〇四一
222	郑参（—714）	清河张氏*	续集天宝〇一一
223	郑晃（—788）	清河张氏*	汇编贞元〇一九
224	郑镐（—848）	清河张氏*	汇编大中〇二五
225	郑氏*	南阳张钟葵	汇编贞观一〇二
226	郑氏*	南阳张知亮子	汇编天宝〇〇一
227	郑泌（—763）	范阳张氏*	补遗千唐 266 页
228	郑镐女	中山张氏	汇编大中〇二五
229	郑氏*	安定张翊	汇编建中〇〇一

续　表

编号	荥阳郑氏	婚　方	出　处
230	郑乾瓒女	张希会	补遗八辑 340 页
231	郑氏*	张钵	汇编大中一四九
232	郑融	京兆韦氏*	补遗九辑 356 页
233	郑氏*（—834）	京兆韦署	汇编长庆〇〇四、大和〇八一
234	郑群（—821）	京兆韦肇女	全唐文五六三
235	郑群女	京兆韦词	全唐文五六三
236	郑氏*	京兆韦聿（—808）	全唐文五〇六
237	郑某	京兆韦婉*	汇编会昌〇四一
238	郑氏*	京兆韦敬师	汇编大中一三五
239	郑氏*	京兆韦泚（—684）	补遗三辑 39 页
240	郑素	京兆韦氏*	补遗七辑 152 页
241	郑霞士*（—874）	京兆韦端符	补遗七辑 152 页
242	郑氏*（—712）	京兆杜忠良	汇编开元〇二九
243	郑氏*	京兆杜行方	汇编大和〇六二
244	郑世基	杜淹女	全唐文二三二
245	郑氏*	杜钑	续集大历〇一二
246	郑元毓女	弘农杨某（—640）	补遗千唐 3 页
247	郑谌（—734）	弘农杨氏*	汇编开元四一二
248	郑元璟女	弘农杨思讷（—661）	补遗七辑 268 页
249	郑博古女	弘农杨松年（—858）	补遗一辑 373、323 页
250	郑本柔*	华阴杨汉公（—861）	续集咸通〇〇八
251	郑某	弘农杨檀*（—733）	续集开元一二三

编号	荥　阳　郑　氏	婚　　方	出　　处
252	郑氏*	偃师杨训（—692）	汇编如意〇〇三
253	郑琼*（—841）	杨牢	汇编会昌〇〇五
254	郑华儿*	河东裴某（—691）	续集圣历一〇三
255	郑抱素（—853）	河东裴氏*	补遗千唐 385 页
256	郑氏*	河东裴注	补遗千唐 337 页
257	郑氏*	裴总	补遗千唐 161 页
258	郑某	裴露*（—855）	补遗千唐 390 页
259	郑氏*	裴某	续集天宝一〇八
260	郑进思	权氏*（—694）	续集开元一〇五
261	郑氏*（—767）	权彻	全唐文三九〇
262	郑怀节女（—671）	程务中	汇编咸亨〇三六
263	郑叔*（—711）	白知新	汇编景云〇二一 补遗六辑 33 页
264	郑愿	独孤通理女（—766）	全唐文三九三
265	郑崇寂	安定皇甫氏*	续集元和〇二七
266	郑㧑	安定皇甫氏*	汇编开元四八四
267	郑敞（郑敝）	皇甫氏*	汇编开元四四〇
268	郑绩	吴兴钱氏*	补遗一辑 116 页
269	郑惟恭女（—732）	源光俗	汇编开元三四九
270	郑云逵	朱滔女	旧唐书一三七
271	郑氏*	支诉	汇编乾符〇〇九
272	郑氏*	支叔向	汇编大中一一一
273	郑鍊（—807）	乐安孙氏*	汇编元和〇一五

编号	荥 阳 郑 氏	婚　方	出　　处
274	郑氏*	孙公器	续集宝历〇一〇
275	郑少雅（—868）	乐安孙氏*	汇编咸通〇七三
276	郑叔度（—810）	昌黎韩氏*	补遗九辑 388 页
277	郑叔度女	昌黎韩杰	补遗九辑 388 页
278	郑氏*（—793）	昌黎韩会	全唐文五六八
279	郑杼材女	高湜	汇编咸通〇三三 续集乾符〇一四
280	郑禀女	高彬	续集乾符〇一四
281	郑鸾女	高某	补遗八辑 225 页
282	郑瑶女	蓨人高莘	汇编大中一三五
283	郑仲连（—826）	长乐冯氏*	汇编宝历〇一九
284	郑氏*（—666）	彭城刘德润	汇编咸亨〇〇二
285	郑恭楚（—853）	彭城刘氏*	续集大中〇三九
286	郑恪	河间刘氏*	汇编大和〇九三
287	郑氏*	刘焕章	补遗千唐 390 页
288	郑恂*	刘略	补遗七辑 159 页
289	郑宪女（—858）	曹义	续集大中〇六七
290	郑金*（—652）	严某（子遵德）	汇编永徽〇四六
291	郑满（—652）	洛阳石氏*	汇编永徽〇五四
292	郑氏*（—663）	钜鹿魏即仁	汇编龙朔〇六二
293	郑氏*	洛州郭君副	汇编乾封〇四七
294	郑璋女	苗裕	续集文明〇〇四
295	郑赡（—689）	渤海封氏*	汇编永昌〇〇三

编号	荥 阳 郑 氏	婚 方	出 处
296	郑氏*	渤海封揍	汇编贞元○○六
297	郑遭（—679）	九门贾通女	汇编圣历○五二
298	郑玄果（—685）	河南元氏*	汇编开元○一一
299	郑八娘*（—738）	元子上	汇编开元四六五
300	郑氏*（—769）	河南元镜远	汇编大历○一六 全唐文四四○
301	郑氏*（—806）	河南元宽	全唐文六七九
302	郑氏*	桥某（崇子）	续集开元一○七
303	郑琰*（—721）	梁皎	汇编开元一三三
304	郑仁颖（—727）	陇西董无忌女	汇编开元二五九
305	郑氏*	董溪	全唐文五六四
306	郑镐（—848）	天水赵氏*	汇编大中○二五
307	郑氏*	赵陵阳	续集开元一五五
308	郑恭楚女	赵氏	续集大中○三九
309	郑仲连（—826）	扶风窦氏*	汇编宝历○一九
310	郑氏*	窦章	汇编大和○七四
311	郑氏*	汝阳袁大勋	汇编天宝○四○ 续集天宝○一四
312	郑某（—740）	万俟仲将女	汇编天宝○六六
313	郑氏*	于偃	汇编天宝一六五
314	郑氏*	于大猷	全唐文二三七
315	郑氏*（—786）	焦西鸾	续集贞元○○五
316	郑玉（—802）	河间邢氏*	汇编贞元一二八

编号	荥 阳 郑 氏	婚　　方	出　　处
317	郑芬（—786）	安定胡氏*	续集元和〇二七
318	郑氏*	胡宗约子	汇编会昌〇三二
319	郑氏*	兰陵萧曾□	续集元和〇四〇
320	郑群女	兰陵萧瓒	全唐文五六三
321	郑氏*（—820）	诸葛澄	汇编宝历〇一〇
322	郑氏*	田少直	汇编大和〇八〇
323	郑氏*（—840）	吴仲甫	汇编开成〇五一
324	郑氏*	宋玉	汇编会昌〇五四
325	郑光	南阳樊氏*	汇编大中〇二一
326	郑德柔*（—848）	鱼氏	汇编大中〇二一
327	郑氏*	颍川陈氏	汇编大中〇二五
328	郑某（—795）	颍川陈氏*	全唐文五九八
329	郑氏*	寇章	汇编大中〇三一
330	郑氏*	沈涑	续集大中〇八四 汇编大中一四〇
331	郑氏*	南阳叶氏	续集大中〇八五
332	郑恕己	平卢邵氏*	续集大中一二一
333	郑氏*	平阳路氏	全唐文五六二
334	郑氏*	临清路太一	全唐文六二〇
335	郑氏*	房武	全唐文五六五
336	郑仁恺	清河房氏	全唐文二二〇
337	郑况女	马彙（—802）	全唐文五六七

编号	荥 阳 郑 氏	婚　　方	出　　处
338	郑氏 *	姚崇	全唐文二五三
339	郑囿	渤海如氏 *	补遗八辑 225 页
340	郑儇女 *	许惟新	补遗千唐 195 页

附录二：荥阳郑氏墓志存目

出　处	墓　主	祖（曾、高）	父	婚方	子
汇编永徽〇四六	郑金*（581—652）	郑瑄隋幽州土垠令	郑达隋相州临漳主簿	严某	
汇编永徽〇五四	郑满（585—652）蒋国公参军事	郑义玑魏中书侍郎	郑元守相州邺令	洛阳石氏*	郑大宝
汇编咸亨〇〇二	郑氏*（606—666）		郑毗沙隋吏部主事	彭城刘德润	
补遗六辑310	郑彦（604—670）	郑□亮齐青州司马	郑德太宗幕府左右戎尉	乐安任氏*	郑思礼
洛阳流散45	郑道（629—671）陪戎副尉	曾祖郑养康州司功参军祖某晋陵令	郑明唐陪戎副尉		

出　处	墓　主	祖（曾、高）	父	婚方	子
唐史论丛	郑观音 * （599—676）	高祖郑道玉 魏太常卿 祖郑谌 魏司徒府长史	郑继伯 唐潭州都督	李建成	
续集文明 ○○四	郑氏 *（　— 684 前）	郑璋 隋骠骑将军		颍川 苗裕	
汇编垂拱 ○六○	郑法明（　— 688 后）神和 府折冲			洛阳 李氏 *	郑崇昉
汇编如意 ○○三	郑氏 *（　— 692）		郑节 沂水令	偃师 杨训	
汇编开元 ○○二	郑俭（621— 701）济阴尉	曾祖郑挺 祖郑宣	郑献	赵郡 李氏 *	
续集天宝 ○一一 补遗六辑 432	郑参（674— 714）	曾祖郑彦 隋镇国大将军 祖郑赞 魏州长史	郑暕 唐元从	清河 张氏 *	郑□ 昭等
续集开元 ○一四	河东薛氏 * （683—716）	曾祖某 静州刺史 祖薛朏 县令	薛南金 宋州宁陵令	郑景良 绛州正 平主簿	
洛阳流散 184	郑若芳 （675—718） 汴州浚仪尉	郑钦文 都水使者	郑希默 越府户曹		郑顗等
补遗八辑 368	郑玄（652— 718）岐州望 云府折冲	郑伟 并州复礼府折冲		吴氏 *	郑恭
汇编开元 一三三	郑琰 * （654—721）	郑某 刑部尚书	郑某 广州长史	梁皎	

出　处	墓　主	祖（曾、高）	父	婚方	子
续集天宝〇九八	郑炅（677—721）谷熟丞	曾祖郑干政 隋左卫兵曹参军 祖郑宝伦 唐沔阳郡司马	郑献 左武威卫录事参军	博陵崔氏*	郑沔等
汇编开元二二九	郑戎（650—724）潭州衡山令	曾祖郑颖 隋扬州江都令 祖郑祎 左卫郎将	郑慈 开州新浦丞		郑尧臣等
续集开元一三八	郑意意*（699—735）		郑某 亳州长史	崔温	
汇编开元四六五	郑八娘*（　—738）	郑礼	郑感 下邳令	元子上	
汇编开元四八四	郑抴（669—738）济州司户参军	高祖郑护 周中书令 曾祖郑伟 隋蓬州刺史 祖郑湛 邢州刺史	郑知道 义清令	皇甫氏*	郑仲邕
补遗八辑38	郑氏*（　—740）		郑某 太原丞	太原王君	
七朝墓志228	于氏*（706—740）	于文献 中书侍郎同平章事	于东海 恒王府长史	郑慎言	
补遗千唐183	郑阐（680—741）太子典设郎	曾祖郑孝立 隋汝阴令 祖郑义弘 隋左监门卫兵曹参军	郑祥 唐袁州新喻令		郑进 郑达 郑遂

续　表

出　处	墓　主	祖（曾、高）	父	婚方	子
汇编天宝〇六五	郑氏 *（725—745）	曾祖郑孝伦霍王友祖郑玄毅临蒸令	郑胤兖府仓曹	王季随	
补遗千唐198	郑氏 *（682—745）	郑劼连州司法	郑崇敬饶州乐平令	绛郡太守宋君	
全唐文三一八	郑氏 *（685—753）		郑元□兵部郎中、卫州刺史	清河崔景	
汇编永泰〇〇六补遗四辑54	郑讷（守讷）（700—762）	曾祖郑通上柱国	郑澄陪戎都尉		郑南客郑西华
补遗九辑373	郑忠（706—762）伪授东光县丞	高祖郑罗汉武清令曾祖郑赞祖郑某	郑承元副尉上护军	彭城刘氏 *	郑希潮
补遗千唐245	李氏 *（700—765）			郑某	郑日康

引用文献

《后汉书》，北京：中华书局 1965 年。

《三国志》，北京：中华书局 1959 年。

《晋书》，北京：中华书局 1974 年。

《宋书》，北京：中华书局 1974 年。

《梁书》，北京：中华书局 1973 年

《陈书》，北京：中华书局 1972 年。

《魏书》，北京：中华书局 1974 年。

《北齐书》，北京：中华书局 1972 年。

《周书》，北京：中华书局 1971 年。

《隋书》，北京：中华书局 1973 年。

《南史》，北京：中华书局 1975 年。

《北史》，北京：中华书局 1974 年。

《旧唐书》，北京：中华书局 1975 年。

《新唐书》，北京：中华书局 1975 年。

《旧五代史》，北京：中华书局 1976 年。

《资治通鉴》，北京：中华书局 2011 年。

《唐六典》，李林甫撰，北京：中华书局 1992 年。

《通典》，杜佑撰，北京：中华书局 1988 年。

《唐律疏议》，北京：中华书局 1983 年。

《唐会要》，王溥撰，北京：中华书局 1955 年。

《贞观政要》，吴兢撰，上海：上海古籍出版社 1978 年。

《元和姓纂》（附四校记），林宝撰、岑仲勉校记，北京：中华书局 1994 年。

《元和郡县图志》，李吉甫撰，北京：中华书局 1983 年。

《淳熙严州图经》，《丛书集成》本，北京：中华书局 1985 年。

《类编长安志》，骆天骧撰，西安：三秦出版社 2006 年。

《直斋书录解题》，陈振孙撰，《丛书集成》本，北京：中华书局 1985 年。

《金石录》，赵明诚撰，《四部丛刊》续编本，上海涵芬楼 1934 年。

《世说新语校笺》，徐震堮校笺，北京：中华书局 1984 年。

《颜氏家训集解》，颜之推撰、王利器集解，上海：上海古籍出版社 1980 年。

《隋唐嘉话》，刘餗撰，北京：中华书局 1979 年。

《建康实录》，许嵩撰，北京：中华书局 1986 年。

《唐国史补》（与《因话录》合刊），李肇撰，上海：上海古籍出版社 1979 年。

《封氏闻见记校注》，封演撰、赵贞信校注，北京：中华书局 2005 年。

《刘宾客嘉话录》，韦绚撰，《丛书集成》本，北京：中华书局 1985 年。

《唐摭言》，王定保撰，上海：上海古籍出版社 1978 年。

《唐语林校证》，王谠撰、周勋初校证，北京：中华书局1987年。

《太平御览》，北京：中华书局影印1960年。

《太平广记》，北京：中华书局1961年。

《鸡肋编》，庄绰撰，北京：中华书局1983年。

《日知录校注》，顾炎武著、陈垣校注，合肥：安徽大学出版社
　　2007年。

《庾子山集注》，倪璠集注，北京：中华书局1980年。

《杜甫集校注》，谢思炜校注，上海：上海古籍出版社2015年。

《毗陵集》，独孤及著，《四部丛刊》初编本，上海涵芬楼。

《刘长卿诗编年笺注》，储仲君笺注，北京：中华书局1996年。

《韩昌黎文集校注》，马其昶校注，上海：上海古籍出版社1986年。

《柳宗元集》，北京：中华书局1979年。

《元稹集》，北京：中华书局1982年。

《白居易诗集校注》，谢思炜校注，北京：中华书局2006年。

《白居易文集校注》，谢思炜校注，北京：中华书局2011年。

《玉谿生诗集笺注》，冯浩笺注，上海：上海古籍出版社1998年。

《安阳集》，韩琦著，影印文渊阁《四库全书》本，第1089册。

《麟溪集》，郑太和辑，《四库全书存目丛书》集部第289册，济南：
　　齐鲁书社1997年。

《全唐文》，北京：中华书局1983年。

《全唐诗》，北京：中华书局1960年。

《后村诗话》，刘克庄撰，北京：中华书局1983年。

陆增祥：《八琼室金石补正》，北京：文物出版社1985年。

赵超：《汉魏南北朝墓志汇编》，天津：天津古籍出版社2008年。

罗新、叶炜：《新出魏晋南北朝墓志疏证》，北京：中华书局

2005 年。

周绍良主编：《唐代墓志汇编》，上海：上海古籍出版社 1992 年。

周绍良、赵超主编：《唐代墓志汇编续集》，上海：上海古籍出版社
2001 年。

王仁波主编：《隋唐五代墓志汇编》陕西卷，天津：天津古籍出版社
1991 年。

陈长安主编：《隋唐五代墓志汇编》洛阳卷，天津：天津古籍出版社
1991 年。

吴钢主编：《全唐文补遗》第一至九辑、千唐志斋新藏专辑，西安：
三秦出版社 1994—2007 年。

陈尚君辑校：《全唐文补编》，北京：中华书局 2005 年。

赵君平、赵文成编：《河洛墓刻拾零》，北京：北京图书馆出版社
2007 年。

赵文成、赵君平编选：《新出唐墓志百种》，杭州：西泠印社出版社
2010 年。

赵振华：《洛阳古代铭刻文献研究》，西安：三秦出版社 2009 年。

齐运通编：《洛阳新获七朝墓志》，北京：中华书局 2012 年。

毛阳光、余扶危主编：《洛阳流散唐代墓志汇编》，北京：国家图书
馆出版社 2013 年。

《石刻史料新编》，台北：新文丰出版公司 1982 年。

北京：国家图书馆藏碑帖精华：

http：//mylib. nlc. gov. cn/web/guest/search/beitiejinghua/
medaDataObjectDisplay

康有为：《广艺舟双楫》，北京：中国书店 1983 年。

赵钺、劳格：《唐御史台精舍题名考》，北京：中华书局 1997 年。

劳格、赵钺：《唐尚书省郎官石柱题名考》，北京：中华书局
　　1992年。

陈寅恪：《唐代政治史述论稿》，北京：三联书店1956年；
　　　　《元白诗笺证稿》，上海：古典文学出版社1958年；
　　　　《金明馆丛稿初编》，上海：上海古籍出版社1980年；
　　　　《金明馆丛稿二编》，上海：上海古籍出版社1980年。

岑仲勉：《唐人行第录》（外三种），北京：中华书局2004年。

戴望舒：《小说戏曲论集》，北京：作家出版社1958年。

洪业：《中国最伟大的诗人》，曾祥波译，上海：上海古籍出版社
　　2011年。

唐长孺等编：《汪篯隋唐史论稿》，北京：中国社会科学出版社
　　1981年。

唐长孺：《魏晋南北朝史论拾遗》，北京：中华书局1983年；
　　　　《魏晋南北朝隋唐史三论》，武汉：武汉大学出版社1993年。

傅璇琮：《唐代诗人丛考》，北京：中华书局1980年。
　　　　《李德裕年谱》，济南：齐鲁书社1984年。

傅璇琮主编：《唐才子传校笺》，北京：中华书局1990年。

傅锡壬：《牛李党争与唐代文学》，台北：东大图书有限公司
　　1984年。

陈贻焮：《杜甫评传》，上海：上海古籍出版社1988年。

孙国栋：《唐宋史论丛》，上海：上海古籍出版社2010年。

毛汉光：《中国中古社会史论》，上海：上海书店出版社2002年。

陈鹏：《中国婚姻史稿》，北京：中华书局1990年。

周一良、赵和平：《唐五代书仪研究》，北京：中国社会科学出版社
　　1995年。

赵超：《新唐书宰相世系表集校》，北京：中华书局1998年。

陈爽：《世家大族与北朝政治》，北京：中国社会科学出版社
　　1998年。

周绍良：《唐传奇笺证》，北京：人民文学出版社2000年。

王勋成：《唐代铨选与文学》，北京：中华书局2001年。

李宗为：《唐人传奇》，北京：中华书局2003年。

黄永年：《六至九世纪中国政治史》，上海：上海书店出版社
　　2004年。

周相录：《元稹年谱新编》，上海：上海古籍出版社2004年。

张国刚：《唐代藩镇研究》，北京：中国人民大学出版社2010年；
　　　　《唐代家庭与社会》，北京：中华书局2014年。

邢学敏：《北魏书法家郑道昭家族研究》，成都：电子科技大学出版
　　社2014年。

Patricia Ebrey（伊沛霞）：*The aristocratic families of early*
　　imperial China: a case study of the po-ling Ts'ui family. 中译
　　本：《早期中华帝国的贵族家庭——博陵崔氏个案研究》，上海：
　　上海古籍出版社2011年。

河北省博物馆、河北省文物管理处：《河北平山北齐崔昂墓调查报
　　告》，《文物》1973年第11期。

卞孝萱：《校订〈李娃传〉的标题和写作年代》，《社会科学战线》
　　1979年第1期。

毛汉光：《中古山东大族著房之研究——唐代禁婚家与姓族谱》，
　　《中研院历史语言研究所集刊》54本3分（1983年）；

《中古大族著房婚姻之研究——北魏高祖至神龙年间五姓著房之婚
　　姻关系》，《中研院历史语言研究所集刊》56本4分（1985年）；

《晚唐五姓著房之婚姻关系》，《台湾大学历史学系学报》第15期

（1990 年）。

戴应新：《韦孝宽墓志》，《文博》1991 年第 5 期。

张金龙：《陇西李氏初论——北朝时期的陇西李氏》，《兰州大学学报》1994 年第 4 期。

刘顺安、欧阳春：《从郑虔撰文墓志探郑氏家族根源》，《史学月刊》1994 年第 6 期。

郭世军、刘心健：《开封发现北魏郑胡墓志砖》，《文物》1998 年第 11 期。

李志生：《唐代关中旧士族高门通婚取向考析》，《北大史学》第 7 期，北京：北京大学出版社 2000 年。

任平、宋镇：《北周〈郑术墓志〉考略》，《文博》2003 年第 6 期。

张卫东：《唐代荥阳郑氏的入仕途径》，《史学月刊》2004 年第 10 期。

罗新：《跋北魏郑平城妻李晖仪墓志》，《中国历史文物》2005 年第 6 期。

陈尚君：《郑虔墓志考释》，《传统中国研究辑刊》第三辑，上海：上海人民出版社 2007 年。

万军杰：《唐代再娶习俗之下继室与前室子关系探讨——兼析唐代的"两娶一门"》，《魏晋南北朝隋唐史资料》第三十二辑（2008 年）。

金滢坤：《论唐五代科举对婚姻观念的影响》，《厦门大学学报》2008 年第 1 期。

谢思炜：《元稹母系家族考——兼及崔莺莺之父》，《文献》2008 年第 3 期；

《崔郑家族婚姻与〈莺莺传〉睽离结局》，《文艺研究》2012 年第 2 期。

邢学敏:《隋唐时期的荥阳郑羲房》,《唐史论丛》第 11 辑,西安:
　　三秦出版社 2009;

《隋唐时期荥阳郑氏家族洞林房考述》,《中国历史社会评论》第 12
　　卷,天津:天津古籍出版社 2011 年。

霍宏伟、董清:《中国国家博物馆藏唐代彭杲银铤考》,《中国钱币》
　　2011 年第 2 期。

前田爱子:《唐代山东五姓婚姻与其政治影响力》,《唐史论丛》第
　　14 辑,西安:三秦出版社 2012 年。

吴江、刘顺安:《〈开封县郑胡铭〉墓志砖考》,《开封教育学院学
　　报》2013 年第 3 期。

David G. Johhson(姜士彬):The Last Years of a Great Clan: The
　　Li Family of Chao chün in Late T'ang and Early Sung. *Harvard
　　Journal of Asiatic Studies*. Vol. 37, No. 1 (Jun. 1977),
　　pp. 5 - 102.

后　记

　　我最初注意到荥阳郑氏家族，是由于为白居易《唐故河南元府君夫人荥阳郑氏墓志铭》一文作注，必须追溯元稹母亲郑氏的家族世系。由此又联想到《莺莺传》中张生与莺莺母郑氏"绪其亲，乃异派之从母"，于是再着手调查其家族的婚姻关系，结果证明该家族与清河崔氏小房确实有世代通婚关系，作为张生原型人物的元稹也确实有崔姓表亲。当时花费了不少时间，只从《全唐文》和新出墓志中找到了十几篇有关材料。于是就产生了一个想法：如果能够利用新出墓志等材料，对崔、郑等大家族的婚姻关系进行比较全面的调查，对我们了解唐代一些重要人物的社会关系、某些事件的社会背景乃至某些文学作品的本事和人物原型岂不是大有裨益？后来我就请王昕、燕雪平分别就荥阳郑氏家族的世系和婚姻关系进行调查。她们在调查中不但发掘了大量材料，而且还根据自己的思路，对一些值得关注的问题展开探讨，构成了本书上、下编的基本内容。我在她们调查研究的基础上，又做了一些修改和补充。在完成以上工作之后，我们的设想是，如果条件允许的话，再将调查范围进一步扩大，对唐代重要家族及其婚姻关系逐一展开调查，最终能够形成一个类似世系表那样的唐代人物婚姻关系总表。姑且记下这一愿景，持之以为他日之券。

谢思炜
二〇一八年九月记于北京清华园

人名索引